殷啸虎 著

《资治通鉴》
中的政治谋略

(两晋—五代)

图书在版编目(CIP)数据

《资治通鉴》中的政治谋略:两晋—五代/殷啸虎著. —北京:北京大学出版社,2021.7
ISBN 978-7-301-32359-5

Ⅰ.①资… Ⅱ.①殷… Ⅲ.①中国历史—古代史—编年体 ②《资治通鉴》—研究 Ⅳ.①K204.3

中国版本图书馆 CIP 数据核字(2021)第 154853 号

书　　名	《资治通鉴》中的政治谋略(两晋—五代)
	《ZIZHI TONGJIAN》ZHONG DE ZHENGZHI MOULÜE (LIANGJIN—WUDAI)
著作责任者	殷啸虎　著
责任编辑	孙维玲　刘秀芹
标准书号	ISBN 978-7-301-32359-5
出版发行	北京大学出版社
地　　址	北京市海淀区成府路 205 号　100871
网　　址	http://www.pup.cn　新浪微博:@北京大学出版社
电子信箱	sdyy_2005@126.com
电　　话	邮购部 010-62752015　发行部 010-62750672
	编辑部 021-62071998
印　刷　者	三河市北燕印装有限公司
经　销　者	新华书店
	965 毫米×1300 毫米　16 开本　21.25 印张　257 千字
	2021 年 7 月第 1 版　2023 年 1 月第 2 次印刷
定　　价	68.00 元

未经许可,不得以任何方式复制或抄袭本书之部分或全部内容。
版权所有,侵权必究
举报电话:010-62752024　电子信箱:fd@pup.pku.edu.cn
图书如有印装质量问题,请与出版部联系,电话:010-62756370

《资治通鉴》开篇说了什么（代序）

《资治通鉴》是北宋著名史学家、政治家司马光历时十九年主持编纂的一部编年体通史巨著，它记载了从战国到五代共一千三百多年的史实。作为一部鸿篇巨作，《资治通鉴》的开篇，竟然是从一件看似很普通的事件开始的：公元前403年，周天子封晋国的三个大夫魏斯、赵籍、韩虔为诸侯。周天子作为天下的共主，想封谁为诸侯，完全是他权力范围内的事，但司马光为何如此小题大做呢？

天子的职责是什么？就是维持纲常秩序。国家的稳定、社会的安宁，靠的是正名分、讲规矩，而规定这一套政治规矩的规范，就是"礼"。按照周礼的规定：天子将土地分封给诸侯，而诸侯除了定期向天子进贡（纳税）外，还要承担相应的义务，比如跟随天子出兵征战；同样，诸侯将土地分封给大夫，大夫对诸

《资治通鉴》中的政治谋略
（两晋—五代）

侯也要承担相应的义务，以此类推。通过"礼"的这种规定，确立了相应的权利义务关系，这就是所谓的"名分"：上下有礼，尊卑有序。名分定了，社会才能有序发展；一旦名分乱了，社会秩序也就乱了。

而当时的晋国，国君大权旁落，实权控制在韩、赵、魏、智、范、中行六家大夫手里。他们拥有自己的地盘和武装，互相攻打，最后剩下智氏、赵氏、韩氏、魏氏四家，其中又以智氏的势力最大。在三家分晋之前，晋国的大权已经落到了智伯手里。智伯文武全才，但为人狂妄自大、贪得无厌，不把其他几个家族放在眼里。他无故向韩康子索要土地。韩康子当然不愿给，但家臣段规劝他说：不如给他吧，他尝到甜头后肯定又会向别人去要，一旦得不到就会刀兵相见，那时我们就有机会了。于是，韩康子给了他一个万户人家的大县。智伯很高兴，又去问魏桓子索要土地。魏桓子也不愿意给，他的家臣任章劝他："将欲取之，必姑与之"，给他吧！于是魏桓子也给了智伯一个万户的大县。智伯又问赵襄子索要土地，但这回赵襄子不干了。智伯便率领魏、韩两家去攻打赵襄子，可魏、韩两家却反戈一击，联合赵襄子把智伯消灭了，智伯的土地反过来被三家瓜分了。接着，韩、赵、魏三家又派使者去觐见周威烈王，要求把他们三家封为诸侯。没想到周威烈王竟然答应了，正式分封韩、赵、魏三家为诸侯。

对于周天子的这一举动，司马光在《资治通鉴》的开篇就提出了激烈的批评。他认为：魏、赵、韩三家，原来只是晋国的大夫，晋国才是正儿八经的诸侯。现在这三家公然私分了晋国的土地，而周天子竟然还予以承认，这不是魏、赵、韩三家在破坏规矩，而是周天子自己在破坏规矩。"礼"被破坏了，"名分"乱了，将来谁还会尊重天子呢？恐怕从此要天下大乱，没有规矩了。事实上，正是以三家分晋为标志，中国历史真正进入了"战国时代"。

当然，司马光所说的"名分"，是一种建立在专制社会基础之上的身份等级关系。他说："天子之职莫大于礼，礼莫大于分，分莫大于名。"什么是礼？礼就是"纪纲"，也就是国家的基本的法律和制度规范；礼的核心内容，就是确立等级名分："何为分？君、臣是也；何为名？公、侯、卿、大夫是也"，"夫以四海之广，兆民之众，受制于一人，虽有绝伦之力，高世之智，莫不奔走而服役者，岂非以礼为之纪纲哉！"显然，司马光在《资治通鉴》的开篇，如此"小题大做"，无非也只是想说明一个基本的道理：国家治理必须要有相应的政治规矩，什么人该做什么事，什么事该由什么人来做，都应当清清楚楚、明明白白。只有这样，国家和社会才能有序治理，政治秩序才能够稳定。如果破坏了这种规矩，就会造成"社稷无不泯绝，生民之类糜灭几尽"的恶果，"岂不哀哉"！

其实，早在战国时期，商鞅在《商君书·定分》篇中，就以兔子为例，阐述过"定名分"的重要意义，他说："一兔走，百人逐之，非以兔为可分以为百，由名分之未定也；夫卖者满市而盗不敢取，由名分已定也。故名分未定，尧、舜、禹、汤且皆如鹜焉而逐之；名分已定，贪盗不取"；而法律的作用就是定名分，"故圣人必为法令置官也，置吏也，为天下师，所以定名分也。名分定，则大诈贞信，民皆愿悫而各自治也。夫名分定，势治之道也；名分不定，势乱之道也。"

商鞅是从"法"的角度来谈名分，司马光则是从"礼"的角度来谈名分，其实两者的本质都是一样的。如果我们撇开其中的糟粕性内容，可以看到，司马光在《资治通鉴》中所强调的"礼"和"名分"，用今天的话说，就是一种依法确立的基本的权

《资治通鉴》中的政治谋略
（两晋—五代）

利—义务关系和权力—义务关系。国家和社会治理离不开必要的政治规矩和法律规范，而这种政治规矩和法律规范的核心内涵，无非是确立权利—义务、权力—权利、权力—责任等基本的关系。这些关系明确了，政治才能稳定，国家才能有序，社会才能和谐，人类才能进步。这，应该也是《资治通鉴》开篇给我们最好的启示吧！

\目录\

第一部：两晋春秋

01 | 灭蜀平吴将领的不同结局　003
02 | 错待一人，颠覆一个王朝　007
03 | 祸水未必皆红颜　011
04 | 八王之乱：窝里斗颠覆了西晋王朝　014
05 | "鹤唳华亭"的悲剧　018
06 | 空谈误国的王衍　025
07 | 六度被立为皇后的羊献容　028
08 | 南匈奴是如何东山再起的　031
09 | 从奴隶到皇帝的华丽转身　034
10 | 石勒何以会养虎遗患　037
11 | 枕戈待旦，闻鸡起舞志难酬　041
12 | 廉母教育出的国之栋梁　044
13 | 一代庸主何以成为"中兴之主"　047
14 | 冉闵"杀胡"的是非功过　051
15 | 谢艾：实干兴邦的书生　055
16 | 桓温北伐功败垂成　058
17 | 名将慕容恪的成功之路　062
18 | 一代明君何以会走向败亡　065
19 | 龙阳君王慕容冲　069
20 | 慕容垂的复国之路　072

21 | 刘牢之：一代名将毁于反复无常　076
22 | 刘裕北伐为何功亏一篑　080
23 | 东晋是如何走向衰亡的　084

第二部：南北分治

01 | 刘裕：从平民到君主的成功转型　091
02 | 刘裕死后的政变是如何平息的　095
03 | 元嘉草草，赢得仓皇北顾　098
04 | 恃才自误的文士　101
05 | 三朝宿将沈庆之的是是非非　106
06 | 刘宋王朝是如何骨肉相残的　110
07 | 崔浩：因编史而招祸的一代能臣　114
08 | 五朝元老高允的跌宕人生　118
09 | 两度临朝称制的冯太后　122
10 | 冯氏一门两皇后的恩怨情仇　126
11 | 北魏是如何由盛而衰的　129
12 | 开国功臣何以背负骂名　133
13 | 萧齐为何上演同族相残的悲剧　137
14 | 萧衍为何成为最后的胜利者　141
15 | "一代英伟"的争宠闹剧　144
16 | 钟离之战：决定南梁国运的决战　147

17 | 萧衍的"明"与"昏" 151

18 | 萧绎是如何错失中兴良机的 155

19 | 因酒乱性丧生的一代"英主" 158

20 | 自污而未能免祸的兰陵王 162

21 | 居功自傲而招祸的侯安都 165

22 | 因骄愎而招致失败的吴明彻 169

23 | "禅让"背后的腥风血雨 173

第三部：隋唐兴衰

01 | 杨坚终结"乱世"的必然与偶然（上） 179

02 | 杨坚终结"乱世"的必然与偶然（下） 183

03 | 负气自傲终因言招祸的贺若父子 187

04 | 高颎：深避权势却终难免祸 191

05 | 隋朝第一名将杨素的成名之路 195

06 | 隋朝政坛不倒翁苏威 199

07 | 隋朝的"立法"与"毁法" 203

08 | 隋朝为何重蹈"二世而亡"的覆辙 207

09 | 唐初为何会发生"玄武门之变"的悲剧 212

10 | 死囚犯中出来的第一名将 216

11 | 从功臣到叛臣：侯君集的悲剧人生 220

12 | 李世民何以能"从谏如流" 224

13 | 李世民是如何处理权与法关系的　228

14 | 保境安民的冼夫人和冯氏家族　231

15 | 命世之才房玄龄　235

16 | 长孙无忌炮制的惊天大案　239

17 | 国舅爷的跌宕人生　243

18 | 五起五落的名臣魏元忠　247

19 | 武则天为什么鼓励告密　251

20 | 开元盛世的法制建设　255

21 | 李隆基何以将一手好牌打烂　259

22 | 从李白"谋反案"看唐朝的"长流"刑　263

23 | 唐朝的奸相何以能够为"奸"　267

24 | 大唐宰相遇刺案　271

25 | 牛李党争背景下的吴湘贪赃案　275

26 | 唐朝的宦官专权是如何成气候的　279

27 | "盛世"的背后：大唐君主的逃亡路　283

第四部：五代纷争

01 | 五代纷争的格局是如何形成的　289

02 | 朱温的"雄"与"奸"　293

03 | 一代英雄为何三年就败亡　297

04 | "铁券"真的能够免死吗　301

05 | 五代法制的"滥"与"治"(上)　305
06 | 五代法制的"滥"与"治"(中)　309
07 | 五代法制的"滥"与"治"(下)　313
08 | 一代名相何以成为小人典范　317
09 | 契丹是如何夺取幽州的　321
10 | 五代乱世的绝唱　324

后　记　327

第一部 两晋春秋

01 灭蜀平吴将领的不同结局

司马氏掌控曹魏政权后,发兵灭了蜀汉。建立西晋后,又平定了东吴,再次统一了中国。率军平定蜀汉和东吴的将领,都可谓一时之才俊,但最终结局却大不相同:率军灭蜀的钟会和邓艾,都死于非命;而率军灭吴的王濬和王浑,却得以善终。个中缘由,颇值得玩味。

钟会是征伐蜀汉的坚定支持者。司马昭打算兴兵伐蜀时,大多数人都不赞成,甚至征西将军邓艾也认为时机未到,"屡陈异议",只有钟会支持,为此司马昭任命钟会为镇西将军,都督关中,并派人去做通了邓艾的思想工作。曹魏景元四年(263)春,司马昭命诸军兵分三路,大举征伐蜀汉。由邓艾率三万多人向甘松、沓中等地牵制姜维,诸葛绪率三万多人向武街、桥头等地截断姜维的退路;而由钟会为主将,统兵十余万,进军汉中。

面对曹魏的进攻,蜀汉主将姜维率军从沓中撤回,防守剑阁,抵御钟会。钟会与诸葛绪合兵一处,但由于蜀军死守剑阁天险,钟会几番攻打未能得手,而后勤保障又跟不上,钟会无奈,打算退兵。而邓艾却不赞成,他对司马昭说,"贼已摧折,宜遂乘之"，建议从阴平小路抄蜀军的后路，直取成都，并亲自率军越过七百里无人之境，历经艰险，攻占了江油。蜀汉猝不及防，在绵竹同魏军决战，蜀将诸葛瞻父子阵亡。后主刘禅见大势已去，向邓艾投降。远在剑阁的姜维接到命令，也率全军向钟会投降，蜀汉灭亡。

应当说，灭蜀汉，邓艾可谓是头功。但进入成都后，邓艾就有点头脑发昏了，"颇自矜伐"，擅自以天子的名义，任命大批官吏，并命刘禅行骠骑将军，对蜀汉官员也分别安排了职务。监军卫瓘劝他说："事当须报，不宜辄行。"他竟然以《春秋》中的"大夫出疆，有可以安社稷、利国家，专之可也"为例，认为自己独断专行并没有错，拒绝了卫瓘的劝告。

而此时，钟会因被邓艾抢了头功，心生不满，同时他又滋生了据蜀谋反之心，想借机除掉邓艾。他与卫瓘等一同密报司马昭，说邓艾有反状，并模仿邓艾的笔迹，窜改他写给司马昭的信。于是司马昭下令用槛车押送邓艾回京受审，并命钟会进军成都。钟会派卫瓘去逮捕邓艾，打算用一石二鸟之计，逼邓艾杀掉卫瓘，然后自己再名正言顺地除掉邓艾。而卫瓘到成都后，出其不意拿下邓艾。

其实，司马昭对钟会也早有防备之心，司马昭的夫人就说钟会"见利忘义，好为事端，宠过必乱，不可大任"。司马昭借口担心邓艾反抗，写信告诉钟会，自己亲率十万大军驻守长安，并派中护军贾充来支援。钟会见状，决定先将那些不服从自己的将领除掉，然后同蜀将姜维一同起兵。但帐下将领抢先一步发动兵变，钟会和姜维被杀，邓艾也被卫瓘派人杀死。

论才干，钟会和邓艾两人都是一时之选，邓艾更堪称杰出的军事家，他从阴平小路偷袭成都一战，成为中国战争史上的经典战例。但两人都居功自傲，钟会更是图谋不轨，最终两人都在灭

第一部 两晋春秋
01 灭蜀平吴将领的不同结局

蜀之后死于非命。

同钟会和邓艾相比,率军灭吴的王浑和王濬虽然也曾争功,并差点引发内斗,但最终结局却要好得多。西晋太康元年(280),晋武帝司马炎兵分六路伐吴,其中最主要的两路是:安东将军王浑率东路军从安徽寿春一带出发,自江北直逼建业(南京),牵制吴军主力;龙骧将军王濬率军自巴蜀顺江东下,直趋建业。吴主孙皓命丞相张悌亲率大军渡江迎战,以阻止晋军渡江,结果被王浑击败。而此时王濬也攻下武昌,乘胜沿江东下,直抵建业附近的三山。王浑的部下建议趁势迅速渡江,直捣建业。但王浑认为:自己的任务就是"屯江北以抗吴军",如果违抗命令进军,"胜不足多,若其不胜,为罪已重",何况从指挥序列说,王濬归自己指挥,不如等王濬到达后一同进军。

此时,东吴防线已经土崩瓦解,吴主孙皓采纳了臣下的建议,分别派遣使者送信给王浑、王濬等请求投降,以挑起他们之间的内斗。果然,王濬到达三山时,王浑命其暂停进军,但王濬却借口风太大,无法停船,直接攻入石头城,孙皓面缚舆榇,到王濬军前投降,东吴灭亡。

王浑是在王濬攻进建业的第二天才渡江,见王濬已抢了头功,非常恼火,甚至打算攻打王濬。王濬的部下何攀劝他将孙皓交给王浑,以避免冲突;王浑的部下也对其进行劝谏。但王浑咽不下这口气,向司马炎控告王濬违诏不受节度,并诬告其他罪状。有关部门建议将王濬用槛车押回京城,但司马炎不同意,只是下诏批评王濬不听从指挥,缺乏大局观念。王濬不服气,上书自辩。而王浑又给王濬编造了种种不法行为,要求对他进行惩处。王濬回到京城后,有关部门又建议将他交付廷尉审理;司马炎拒绝,并论功行赏,加封王濬为辅国大将军,封襄阳县侯;王浑晋升为公爵。

然而，王濬自认为功劳大，为王浑压制，每次觐见司马炎时，总是愤愤不平。但司马炎也只是好言劝说，并不怪罪于他。后来还是王濬的朋友婉言劝告他，不要再居功自傲、喋喋不休了。这时王濬也明白过来，说："吾始惩邓艾之事，惧祸及身，不得无言；其终不能遣诸胸中，是吾偏也。"尽管后来王濬同王浑的关系一直很紧张，但他们都得以善终。王浑75岁去世，王濬80岁去世。

02

错待一人,颠覆一个王朝

西晋王朝建立后不久,就陷入了内乱。内乱直接导致了西晋王朝的覆灭,其中一个重要原因就是当时的执政者在选择接班人问题上举棋不定,并最终选择了白痴皇帝司马衷。而当时唯一能扭转局面的齐王司马攸,却因受到无端猜忌而英年早逝。正如王夫之在《读通鉴论》中所说:"西晋之亡,亡于齐王(司马)攸之见疑而废以死也。(司马)攸而存,杨氏不得以擅国,贾氏不得以逞奸,八王不得以生乱。"事实果真如此吗?

齐王司马攸是司马昭的次子,司马炎的弟弟。司马昭的哥哥司马师没有儿子,司马昭便将司马攸过继给了司马师。司马师死后,司马昭又接替司马师掌握大权。司马攸多才多艺,深得司马昭的喜爱,据说司马昭经常拍着身下的座位说:"天下者,景王(司马师)之天下也,吾摄居相位,百年之后,大业宜归(司马)攸。"他甚至打算立司马攸为世子,但左右大臣都不赞成。山涛说,"废长立少,违礼不祥";贾充也说,司马炎"有君人之德,不可易也"。于是,司马昭最终确定司马炎为接班人。但这件事不可避免地使司马炎和司马攸兄弟二人之间产生了隔阂。司马昭也意识到了这一点，在临死前对司马炎讲了淮南王刘长和陈思王曹植的故事，哭着将司马攸的手放在司马炎手上，要他们兄弟两人引以为戒。

司马炎称帝后，封司马攸为齐王，总管军事，而司马攸在政权转移过程中对稳定政局发挥了重要作用，也赢得了人心。司马炎对他很信任，先后令其迁任骠骑将军、开府仪同三司，又转任为镇军大将军，加任侍中、太子太傅，后又接替贾充担任司空。司马攸也能尽心辅佐司马炎，每有朝政大议，也充分表达意见和建议，毫不保留。当时定居在并州一带的匈奴左贤王刘豹的儿子刘渊以"任子"的身份在洛阳为官，大臣王浑和王济父子将他推荐给司马炎，司马炎非常欣赏他，王济甚至向司马炎建议说："（刘）渊有文武长才，陛下任以东南之事，吴不足平也。"而司马攸则看出刘渊非等闲之辈，他对司马炎说："陛下不除刘渊，臣恐并州不得久安。"但王浑不同意，说："大晋方以信怀殊俗，奈何以无形之疑杀人侍子乎？何德度之不弘也！"司马炎最终同意王浑的意见，刘豹去世后，又让刘渊接替了左部帅的职位。

从道理上说，王浑的意见没有错；但司马攸是通过对刘渊的观察，觉察出刘渊对晋王朝而言最终可能是一个严重的威胁。二十五年后的元熙元年（304），刘渊自立为汉王，四年后正式称帝。永嘉五年（311），刘渊之子刘聪继位，派兵攻进洛阳，俘虏了晋怀帝。五年后，又攻占长安，俘虏了晋愍帝，西晋被刘渊建立的汉朝（前汉）所灭。如果司马炎地下有知，不知是否会因为当初没有听从司马攸的劝告而后悔！

虽然表面上司马炎还是听从了司马昭的叮嘱，同司马攸兄弟之间的关系还算可以，但到了晚年，在继承人问题上，他还

第一部 两晋春秋
02 错待一人，颠覆一个王朝

是同司马攸发生了冲突。由于司马炎的几个儿子都没有出息，特别是太子司马衷简直就是一个白痴，因此，"朝臣内外，皆属意于（司马）攸"。司马炎曾专门就"谁可以托后事"的问题询问过尚书张华的意见，张华也直接回答："明德至亲，莫若齐王。"

司马攸虽然为人正直，但性急如火，疾恶如仇，为此他母亲临终前也专门对司马炎说："桃符（司马攸小名桃符）性急，而汝为兄不慈，我若不起，必恐汝不能相容，以是属汝，勿忘我言。"司马攸对司马炎的宠臣荀勖和冯𬘭等人拍马奉承的行为非常讨厌，而二人亦怕一旦司马攸真的做了皇帝，自己不会有好果子吃，于是便向司马炎进谗言，把齐王赶回自己的封地去。荀勖更是直接说："百僚内外皆归心齐王，陛下万岁后，太子不得立矣。"甚至挑唆说："陛下试诏齐王之国，必举朝以为不可，则臣言验矣。"

司马炎听从了他们的建议。太康三年（282），司马炎下诏任命司马攸为大司马、假节、都督青州诸军事，并回到齐国。果然，听到这个消息，征东大将军王浑、扶风王司马骏、光禄大夫李熹、中护军羊琇等朝廷重臣纷纷上书劝谏，而这样一来，又应了荀勖的话，让司马炎更觉得不能留司马攸在身边了。

司马攸知道自己被荀勖、冯𬘭等小人所暗算，但又无从诉说，因此怨愤发病。司马炎派御医去诊视，而御医为了迎合司马炎的旨意，竟然谎报病情，明明司马攸已经病得很重了，却谎称他没病。司马炎便催促司马攸赶紧上路。司马攸抱病前去向司马炎辞行，还强掩病态，装得像没病一样，结果司马炎更怀疑他是装病了。没过两天，司马攸便吐血而亡。手足情深，司马炎不免伤心落泪，而冯𬘭担心司马炎怪罪，反而对司马炎说："齐王名过其实，天下归之，今自薨殒，社稷之福也，陛下何哀之过!"最后是御医做了替死鬼，被砍了脑袋。

司马炎对于司马攸的处理，虽然是所谓帝王家的家事，但的确影响了西晋王朝的历史进程。三百多年后，唐朝宰相房玄龄主持编纂的《晋书》在谈到这一段历史时，不无遗憾地写道：如果齐王不死，也许八王之乱就不会发生，中国也就不会陷入随后五胡乱华的分裂局面。

03 祸水未必皆红颜

在中国历史上,君主宠幸美女荒废朝政,导致王朝衰败乃至灭亡的事例比比皆是,因此也就有了"红颜祸水"一说。既然称得上是"红颜",当然都是美女了,但西晋惠帝司马衷的皇后贾南风堪称一个例外。同历史上的那些"红颜"相比,贾南风可以说是奇丑无比。但就是这样一个"丑女",操纵白痴皇帝司马衷,祸乱朝政,引发了"八王之乱",最终颠覆了西晋王朝。

贾南风是权臣贾充的女儿,她能够嫁给司马衷,得益于一个关键人物——晋武帝司马炎的皇后杨艳。司马炎在替司马衷选太子妃时,看中的是卫瓘的女儿。但贾充的妻子郭槐为了让自己的女儿当上太子妃,拼命巴结杨皇后,想让她去说情。一开始司马炎不同意,认为"卫公女有五可,贾公女有五不可",并特别指出贾南风"妒而少子,丑而短黑",但拗不过杨皇后和其他大臣的劝说,最终还是选定了贾南风。

司马衷这个白痴儿子,对司马炎来说始终是一个心病,他曾经同杨皇后商量过更换太子的事,但杨皇后坚持认为"立子以长不以贤",反对更换太子;杨皇后临终前,担心自己死后司马炎会立胡贵嫔为皇后，从而影响太子的地位，所以推荐叔叔杨骏的女儿杨芷继任皇后，司马炎也答应了。杨皇后保住了太子的地位，也就是保住了贾南风的地位，但令她没有想到的是，贾南风最终利用自己的身份，把杨家搞得家破人亡。

杨皇后死后，她的堂妹杨芷被立为皇后，叔叔杨骏也被封为临晋侯。贾南风当上了太子妃后，妒忌、残暴的本性渐渐暴露出来，她看见其他嫔妃有孕，就将她们殴打至流产，甚至还因妒忌而滥杀。司马炎得知后大怒，打算将她废掉。皇后杨芷和杨骏的弟弟杨珧以及其他大臣替她求情，这才总算保住了她太子妃的地位。事后杨皇后免不了要劝诫她一番，而贾南风非但不领情，反而认为是杨皇后在背后说她坏话，并因此怀恨在心。

司马炎去世后，司马衷继位。贾南风当上了皇后，她想干预朝政，但被太傅杨骏阻止，于是她便密谋除掉杨骏，废掉太后杨芷。她派人联络汝南王司马亮和楚王司马玮，要他们领兵讨伐杨骏。然后又指使司马衷下诏，诬告杨骏谋反，并派东安公司马繇领兵讨伐杨骏。杨骏平日里大权独揽，独断专行，但关键时刻却又不知所措，结果在府邸中被杀，兄弟和属下也受牵连被杀，并被夷三族，死者数千人。然后贾南风又矫诏废掉杨太后，最终杨太后被活活饿死。

除掉了杨骏和杨太后，贾南风同她的亲信控制了朝政。东安公司马繇除掉杨骏有功，被封为东安王。他见贾南风暴戾日盛，又打算将她除掉，可贾南风先下手将他废黜流放。接着，她又利用汝南王司马亮和楚王司马玮之间的矛盾，矫诏命司马玮诛杀了司马亮和卫瓘两名辅政大臣。等到司马玮诛杀二人后，贾南风又立刻翻脸，派兵抓捕司马玮，以专杀的罪名将其诛杀。这样一来，当初和她联合诛灭杨氏的大臣都被她除掉了，贾南风牢牢掌控了朝廷大权。

第一部 两晋春秋
03 祸水未必皆红颜

贾南风在政治上控制了司马衷，在私生活上更是没把他这个皇帝放在眼里，而是公然与太医令程据等人私通，甚至还经常派人在路上寻找美少男，用大箱子抬入宫中，与之交欢，完事之后，又杀人灭口。不仅如此，为了排除异己，贾南风又打起了太子的主意。太子司马遹是谢才人所生，与司马衷不同，司马遹自小就很聪慧，深得司马炎的喜爱。司马炎也知道司马衷不堪大任，但看在司马遹这个孙子的份上，还是没有将他废掉。因太子非自己所生，贾南风想方设法谋害太子，这已成为了公开的秘密。最终她伪造了太子"谋反"的证据，逼迫司马衷下令废掉了太子。

太子被废，朝廷"众情愤怒"。一些大臣联络赵王司马伦的亲信孙秀，请他说服司马伦领头废掉贾南风，恢复司马遹的太子地位。而孙秀和司马伦密谋，设计了一石二鸟之计。他们先用反间计，放出风声，称宫中有人打算废掉贾南风，让司马遹复位，并劝贾南风杀死司马遹以绝人心。于是贾南风命太医令程据带毒药，矫诏命黄门孙虑前去毒杀司马遹。但司马遹不肯服食，最终被孙虑以药杵杀害。而赵王司马伦以此为借口，假传圣旨，以谋害太子的罪名要废掉贾南风，并派齐王司马冏入宫抓捕贾南风。贾南风见司马冏深夜入宫，质问他为何而来，司马冏回答说："有诏收后"。贾南风竟然还说："诏当从我出，何诏也！"

司马伦废掉贾南风，自封为使持节、都督中外诸军事、相国、侍中，掌控了朝廷大权。他担心贾南风东山再起，便派人用金屑酒毒死了她。不久，司马伦又逼司马衷禅位于己，做起了皇帝。结果齐王司马冏和成都王司马颖、河间王司马颙等联合起兵讨伐司马伦。司马伦被杀，西晋王朝从此也陷入了"八王之乱"。

04

八王之乱：
窝里斗颠覆了西晋王朝

司马氏家族是通过消灭代表皇族势力的曹爽之后，攫取曹魏政权，并最终以"禅让"的方式建立西晋王朝的，因此他们深知以家族势力为屏障，是防止政权旁落的一个重要保障。所以司马炎建政之初，就将自己的几个叔叔封为王。咸宁三年（277），他又听从了卫将军杨珧等人关于"古者封建诸侯，所以藩卫王室"的建议，将诸侯王的封国封为三等：大国置三军五千人，次国二军三千人，小国一军一千一百人，并派大国的王镇守各地。

司马炎临终前，曾安排汝南王司马亮（司马懿之子）和杨皇后的父亲杨骏一同辅佐晋惠帝司马衷。太熙元年（290）司马炎去世，杨骏篡改遗诏，由自己单独辅政，让司马衷下诏讨伐司马亮。司马亮不愿与杨骏发生冲突，逃到了许昌。杨骏独掌朝廷大权，不可避免地与皇后贾南风直接对抗。贾南风为除掉杨骏，秘密派人与汝南王司马亮、楚王司马玮（司马炎之子）联络，要他们带兵进京，讨伐杨骏。司马亮拒绝了，而楚王司马玮从荆州带兵进入洛阳，联合贾南风发动政变，诛灭了杨氏家族，废掉了杨

第一部 两晋春秋
04 八王之乱：窝里斗颠覆了西晋王朝

太后，并将她逼死。

杨骏被杀后，司马亮被任命为太宰，与太保卫瓘共同辅政。楚王司马玮因杀杨骏有功，掌握了京城军队的指挥权，贾南风的家人和亲戚也担任了要职。贾南风为独揽大权，第一个要除掉的人便是司马亮了。而司马亮对司马玮刚愎好杀的行为非常不满，想剥夺他的军权。贾南风抓住这个机会，同司马玮联合起来，逼着白痴皇帝司马衷下诏，诬蔑司马亮和卫瓘要擅行废立，图谋不轨，由司马玮派兵收捕司马亮和卫瓘，并将他们处死。汝南王司马亮成为八王之中第一个送命的，也是最无辜的。

司马玮杀了司马亮及卫瓘后，他的朋友岐盛劝他趁机一并将贾南风的势力剪除，但他犹豫不决。而贾南风却先他一步下手，就在他杀死司马亮的次日，说他假传圣旨，擅自杀害两位辅政大臣，图谋不轨，将其处斩。司马玮觉得很冤，临刑前还拿出诏书对监刑的刑部尚书刘颂说自己是"受诏而行，谓为社稷，今更为罪"。他成为八王中第二个送命的。

贾南风陆续除掉政敌，掌控朝政大权。征西大将军赵王司马伦（司马懿之子）因征讨羌胡失利被召回京城洛阳。他通过巴结贾南风，得到了她的信任，担任了右军将军，统领禁军。此时，贾南风用诡计唆使司马衷废掉了太子，大臣们希望司马伦发兵废掉贾南风。而司马伦却玩弄了一个阴谋，坐视太子被害，然后以此为借口，发动政变，废黜并逼死了贾南风，独自掌控了朝廷大权。但他并不满足，竟然逼司马衷禅位于己。这一举措引发了众怒。齐王司马冏（司马攸之子）、河间王司马颙（司马孚之孙）和成都王司马颖（司马炎之子）起兵讨伐司马伦，常山王司马乂（司马炎之子，后改封长沙王）也发兵响应。一些朝廷大臣趁机发动政变，迎司马衷复位，司马伦被赐死，成为八王中第三个送命的。

司马冏率领大军进入洛阳，迎司马衷复位，他也被任命为大司马，加九锡之命，总理朝政。司马冏执掌朝廷大权后，"骄恣日甚"，"骄奢擅权，大起府第"，而且"耽于宴乐，不入朝见"，同司马颙等人之间的矛盾也不断激化。当初联合讨伐司马伦时，司马颙就曾脚踩两只船，他部下将领张方、李含等人还帮助过司马伦，对此司马冏非常不满。而李含等人则为求自保，假称受司马衷密诏，要司马颙诛杀司马冏。司马颙联合了司马颖一同出兵，并要长沙王司马乂在京城为内应。司马冏同司马乂大战，结果兵败被杀，成为八王中第四个送命的。

司马冏被杀后，司马乂独揽了朝廷大权。而司马颙见朝政被司马乂独揽，又心怀不满，多次派人刺杀司马乂，却都没有成功。太安二年（303），司马颙又联合司马颖起兵讨伐司马乂，结果又被司马乂击败。永兴元年（304），时任司空的东海王司马越（高密王司马泰之子）乘司马乂不备，勾结一些禁军将领发动政变，捕获了司马乂。结果司马乂被司马颙的部下用火烤死，成为八王中第五个送命的。

司马颙、司马颖和司马越联合除掉司马乂后，三个人之间为争夺权力又发生了争斗。光熙元年（306），司马颖被伪造的晋惠帝司马衷的诏书赐死。不久，司马颙也被杀。这样，八王只剩下了东海王司马越了。

就在司马颙、司马颖和司马越相互争斗时，司马颖曾任命匈奴左贤王刘渊为冠军将军，要他出兵相助。而刘渊则趁此机会扩大势力，建立了汉国，成为西晋王朝的劲敌。司马越面对外患，依然在朝廷内排斥异己，滥杀无辜，导致国事不堪收拾，"公私罄乏，所在寇乱，州郡携贰，上下崩离"，他本人也忧惧成疾，于永嘉五年（311）去世。他去世后不久，洛阳陷落，司马越也被汉国大将石勒下令剖棺焚尸，说："乱天下者此人也，吾为天下报之,故焚其骨以告天地。"

八王虽然先后毙命,但他们相互之间的内斗,掏空了整个国家,搞垮了江山社稷。五年后,汉国攻占长安,西晋灭亡,中国又陷入了十六国混战的局面。

05
"鹤唳华亭"的悲剧

李白在《行路难》(其三)中写道:

> 有耳莫洗颍川水,有口莫食首阳蕨。
> 含光混世贵无名,何用孤高比云月?
> 吾观自古贤达人,功成不退皆殒身。
> 子胥既弃吴江上,屈原终投湘水滨。
> 陆机雄才岂自保?李斯税驾苦不早。
> 华亭鹤唳讵可闻?上蔡苍鹰何足道?
> 君不见吴中张翰称达生,秋风忽忆江东行。
> 且乐生前一杯酒,何须身后千载名?

其中"陆机雄才岂自保""华亭鹤唳讵可闻"两句,道出了陆机这位冠绝一时的才子,因卷入了西晋乱世的政治斗争而死于非命,给后世留下"鹤唳华亭"哀叹的悲剧人生。

出身名门,文才冠绝一时

陆机是西晋时期的著名文人,他的诗歌、文章和书法都独步

第一部 两晋春秋
05 "鹤唳华亭"的悲剧

天下、冠绝一时。论诗,所谓太康诗风就是指以陆机、潘岳为代表的西晋诗风,讲究形式,辞采华丽;论文,陆机的文章音律谐美,讲求排比对偶,开创了骈文的先河。西晋大臣张华曾对他说:"人之为文,常恨才少,而子更患其多。"葛洪在书中称赞他的文章说:"(陆)机文犹玄圃之积玉,无非夜光焉;五河之吐流,泉源如一焉。其弘丽妍赡,英锐漂逸,亦一代之绝乎!"而他的书法更是一时之选,其章草作品《平复帖》是中国古代存世最早的名人法书真迹,也是历史上第一件流传有序的法帖墨迹,有"法帖之祖"的美誉。

唐太宗李世民在《陆机传论》中,对他的文才给予了很高的评价:"古人云:虽楚有才,晋实用之。观夫陆机、陆云,实荆、衡之杞梓,挺圭璋于秀实,驰英华于早年,风鉴澄爽,神情俊迈。文藻宏丽,独步当时;言论慷慨,冠乎终古。高词迥映,如朗月之悬光;叠意回舒,若重岩之积秀。千条析理,则电坼霜开;一绪连文,则珠流璧合。其词深而雅,其义博而显,故足远超枚、马,高蹑王、刘,百代文宗,一人而已。"

陆机出身于吴郡横山(今江苏昆山)的名门士族,他的祖父是东吴的丞相陆逊,曾经在夷陵之战中火烧七百里连营,大败刘备;父亲是东吴的大司马陆抗,驻守荆州,多次击退西晋的进攻,堪称东吴最后的中流砥柱。陆抗去世六年后,东吴灭亡。因此,陆机既享尽了一个官宦子弟、将相家人的荣华富贵,也承受了亡国之痛。在东吴灭亡后的 10 年时间里,陆机退居旧里,闭门勤学。

作为一个青年才俊,陆机自然也耐不住寂寞。晋太康十年(289),陆机与弟弟陆云一同来到京师洛阳,拜访当时的名士张华。张华对陆机兄弟极为欣赏,将他们向朝廷推荐。杨皇后的父亲、太傅杨骏慕名聘陆机为祭酒。次年司马炎去世,杨骏篡改遗诏，独掌了朝廷大权。继位的晋惠帝司马衷是一个以"何不食肉糜"而闻名后世的白痴皇帝，他的皇后贾南风有很强的政治野心，想以皇后身份干预朝政，但被杨骏阻止，这样一来，杨骏和贾南风之间便不可避免地直接发生了对抗。贾南风联络了楚王司马玮带兵进入洛阳，发动政变，杀死了杨骏，诛灭了杨氏家族，一举控制了朝廷大权。而陆机作为杨骏的部属，在这场宫廷政变中，却幸运地躲过了，并未受到牵连。

贾南风掌控了朝政大权后，把她的亲人都提拔到重要岗位。她的外甥贾谧是一个文学青年，虽然凭借椒房之亲，权过人主，威福无比，但依旧喜好舞文弄墨、附庸风雅。他网罗了一批知名的文人士大夫，搞了一个文人小圈子，号称"二十四友"，陆机兄弟也在其中。这样一来，陆机又无形之中成为贾南风一党的人了。

贾南风为了巩固自己的权力，利用司马氏家族诸王之间的矛盾，排除异己，甚至还挑唆司马衷废掉了太子，从而导致"众情愤怒"，最终引发了"八王之乱"。晋永康元年（300），赵王司马伦发动政变，以谋害太子的罪名废掉并杀死了贾南风，自封为使持节、大都督、督中外诸军事、相国、侍中。司马伦为扩大自己的影响，网罗了一批所谓"海内名德之士"。陆机也在其中，被任命为相国参军；后又因参与诛讨贾谧有功，被赐爵关中侯。

谋求功名，卷入八王之乱

司马伦掌握了朝廷大权后，并不知足，又逼司马衷将皇位"禅让"给自己，做起了皇帝，陆机也被任命为中书郎。司马伦的这一举动引发了众怒，齐王司马冏、河间王司马颙和成都王司马颖起兵讨伐司马伦，常山王司马乂也发兵响应。一些朝廷大臣

第一部 两晋春秋
05 "鹤唳华亭"的悲剧

趁机发动政变,迎司马衷复位,司马伦被赐死。在清理司马伦余党时,齐王司马冏认为陆机执掌中书,有关司马伦加九锡以及惠帝司马衷"禅位"诏书的撰写等肯定都参与了,因此将陆机逮捕入狱,交由廷尉治罪。好在大将军、成都王司马颖很欣赏陆机的才华,出面替他说情,这才得以减死流放。不久,陆机因遇大赦而免罪,又一次逃过了一劫。

这时,陆机的朋友、同为名士的顾荣和戴渊等人认为国家多难,官场险恶,劝陆机辞官回乡。但陆机认为司马颖对自己有救命之恩,而且又有很高的声望,跟着他可以建立功名,同时又自认为有经邦济世的才能,因而拒绝了朋友的劝说,留在了司马颖的身边。这样一来,他就不可避免地卷入了"八王之乱"的政治漩涡,埋下了悲剧结局的祸根。

司马冏迎司马衷复位后,他也被任命为大司马,加九锡之命,总理朝政。司马冏执掌朝廷大权后,居功自傲,"骄奢擅权,大起府第",而且"耽于宴乐,不入朝见"。陆机非常不满,写了一篇《豪士赋》,其中这样写道:"身危由于势过,而不知去势以求安;祸积起于宠盛,而不知辞宠以招福。见百姓之谋己,则申宫警守,以崇不畜之威;惧万民之不服,则严刑峻制,以贾伤心之怨。然后威穷乎震主,而怨行乎上下,众心日陊,危机将发,而方偃仰瞪眄,谓足以夸世,笑古人之未工,忘己事之已拙,知曩勋之可矜,暗成败之有会。是以事穷运尽,必于颠仆;风起尘合,而祸至常酷也。圣人忌功名之过己,恶宠禄之逾量,盖为此也。"并暗示司马冏要"颇览天道,知尽不可益,盈难久持,超然自引,高挹而退,则巍巍之盛,仰邈前贤,洋洋之风,俯冠来籍,而大欲不乏于身,至乐无愆乎旧,节弥效而德弥广,身逾逸而名逾劭"。

文章虽好,但司马冏并未加以理会;而更具有讽刺意味的是，陆机在文章中所说的"身危由于势过，而不知去势以求安；祸积起于宠盛，而不知辞宠以招福"，恰恰成为日后自己招致祸败的原因！

司马冏大权独揽，同司马颙等人之间的矛盾也不断激化。司马颙联合了司马颖一同出兵，并要长沙王司马乂在京城为内应。司马冏同司马乂大战，结果兵败被杀。司马冏死后，司马乂独揽了朝廷大权，同司马颖和司马颙等人之间的矛盾又开始激化。此时，陆机因感念司马颖的救命之恩，同时也认为司马颖"推功不居，劳谦下士"，是一个能成大事的人，便委身投靠了司马颖。而司马颖对陆机也极为信任和重用，聘请他参大将军军事，并任命为平原内史。

河桥鼓哀，不复鹤唳华亭

晋太安二年（303），司马颖联合司马颙起兵讨伐司马乂，任命陆机代理后将军、河北大都督，督率北中郎将王粹、冠军将军牵秀、中护军石超等各路兵马共二十多万人。但陆机觉得自己"三世为将，道家所忌"，而且王粹、牵秀这些宿将并不买自己的账，自己也指挥不动他们，因此请求辞去都督之职，可司马颖不答应。这时，陆机的同乡孙惠也劝他干脆把都督之职让给王粹。但陆机担心，这样一来司马颖会认为自己"首鼠两端，适所以速祸也"，于是被迫接受了任命。

司马颖对陆机寄予了很大的希望，临行前对他说："若功成事定，当爵为郡公，位以台司（三公宰辅之职），将军勉之矣！"可陆机的书呆子气又犯了，回应说：当年齐桓公信任管仲，所以能有九合诸侯、一匡天下之功；而燕惠王怀疑乐毅，所以功败垂成；因此，"今日之事，在公不在机也"。司马颖的左长史卢志本

第一部 两晋春秋
05 "鹤唳华亭"的悲剧

来就嫉恨陆机得宠,这时趁机进谗言,说:陆机把自己比作管仲、乐毅,而把你比作昏君,"自古命将遣师,未有臣凌其君而可以济事者也"。司马颖听了沉默不语。

陆机率二十万大军,浩浩荡荡向洛阳进发,队伍从朝歌直到洛阳河桥,鼓角声绵延数百里,声势浩大,据说自从汉魏以来,还不曾有过如此盛大的出兵场面。陆机屯兵河桥,司马乂则挟持惠帝司马衷御驾亲征。初次交战陆机就不顺利,冠军将军牵秀被击败。司马颖派将军马咸协助陆机,两军阵前大战,司马乂的部将王瑚将戟绑在马匹身上,向陆机统率的军队发起进攻,陆机大败,16员大将被杀,"赴七里涧而死者如积焉,水为之不流"。

陆机麾下有一个叫孟超的将领,他的哥哥是太监孟玖。孟玖曾想让自己的父亲担任邯郸令,但被陆机的弟弟右司马陆云拒绝。陆云认为这是一个重要职位,太监的父亲不适合担任,这样一来就同孟玖结下了梁子。孟超在陆机麾下督率万余人的部队,还未开战,就纵兵大肆抢劫。陆机将为首者抓了起来准备法办,孟超居然带了百余骑闯入陆机的中军大营,将犯人抢走,还公然威胁陆机说:"貉奴(北方人对南方人的蔑称)也能作都督?"陆机的司马孙拯劝他将孟超处死,以正军纪;但陆机考虑到孟超的哥哥孟玖是司马颖宠信的太监,不敢杀他。但孟超却公开造谣说陆机要谋反,还给孟玖写信,诬告陆机有二心。

开战后,孟超又不听指挥,轻兵冒进,结果兵败被杀。孟玖怀疑是陆机在背后下的黑手,便对司马颖诬告陆机暗中同长沙王司马乂私通。冠军将军牵秀素来巴结孟玖,加上又不服陆机,便和那些靠孟玖关系提拔的将领一同证明陆机确实怀有二心。司马颖大怒,命牵秀去逮捕陆机。参军王彰劝谏司马颖说:陆机是南方人,你过于信任和重用他,北方的旧将自然不满,所以才会诬告他谋反。但司马颖在气头上,听不进去,下令将陆机处死。临刑前，陆机怀念起早年在家乡悠闲自在的生活，感慨道："华亭鹤唳，可复闻乎！"但悔之已晚。

司马颖杀了陆机后，还要以谋反的罪名连坐陆云。部属江统等人上书劝谏；蔡克等僚属数十人也叩头流血，流涕苦劝说："（陆）云为孟玖所怨，远近莫不闻；今果见杀，窃为明公惜之。"司马颖这时也有些犹豫了。但孟玖为报私仇，不断催促，结果司马颖最终还是将陆云也处死了，并将陆机一家满门抄斩。

陆机作为一代文人，抵挡不住权势的诱惑，误入政坛；但又不懂官场权术，不谙官场风险，关键时刻不能全身而退，临阵指挥又无大将之才，从而招致失败，上演了一出"鹤唳华亭"的悲剧。王夫之在《读通鉴论》中谈到此事时，说了这样一段话："士有词翰之美，而乐以之自见，遂以累其生平而丧之，陆机其左鉴已。（陆）机之身名两陨，濒死而悔，发为华亭鹤唳之悲，惟其陷身于司马颖，不能自拔，而势不容中止也。"

06

空谈误国的王衍

王衍是西晋时期著名的政治家和清谈家。西晋在玄学的影响下，崇尚清谈，将其作为一种学术研究和交流的方式，似乎也无可厚非；但王衍身为朝廷重臣，平日里高谈阔论，当国家危难之际，却一筹莫展，落了一个空谈误国的悲剧。

王衍出身名门，史称其"神情明秀，风姿祥雅"，生得一表人才，而且才华横溢。他少年时曾去拜访著名学者山涛，山涛同他交谈后，感慨良久，对人说："何物老妪，生宁馨儿！然误天下苍生者，未必非此人也。"山涛在赞赏王衍才华的同时，流露出了一丝担忧。可悲的是，若干年后，山涛对王衍的担忧真的成为现实。

王衍的父亲任平北将军，王衍自然也少不了同官场上的人打交道。他少年时，一些朝廷的高官重臣就被他的气度和才华折服。太傅杨骏曾想把女儿嫁给他（杨骏的一个女儿杨芷为当朝皇后），王衍居然用装疯的方式逃避了。不过从这件事也可以看出王衍还是有些政治远见的。王衍的名声也传到了晋武帝司马炎那里，司马炎曾问王衍的堂兄王戎："当今有哪个人可以同王衍相比?"王戎回答说:"未见其比,当从古人中求之。"

王衍名气如此大,自然有人推荐他去做官。泰始八年(273),司马炎下诏命百官举荐可以安定边疆的人才,尚书卢钦举荐王衍为辽东太守,但王衍推辞了。应该说,这一时期王衍的所作所为还是值得称道的:他不问世事,整日里吟诗作赋,研究玄学;他父亲去世后,亲朋好友送了很丰厚的丧仪礼金,他都借给了那些需要帮助的亲戚和熟人,以至于几年下来,家产荡尽,连洛阳城里的宅子也被迫卖掉,搬到城外去住了。

不久,王衍还是出来做官,担任了元城县令。他虽然终日清谈,但县里的政务倒也打理得井井有条。之后,他又回到京城,任太子中庶子、黄门侍郎。他虽身在官场,可依然整日研究玄学,探讨学问,"妙善玄言,唯谈《老》《庄》为事。每捉玉柄麈尾,与手同色。义理有所不安,随即改更,世号'口中雌黄'。""信口雌黄"这一成语便是由此而来的。由于他既有"盛才美貌,明悟若神",又"声名藉甚,倾动当世",被誉为"一世龙门",仕途上自然也一帆风顺,虽然"累居显职",但同样不可避免地卷入了当时朝廷的政治斗争。

王衍的妻子郭氏是贾南风的亲戚,她依仗后宫权势,刚愎贪戾,聚敛无厌。王衍对她非常不满,但又无可奈何。他的女儿嫁给了太子司马遹,贾南风诬陷太子谋反,王衍怕受到牵连,主动提出让女儿同太子离婚。贾南风被废后,这也就成了王衍的一条罪状,有人提出将其禁锢终身。

赵王司马伦除掉贾南风,掌控了朝政,不久又篡位称帝。王衍本来就瞧不起司马伦,找借口不出来做官。不久司马伦被杀,王衍被任命为河南尹,转任尚书,又任中书令。这时诸王之间相互内斗,但王衍的官却越做越大。光熙元年(307),王衍升任司空,次年又任司徒。

第一部　两晋春秋
06　空谈误国的王衍

王衍虽位居宰辅之职，却依旧不改清谈的老毛病；他身居乱世，却不考虑如何把国家治理好，而是想方设法保全自己。他向当时执掌朝政的东海王司马越推荐弟弟王澄为荆州刺史，族弟王敦为青州刺史，并对王澄、王敦说："荆州有江、汉之固，青州有负海之险，卿二人在外而吾居中，足以为三窟矣。"

此时，北方匈奴建立的汉国不断发起对西晋王朝的攻击，朝廷内部也依然内斗不断，王衍身为宰辅，却拿不出一点办法。永嘉四年（310），洛阳城被汉国围困一年多了，内无粮草，外无援兵，朝臣们都建议迁都以避难。王衍却力排众议，还假惺惺地卖掉自己的牛车，试图安定人心。这样，西晋就错失了撤离洛阳、挽救危局的最后机会。

永嘉五年（311）三月，司马越因病去世，将后事托付给王衍。王衍率军民护送司马越的灵柩回东海封地，在半道被汉国大将石勒率轻骑赶上，晋军大败，十万余将士相互践踏，尸积如山，王衍和随行的大臣也统统被俘。而此时的洛阳城已经成为一座空城，晋怀帝司马炽也成了俘虏，在受尽屈辱后，被汉国君主刘聪毒死。

王衍被俘后，石勒专门请他谈谈朝廷的情况，王衍这时还推脱说，败亡的责任不在自己身上，还说自己历来就不问世事，不喜欢从政，甚至还无耻地劝石勒称帝，企图以此讨好石勒。石勒怒斥道："君少壮登朝，名盖四海，身居重任，何得言无宦情邪！破坏天下，非君而谁！"并愤愤地对自己的部下说："吾行天下多矣，未尝见此辈人。"但最终还是看在王衍身为名士的份上，命人推倒墙壁把王衍压死，给他留了一个全尸。王衍临死前说："向若不祖尚浮虚，戮力以匡天下，犹可不至今日！"

07 六度被立为皇后的羊献容

在中国历史上,废立皇后之事非常普遍,但一个人几度被废立,就很罕见了。晋惠帝司马衷的皇后羊献容一生中,六次被立为皇后。她的经历,可谓西晋乱世的缩影。

晋惠帝司马衷的皇后贾南风被赵王司马伦毒死后,后宫缺位,羊献容的外祖父平安将军孙旂同司马伦的亲信孙秀关系很好,因此通过孙秀,将羊献容立为皇后,他的父亲羊玄之也被封为兴晋侯。而此时的朝廷,已经陷入了"八王之乱"的混战中。羊献容当上皇后才两个月,司马伦就发动政变,逼迫司马衷禅位于己。司马衷成了太上皇,羊献容自然也成了太上皇后,同司马衷一起被软禁在了金墉城里。

齐王司马冏、河间王司马颙、成都王司马颖和常山王司马乂联合起兵讨伐司马伦,迎司马衷复位,司马冏执掌朝廷大权,但不久他们之间又发生内讧,司马颙联合了司马颖一同出兵讨伐司马冏,司马乂在京城为内应,诛杀了司马冏。司马冏死后,司马乂独揽了朝廷大权,羊献容之父羊玄之也被任命为右仆射,成为朝廷重臣。司马颙心怀不满,又联合司马颖一同起兵,他们打着

第一部　两晋春秋
07　六度被立为皇后的羊献容

"清君侧"的旗号，说"（司马）乂论功不平，与右仆射羊玄之、左将军皇甫商专擅朝政，杀害忠良，请诛（羊）玄之、（皇甫）商，遣（司马）乂还国"。司马乂挟持司马衷御驾亲征，同司马颙的部下将领张方大战，羊玄之忧惧而死，司马乂战败被杀。而当初司马颙和司马颖起兵的理由之一，就是要诛杀羊献容的父亲羊玄之，现在自然也不能再让羊献容待在皇后的位置上。司马衷无奈，只得任由他们将羊献容废为庶人，徙居金墉城软禁。

司马颖除掉了司马乂，当上了丞相，又被立为太弟，但他"僭侈日盛，嬖倖用事，大失众望"，司空东海王司马越趁机联合右卫将军陈眕等人讨伐司马颖，并迎回羊献容，复立为皇后。司马越挟持司马衷征讨司马颖，结果被司马颖击败，司马衷也被司马颖俘获，张方带兵攻占洛阳，复位没多久的皇后羊献容又被废了。

司马颖挟持司马衷回到洛阳，但此时大权已被张方掌控，司马颖也被架空了。张方见洛阳城已残破不堪，十室九空，便挟持司马衷等离开洛阳，西往长安，将皇宫也迁到了长安，而在洛阳设立留守机构留台，这样西晋的政府机构一分为二，长安称为西台，洛阳称为东台。而留守洛阳的官员则趁机又恢复了羊献容的皇后身份，这是她第三次被立为皇后了。

司马衷到长安后，以太宰司马颙为都督中外诸军事，张方为中领军、录尚书事，一切军国要政，以司马颙为主、张方为副。不久，张方又逼迫司马衷下诏，再次废黜羊献容，将她软禁到金墉城。留守洛阳的官员不得已，只能奉诏行事。而司空东海王司马越不甘心失败，再度起兵。此时已天下大乱，留守洛阳的立节将军周权趁机拥立羊献容复皇后位，但被洛阳令何乔击败，没复位几天的羊献容又被废黜。何乔将这一事变报告了司马颙。司马颙觉得留着羊献容终究是一个祸害，便假传圣旨，以羊献容屡为奸人所立为由，命留守官员奉诏将羊献容赐死。但司隶校尉刘暾等人拒不奉诏，认为"羊庶人门户残破，废放空宫，门禁峻密，若绝天地，无缘得与奸人构乱；众望愚智，皆谓其冤。今杀一枯穷之人，而令天下惨伤，何益于治！"司马颙大怒，派人去收捕刘暾；刘暾见势不妙，逃往青州，而羊献容则因此保住了性命。

司马越派人同司马颙讲和，让他奉司马衷回洛阳，司马颙也有心讲和，但张方自知罪孽深重，坚决不同意。于是司马颙派人杀死张方，将他的首级送给司马越求和，但司马越却反悔了，并趁机派兵攻入长安，迎司马衷回洛阳，同时立即恢复羊献容的皇后身份，这是羊献容第五次被立为皇后了。

可好景不长，羊献容恢复皇后身份半年还不到，司马衷就中毒身亡。按顺序应该由太弟司马炽（即后来的晋怀帝）继位，但羊献容认为自己是司马炽的嫂嫂，如果司马炽继位，自己就当不成太后了，所以主张立清河王司马覃为帝。但她一介女流，手上无兵无权，说话算不了数。侍中华混就对她说："太弟在东宫已久，民望素定，今日宁可易乎？"并招司马越入宫，拥立司马炽为帝，羊献容被尊为惠皇后。

羊献容五度被立为皇后，现在又成了惠皇后，但似乎她命中注定不得太平。五年后的永嘉五年（311），汉国大将刘曜攻破洛阳，俘虏了晋怀帝司马炽，羊献容也被刘曜据为己有。318年，刘曜称帝，次年改国号为赵，立羊献容为皇后，这是她第六次被立为皇后，她也成为一身先后为两国皇后的人。

刘曜曾经问过羊献容："我与那司马家的那人（指司马衷）相比如何？"羊献容回答说："陛下是开国的圣主，他是亡国的昏君，连自己的老婆、儿子乃至他自己都保护不了。他虽然贵为帝王，却让自己的妻子被凡夫俗子所羞辱，我当时真的是痛不欲生。哪里想得到还能有今天。我虽出身豪门，以为天下的男子都是这样的。自从侍奉了陛下，才知道天下真的有大丈夫。"从羊献容一生坎坷的经历来看，这番话应该是她的肺腑之言。

08 南匈奴是如何东山再起的

东汉初年,匈奴内部再度发生分裂,分成了南匈奴和北匈奴两部,南匈奴归顺了汉朝。东汉末年,南匈奴部落趁黄巾军起义之际,扩大自己的势力。曹操执掌朝政后,为了控制南匈奴,将其分为五部,各立"贵人"作为统帅,并选派汉人担任司马,进行监督,同时任命左贤王刘豹为左部帅。

当时,五部匈奴居住在并州(今山西一带),同汉族居民杂居。刘豹的儿子刘渊以"任子"的身份,在洛阳为官游学,实际上就是作为人质。但刘渊聪颖好学,博览群书,胸怀大志,他在洛阳期间,同当时的一些达官贵人都有交往。大臣王浑和王济父子对他尤为欣赏,还把他推荐给晋武帝司马炎。司马炎同他交谈后,也对他非常赏识,由此可见刘渊有着很强的社交能力。王济甚至建议司马炎,让刘渊带兵去平定东吴。但也有一些大臣觉得刘渊虽文武全才,但不可重用。孔恂、杨珧等人就说:"非我族类,其心必异。(刘)渊才器诚少比,然不可重任也。"齐王司马攸则对司马炎直言说:"陛下不除刘渊,臣恐并州不得久安。"但王浑不同意,说:"大晋方以信怀殊俗,奈何以无形之疑杀人侍子乎？何德度之不弘也！"司马炎最终觉得王浑的意见有道理。刘豹去世后，又让刘渊接替了左部帅的职位。

刘渊接任左部帅后，轻财好施，倾心接物，五部的豪杰都投奔到他的麾下。因此，晋惠帝司马衷继位之初，就任命他为建威将军、匈奴五部大都督，成为五部匈奴的统领。而此时，西晋王朝因贾南风乱政，开始了"八王之乱"的乱局。成都王司马颖镇守邺城时，为扩大自己的势力，上表推荐刘渊担任宁朔将军，监五部军事。西晋王朝的乱局，让匈奴看到了东山再起的希望，他们认为：左贤王刘渊"英武超世，天苟不欲兴匈奴，必不虚生此人也。今司马氏骨肉相残，四海鼎沸，复呼韩邪之业，此其时矣！"他们联合推举刘渊为大单于，并派人到邺城将这个消息告诉刘渊。刘渊假称要回去送葬，向司马颖辞行，但被司马颖拒绝了。刘渊不动声色，派人回去召集五部人马，声言要起兵帮助司马颖，实际上暗中准备反叛。

机会终于来了。永兴元年（304），东嬴公司马腾和都督幽州诸军事王浚起兵讨伐司马颖，刘渊对司马颖说："今二镇跋扈，众十余万，恐非宿卫及近郡士众所能御也，请为殿下还说五部以赴国难。"但司马颖对刘渊能否保证把匈奴五部人马带来以及五部人马是否真的有战斗力表示怀疑。刘渊向他保证说："当为殿下以二部摧东嬴（司马腾），三部枭王浚，二竖之首可指日而悬矣！"司马颖很高兴，拜刘渊为北单于，参丞相军事。

刘渊如愿回到了老家左国城，接受了各部推举的大单于称号，并在短短20天时间里，聚众五万余人。这时，司马颖被王浚借来的鲜卑军队击败，刘渊打算遵守自己对司马颖的承诺，出兵援助。可部下劝阻他说：晋朝昏庸无道，曾经把我们像奴隶一样对待，现在司马氏父子兄弟自相残杀，这是一个恢复匈奴呼韩邪单于大业的绝好机会，怎能反过来去帮助仇敌呢？刘渊觉得有

第一部　两晋春秋
08　南匈奴是如何东山再起的

理，说："善，大丈夫当为汉高、魏武，呼韩邪何足效哉！"他以刘邦和曹操自比，已经有称帝的野心了。

刘渊在左国城建国号为汉，部下劝他称帝，但他还是有自知之明的，说："今四方未定，可依高祖称汉王。"汉国建立后，利用晋"八王之乱"内斗不休的机会，不停扩大力量，拓展地盘。北方的一些武装力量，如石勒等部都相继投降刘渊，成为他的部属。永嘉二年（308），刘渊正式称帝，并将攻击的矛头直接对准了西晋王朝。刘渊派自己的儿子刘聪和族子刘曜等带兵不断进攻洛阳，虽然互有胜败，但已经对西晋王朝形成了压制的态势。

永嘉四年（310），刘渊去世。他死后，太子刘和同几个托孤大臣之间发生了冲突，最终刘和被杀，刘聪做了皇帝。刘聪即位后不久，便派刘曜等进攻洛阳。次年洛阳城被攻破，晋怀帝司马炽做了俘虏，被封为平阿公，后又改封会稽郡公。司马炽在受尽屈辱之后，于建兴元年（313）被杀害。

洛阳城破后，汉国同西晋的战争还在各地继续。在得知司马炽被害的消息后，在长安的皇太子司马邺被拥立为帝，是为晋愍帝。而汉国则继续对长安发起攻击。建兴四年（316），汉国大将刘曜再度发起对长安的攻击，但此时西晋的各路援军都畏惧不前，坐视长安城破。司马邺也成了俘虏，西晋灭亡。

太兴元年（318），刘聪去世，儿子刘粲继位，不久在内乱中被杀，刘曜继位做了皇帝，并改国号为赵，史称前赵；而原汉国大将石勒也自封为赵王，并同刘曜之间发生战争。咸和三年（328），刘曜兵败被俘，被石勒所杀。次年，石勒的侄子石虎追击前赵残部，俘虏并杀害了刘曜的儿子刘熙，刘渊建立的匈奴政权被同为匈奴别部羌渠部落后裔的石勒所取代。

09 从奴隶到皇帝的华丽转身

中国历史上开国皇帝的出身可谓形形色色，有出自豪门，也有出自寒门，还有出自佛门；有出身于官僚，也有出身于平民；而西晋十六国时的石勒可能是出身最为特殊的一位：他青年时曾经被卖为奴隶，而后在西晋乱世中打下了一片江山，统一了中国北方大部分地区，成为后赵的开国皇帝。

石勒是羯人，其祖先据说是匈奴别部羌渠部落的后裔，他壮健有胆力，雄武好骑射，得到各部胡人（当时对北方少数民族的总称）的信赖。当时受"八王之乱"的影响，战乱和饥荒不断，各地军阀捕捉胡人出卖为奴，以充军需，石勒也被抓住，卖给茌平人师欢做奴隶。据说师欢见石勒相貌不凡，免除了他的奴隶身份。

师欢家隔壁是一个牧场，石勒自称善于相马，巴结上了管牧场的汲桑。他常常同一些朋友骑牧场的马去远处抢劫，当然，抢来的财物也不忘送给汲桑一份。

当时，成都王司马颖同河间王司马颙及各地军阀之间的争斗正酣，司马颖的旧将公师藩起兵支持司马颖，石勒与汲桑率领数百骑去投奔公师藩，汲桑让他以石为姓，以勒为名，正式起名为

第一部　两晋春秋
09　从奴隶到皇帝的华丽转身

石勒。但不久，公师藩兵败被杀，汲桑和石勒拉起队伍，自称大将军，以石勒为前锋都督，并攻入了邺城，斩杀了东嬴公司马腾，杀死守军万余人，闹出了很大的动静。东海王司马越派出大军讨伐他们。汲桑和石勒同晋军大小战斗三十余次，互有胜负，但最终还是被晋军击败，汲桑被杀，石勒则投奔了刘渊。刘渊任命石勒为辅汉将军，并封他为平晋王。从此，石勒便成为刘渊麾下的一位重要将领。

永嘉二年（308），刘渊称帝，任命石勒为平东大将军；不久，又任命他为安东大将军、开府，成为独当一面的将领，率军经略河北、山东。这时，石勒遇到了一个对他后来的政治和军事生涯产生重要影响的人——张宾。

张宾也是一个胸有大志的读书人，以汉张良自比。他曾对朋友说："吾历观诸将，无如此胡将军（指石勒）者，可与共成大业。"于是他投奔了石勒。开始石勒未觉得他有过人之处，但后来他给石勒出了几条计谋，都成功了，从此石勒便对他刮目相待，在军中专门设立了"君子营"，网罗了一批读书人，以张宾为谋主。胡三省在《资治通鉴》注文中谈到此事时说："石勒起于胡羯饿隶而能如此，此其所以能跨有中原也。"

石勒南下攻占襄阳后，打算占据江、汉地区作为根据地，但张宾认为不可以，劝石勒经营北方。石勒没同意，结果遇到瘟疫流行，加上军中缺粮，又遭到晋军的攻击，损失惨重。石勒只得采纳张宾的建议，被迫北还。

刘渊去世后，刘聪称帝，任命石勒为征东大将军，但石勒固辞不受。东海王司马越率二十万大军征讨石勒，病逝军中。太尉王衍率军回师，被石勒率轻骑赶上，全歼晋军，王衍等被俘。此时，汉国大军攻陷洛阳，俘虏了晋怀帝司马炽。刘聪论功行赏，再次任命石勒为征东大将军、幽州牧，但石勒依然固辞大将军的职务。他听从张宾的建议,把重点放在经营河北、山东上,这样就不可避免地同汉国的另一位大将王弥发生了冲突。张宾建议先用缓兵之计迷惑王弥,再出其不意将其消灭,石勒接受了他的建议。而此时王弥正与晋军对峙,请求石勒增援,石勒亲率大军增援,击败了晋军。王弥大喜,以为石勒是可靠的朋友,而石勒则趁机提出宴请王弥。王弥不顾部下的劝阻,贸然前往。席间,石勒发伏兵杀掉王弥,兼并了他的部队,还上表刘聪,诬蔑王弥叛逆。刘聪虽然很气愤,派使者指责石勒"专害公卿,有无君之心",但也无可奈何,还加封他为都督并、幽二州诸军事,领并州刺史,事实上成为北方最大的一支军事力量。

而此时晋朝在北方主要的力量就是幽州的王浚。洛阳陷落,晋怀帝司马炽被俘,王浚也动起了称帝的念头。石勒得知后,派人给王浚送去一封信和许多珍宝,信中言辞卑屈:"今晋祚沦夷,中原无主,殿下州乡贵望,四海所宗,为帝王者,非公复谁?"并说:"伏愿陛下应天顺人,早登皇祚,勒奉戴殿下如天地父母。"王浚被这碗迷魂汤灌得昏了头,以为石勒真心拥戴自己。石勒则趁机表示将亲自去幽州奉戴王浚登基。王浚部下觉得其中有诈,要他早作准备,但被他拒绝,他还安排人去迎接石勒。石勒一到幽州,便立刻控制了城门,纵兵大掠,抓住了王浚,将他处死,并将他的首级送给刘聪请功。刘聪加封石勒为大都督、督陕东诸军事、骠骑大将军、东单于。

太兴元年(318),刘聪病重,命石勒为大将军、录尚书事,并受命辅政,但石勒没有接受。不久,刘聪去世,汉国发生内乱,太子刘粲被靳准所杀,刘曜起兵讨伐靳准,并自立为帝。次年,石勒也自立为赵王,并开始了同刘曜之间的战争。十年后的咸和三年(328),刘曜兵败被擒。两年后,石勒正式称帝,史称后赵。

10
石勒何以会养虎遗患

"养虎遗患"是人们所熟知的成语,意思为留着老虎不除掉,就会成为后患。比喻纵容敌人,自留后患。它的出处为《史记·项羽本纪》:项羽同刘邦罢兵言和,刘邦打算引兵西归,张良、陈平劝他说:"楚兵罢食尽,此天亡楚之时也,不如因其机而遂取之。今释弗击,此所谓养虎自遗患也。"而在两晋十六国历史上,却真有一位君主"养"了一只"虎"而最终留下祸患。这位君主就是石勒;而这只"虎"就是他的侄子石虎。

石虎少年时的经历很坎坷。石勒被人抢去卖为奴隶,同自己的母亲王氏就此失散。石虎一直跟着王氏生活。少年时的苦难,养成了他坚毅残忍的性格。西晋大将刘琨无意中发现并收留了他们,为了拉拢石勒,刘琨派人将王氏和石虎送到石勒那里。石虎虽然只有17岁,但凶狠残忍的性格已经暴露无遗,甚至在军中无缘无故用弹弓弹射士卒,军中视他为毒患。石勒对母亲王氏说:"此儿凶暴无赖,使军人杀之,声名可惜,不若自除之。"但王氏不同意,说:"快牛为犊,多能破车,汝小忍之。"由于石虎骁勇善战,所向无敌,屡立战功,而且善于约束部下,所以逐渐博得了石勒的信任。

从此,石虎在石勒麾下,南征北战,成为石勒倚重的主要将领,被任命为单于元辅、都督禁卫诸军事、侍中、开府,封中山公。前赵君主刘曜被杀后,石虎率军追击前赵的残余势力,打破前赵军队,俘虏了前赵太子刘熙及王公将校三千余人。石虎将他们全部杀死,前赵就此灭亡。

咸和五年(330),石勒即皇帝位,称大赵天王,以世子石弘为太子,儿子石宏为骠骑大将军、都督中外军事、大单于,封秦王;命石虎为太尉、尚书令,进爵为中山王;石虎的儿子石邃为冀州刺史,封为齐王。但石虎对此却非常不满,他私下对石邃说:"主上自都襄国以来,端拱仰成,以吾身当矢石,二十余年,南擒刘岳,北走索头,东平齐、鲁,西定秦、雍,克十有三州。成大赵之业者,我也;大单于当以授我,今乃与黄吻婢儿,念之令人气塞,不能寝食。待主上晏驾之后,不足复留种也!"

石虎对石邃说的是实话,但表露的情绪是非常危险的。对此,太子石弘的舅舅、右仆射程遐看得非常清楚。他对石勒说:"中山王勇悍权略,群臣莫及;观其志,自陛下之外,视之蔑如;加以残贼安忍,久为将帅,威震内外,其诸子年长,皆典兵权。陛下在,自当无他,恐非少主臣也。宜早除之,以便大计。"然而,石勒却并不以为然,还认为程遐是想凭借太子的舅舅的身份擅权而排除对手,因此还安慰程遐说:"今天下未安,大雅(石弘)冲幼,宜得强辅。中山王骨肉至亲,有佐命之功,方当委以伊、霍之任,何至如卿所言!卿正恐不得擅帝舅之权耳。吾亦当参卿顾命,勿过忧也。"显然,石勒对石虎抱有很大的期望,希望他能像伊尹、霍光那样辅佐自己的儿子,不相信他会做出谋逆篡位之事。程遐见状,也顾不得冒犯石勒,直言道:"中山王虽为皇太后所养,非陛下天属,虽有微功,陛下酬其父子恩荣亦足

第一部 两晋春秋
10 石勒何以会养虎遗患

矣,而其志愿无极,岂将来有益者乎!若不除之,臣见宗庙不血食矣!"可石勒还是听不进去。

程遐见自己说话没有效果,便请中书令徐光去劝说石勒。徐光对石勒说:"中山王藉陛下威略,所向辄克,而天下皆言其英武亚于陛下。且其资性不仁,见利忘义,父子并据权位,势倾王室,而耿耿常有不满之心。近于东宫侍宴,有轻皇太子之色。臣恐陛下万年之后,不可复制也。"石勒有些被他说动了,默默无语。之后一些日常事务开始由太子负责,并让中常侍严震协助处理。这样一来,石虎大权旁落,门可罗雀,更加怏怏不乐。

咸和八年(333),石勒病重,颁布遗命,要石弘兄弟相互扶持,不要重蹈司马氏的前车之覆;并要石虎学习周公、霍光,不要给后世留下口实。但为时已晚,石虎趁石勒病重之际进入宫中,借侍卫之名,假传圣旨,控制了皇宫。石勒一死,石虎便胁迫太子石弘登基,同时派兵逮捕并处死了程遐和徐光。石弘大惧,当场表示情愿将皇位让给石虎。可石虎斥责他说:"若不堪重任,天下自有大义,何足豫论!"石弘被迫登基,并封石虎为丞相、魏王、大单于,加九锡。朝廷完全被石虎父子控制了。

次年,石弘亲自捧着皇帝的印玺,要将皇位禅让给石虎,又被石虎拒绝。尚书省的官员请石虎按照惯例举行禅让礼,可石虎公然说:直接把石弘废了就是,还搞什么禅让!石虎下令将石弘废为海阳王,并将石勒的儿子们都囚禁起来,不久将他们全部杀死。

石虎废掉石弘后,自立为赵天王,立石邃为太子。但这父子两人残暴荒淫,石邃又企图杀死石虎,最终反被石虎将全家杀死。石虎横征暴敛,穷兵黩武,搞得民不聊生。石虎虽然有幸得以善终,但他死后,他的养孙冉闵将他的子孙全部杀掉,羯族的石氏家族被全部消灭了。

石虎死后也未能太平。据《资治通鉴》记载：燕王慕容儁做梦梦到石虎在咬他的手臂，认为是石虎的鬼魂在作祟，于是发掘了他的陵墓，结果发现是一座空坟，便重金悬赏石虎尸体的下落。一个叫李菟的女子说出了石虎真正的埋葬地点。石虎的尸体被挖出后，僵而不腐。慕容儁对石虎的尸体边踢边骂道："死胡，何敢怖生天子！"鞭尸后将尸体丢进漳水河里，尸体竟然倚靠桥柱未被冲走。后来前秦灭了燕国，才将石虎的遗体安葬了。

11 枕戈待旦，闻鸡起舞志难酬

西晋末年的"八王之乱"，使得匈奴、羯等少数民族政权乘势而起，中国的北方陷入战乱之中。为了挽救朝廷于危亡，一批杰出的将领愤然而起，其中的代表就是刘琨和祖逖，他们力图挽狂澜于既倒，虽然未酬壮志，但他们留下的枕戈待旦、闻鸡起舞和中流击楫的事迹，依然激励着后人。

刘琨与祖逖年轻时曾一同共事，担任司州主簿。他们亲如兄弟，常常同床而卧，同被而眠。有时夜深还不能入睡，拥被起坐，纵论世事。一天半夜，祖逖听到鸡叫声，用脚踹醒刘琨，说"此非恶声也"，随即起舞练剑。他们曾相互约定：如果四海鼎沸，豪杰并起，就一定要在中原干出一番事业。刘琨听到祖逖被起用做官的消息时，写信给亲友说："吾枕戈待旦，志枭逆虏，常恐祖生先吾著鞭。"

刘琨青年时以文采著名，贾南风的侄子贾谧网罗一批文人在周围，号称"二十四友"，包括石崇和陆机兄弟，刘琨也在其中。赵王司马伦执政时，以刘琨为记室督。齐王司马冏、河间王司马颙和成都王司马颖联合起兵讨伐司马伦时，刘琨受命领兵抵抗。

虽然司马伦败亡后刘琨并未受到牵连，但他不可避免地卷入了八王之乱的内斗之中。东海王司马越执政后，任命刘琨为并州刺史，成为镇守北方的重要将领。

并州州府所在地晋阳经过战乱，几乎成为一座空城，"府寺焚毁，僵尸蔽地，其有存者，饥羸无复人色，荆棘成林，豺狼满道。"刘琨在周围强敌环视的局势之下，招徕流民，恢复生产，"流人稍复，鸡犬之音复相接矣"。

当时刘琨面对的主要强敌是刘渊的汉国，为了扩大自己的力量，刘琨奉上厚礼，同鲜卑族的代国首领拓跋猗卢结为兄弟，并表奏拓跋猗卢为大单于，还把陉北之地让给了他。在拓跋猗卢的支持下，刘琨逐渐稳定了局面。

然而，刘琨虽然召回来不少人，却不善于留住人，特别是不改当年的名士习气，喜欢摆排场、好声色。河南的徐润因通晓音律，得到了刘琨的重用。刘琨任命他为晋阳令，还对他言听计从。护军令狐盛多次劝告，刘琨不仅听不进去，还听信了徐润的谗言，将令狐盛杀掉。刘琨的母亲对此也非常不满，说："汝不能驾御豪杰以恢远略，而专除胜己，祸必及我。"果然，令狐盛的儿子令狐泥为替父报仇，投奔了汉国，引汉国兵攻打晋阳。刘琨大败，仅率左右数十骑奔常山，晋阳失陷，刘琨父母都被令狐泥杀死。虽然在拓跋猗卢的帮助下，刘琨又夺回了晋阳，但已元气大伤。

建兴四年（316），代国发生内乱，拓跋猗卢被儿子拓跋六修杀死，他的一些部下投奔了刘琨。刘琨军势复振，趁势讨伐石勒，结果中伏大败，刘琨率残部投奔了鲜卑段部的段匹磾。此时，司马睿在建业即位，加封刘琨为侍中、太尉。刘琨联合段匹磾继续同石勒作战，但不久鲜卑段部也发生内乱。太兴元年（318），刘琨被段匹磾杀死，而段匹磾杀死刘琨后，众叛亲离，

第一部　两晋春秋
11　枕戈待旦，闻鸡起舞志难酬

不久之后也被石勒俘杀。从此，晋王朝在北方的势力消亡殆尽了。

刘琨在北方抵抗匈奴汉国，祖逖则在南方力图北伐，恢复中原。同刘琨一样，祖逖也是在"八王之乱"中崭露头角，先后得到诸王的赏识。永嘉五年（311），洛阳被汉国攻陷，祖逖率亲族乡党数百家南下避乱，被琅琊王司马睿任命为徐州刺史，率部屯驻京口（今镇江）。此时，祖逖"以社稷倾覆，常怀振复之志。宾客义徒皆暴桀勇士，（祖）逖遇之如子弟"。

建兴元年（313），晋愍帝司马邺在长安即位，以司马睿为侍中、左丞相、大都督、督陕东诸军事，命他率兵收复洛阳。祖逖向司马睿建议说："大王诚能命将出师，使如逖者统之以复中原，郡国豪杰，必有望风响应者矣！"而司马睿本来就没有北伐的打算，见祖逖自告奋勇，便顺水推舟，给了千人的粮饷和三千匹布，连兵器铠甲都不给，让他自己去招募军队。祖逖对此并不在意，他率领部曲百余家渡江北上，船到江中，拍着船桨发誓说："祖逖不能清中原而复济者，有如大江！"从而留下了"中流击楫"的佳话。

祖逖虽然兵微将寡，渡江北上后，联络散落在当地的义军和豪强，不断扩大力量。当时面对的主要敌人是石勒的后赵，后赵军队虽然凶悍，但在祖逖的打击下，屡屡战败，黄河以南的土地都被祖逖收复。石勒见祖逖兵势强盛，不敢再派兵攻打河南，还专门派人去成皋替祖逖的母亲修墓，并写信给祖逖，要求双方罢兵通商，并不断向祖逖示好，双方得以暂时和平相处。

祖逖虽然收复了中原大片国土，却并未得到东晋朝廷的信任。太兴四年（321），祖逖在忧愤中去世。他死后，河南大片土地被后赵攻陷。

12 廉母教育出的国之栋梁

东晋初年,内忧外患不断,朝廷政权并不稳固,地方势力不断威胁中央政府的权威,甚至还先后发生了王敦和苏峻的叛乱事件,几乎颠覆了东晋王朝。而正是依靠一批忠诚的官员,在危难之际立场坚定,深明大义,力挽狂澜,才挽救了危局。陶侃就是其中非常杰出的一位。

陶侃出身贫寒,在县里当一个主管渔业的小吏。靠山吃山,陶侃自然也未能免俗。有一次,他利用职务之便,送了一罐腌鱼给母亲湛氏。这并不是什么大不了的事,但湛氏却非常生气。她将腌鱼原封不动地退还给陶侃,还写了一封信对他进行严厉斥责:"尔为吏,以官物遗我,非惟不能益吾,乃以增吾忧矣!"

陶侃出仕后,主要是担任县令等地方官。如果是在太平盛世,他可能会以一个循吏而终其一生,但西晋末年的乱局,给了他施展才华的机会。

晋惠帝太安二年(303),张昌在江夏聚众反叛,短时间内势力就得到很大提升。西晋朝廷任命名将刘弘为南蛮校尉、荆州刺史,率军征讨。刘弘任命陶侃为南蛮校尉长史,领大都护,以他

第一部 两晋春秋
12 廉母教育出的国之栋梁

为先锋开赴襄阳前线。此时，各路征讨军队都被张昌击败，荆州、江州和扬州的大部分地区都被张昌控制。陶侃等在同张昌的几次交战中，大败张昌，前后斩杀数万人。张昌逃亡，后被斩杀，他的部众则全部投降。战后，刘弘对陶侃大为赞赏，对他说："你将来的功名一定不在我之下。"陶侃也因军功被封为东乡侯，食邑一千户。

两年后，扬州刺史陈敏又起兵反叛，刘弘推荐陶侃为江夏太守、鹰扬将军。刘敏派其弟陈恢为荆州刺史，进攻武昌，刘弘派陶侃率军抵御。陶侃与刘敏的关系非同一般，不仅是同乡，而且又是同年被推举进京做官的，因此刘弘的部下对他说：万一陶侃有异心，"则荆州无东门矣！"但刘弘说："（陶）侃之忠能，吾得之已久，必无是也。"陶侃为了让刘弘放心，将自己的儿子和侄子送到刘弘那里，但刘弘又将他们送了回去，说："匹夫之交，尚不负心，何况大丈夫乎！"并加封陶侃为前锋都护。陶侃没有辜负刘弘的信任，多次击败陈恢。在战争中缴获的财物，也"皆分士卒，身无私焉"。

不久，陶侃的母亲去世，陶侃因丧离职。服丧期满后，被任命为龙骧将军、武昌太守。当时由于战乱的影响，经常有强盗在长江上拦船抢劫。陶侃令部下将领伪装成客商，强盗果然上当，被当场抓住了几个，结果发现竟然是西阳王司马羕的部下假扮的。尽管司马羕位高权重，陶侃依然派兵逼他交出强盗。司马羕无奈，只得将二十几个人交出。陶侃将他们全部处斩，从此江上太平。

永嘉五年（311），流民首领杜弢起兵反叛，攻占了荆、湘一带的大部分地区。陶侃出击，大败杜弢。统军元帅王敦上表拜陶侃为使持节、宁远将军、南蛮校尉、荆州刺史，而这些恰恰是当年刘弘所担任的职务。陶侃率部平定了杜弢的叛乱后，作为陶侃的上级，王敦对陶侃是既赏识又嫉恨，甚至一度想除掉陶侃，最后将陶侃贬为广州刺史。陶侃在广州无事可干，每天早上把一百块大砖从屋子里搬到外面，到天黑了又搬回来。他的部下不理解，陶侃说："吾方致力中原，过尔优逸，恐不堪事。"就此留下了"陶侃运甓"的成语。

东晋永昌元年（322），王敦起兵反叛，攻入建康，把持了朝政，而陶侃则有幸避免了卷入这场政治纷争。王敦的反叛平定后，陶侃回到荆州，被任命为都督荆、湘、雍、梁四州诸军事，领护南蛮校尉、征西大将军、荆州刺史，成为接替王敦镇守西方的主要将领。而此时，东晋朝廷也经历了重大变故：司马睿在王敦之乱中忧愤去世，明帝司马绍继位；三年后，司马绍去世，5岁的小皇帝司马衍继位，他的舅舅庾亮以外戚的身份辅政。庾亮对陶侃颇为顾忌，不仅对他进行压制和排挤，还修石头城以加强对他的防范。而冠军将军、历阳内史苏峻因为不满庾亮专权，起兵反叛，并攻进了建康城。庾亮丢下小皇帝，仓皇出逃。

此时，能够挽救东晋王朝危局的，也只有陶侃了。平南将军温峤用激将法，激陶侃出兵，并要庾亮一起推举陶侃为盟主。庾亮亲自去陶侃处谢罪，引咎自责。陶侃还不忘调侃庾亮说："君侯修石头城以拟老子，今日反见求邪！"当然，陶侃还是以大局为重，发兵攻打苏峻，终于平定了苏峻的叛乱，陶侃也因功被任命为侍中、太尉，封长沙郡公，加都督交、广、宁州诸军事，后又拜大将军，剑履上殿，入朝不趋，赞拜不名，但被陶侃"上表固让"。

咸和七年（332），陶侃病危，临终前，他向成帝司马衍上书，将朝廷封给他的官职印信全部交还。陶侃虽位极人臣，但能"怀止足之分，不与朝权"。虽然他在关键时刻面对金钱和权力也曾动心过，但最终能够保住大节，成为一代名臣和一代名将，力挽狂澜，扭转了东晋王朝危局，同早年母亲对他的教育应该说是有很大关系的。

13 一代庸主何以成为"中兴之主"

中国历史上的开国君主,或者像东汉光武帝刘秀、南宋高宗赵构等所谓的"中兴之主",大都是具有雄才大略,足以安邦定国的英雄,但东晋元帝司马睿是一个例外。

说实话,司马睿能成为"中兴之主",可能连他自己也未曾想到。他虽然是一个皇族子弟,并继承了琅琊王的爵位,但并没有什么政治抱负,而是"恭俭退让,以免于祸。沈敏有度量,不显灼然之迹,故时人未之识也"。他唯一的好朋友就是出自琅琊名门的王导,而正是这位王导,成为司马睿后来最得力的助手。当时,王导见朝廷的政治环境险恶,劝司马睿早日回到自己的封国。司马睿听从了他的劝告,设法回到了琅琊国。

永兴二年(305),东海王司马越命司马睿为平东将军、监徐州诸军事,留守下邳。司马睿受命后,请王导为司马,委以军事。永嘉元年(307)又迁安东将军、都督扬州诸军事,移镇建业(后改建康,今南京)。就这样,司马睿远离了北方乱局,来到了南方,以王导为谋主,推心置腹,事事咨询。但司马睿初来乍到,人生地不熟,当地人不搭理他。王导设法网罗了一批当地的知名人士，"凡军府政事，皆与之谋议"，并劝说司马睿"谦以接士，俭以足用，以清静为政，抚绥新旧"，司马睿听从了他的建议。当时北方大乱，唯独江南比较太平，所以许多士民都南渡避乱，王导建议司马睿趁此机会收罗人才，"辟掾属百余人，时人谓之百六掾"。正是在这些人的辅佐下，司马睿逐渐稳固了政权。

就在司马睿经营江南之时，汉国军队攻占了洛阳，晋怀帝司马炽被俘遇害。晋愍帝司马邺在长安继位，任命司马睿为左丞相、大都督，督陕东诸军事，并要他率所领精兵二十万收复洛阳；徐州刺史祖逖也自告奋勇要求率兵北伐。但司马睿只想偏安江南，无心也无力北伐，所以只给了祖逖千人的装备，让他自己去招募军队，也算是做了北伐的样子。

建兴四年（316），汉国军队攻破长安，司马邺被俘，西晋灭亡。这时，司马睿才"出师露次，躬擐甲胄，移檄四方，征天下兵，克日进讨"，装装样子。次年，平东将军宋哲来到建康，自称是受晋愍帝司马邺密诏，要司马睿继位登基。司马睿没有同意，只是即晋王位。第二年，司马邺遇害的消息传来，司马睿才正式即皇帝位。

司马睿虽然做了皇帝，但事实上，自从他来到江南建立政权，就没有真正树立自己的权威，甚至可以说，他的江山才是真正"哭"出来的。仅《晋书·元帝纪》中有明确记载的，他就大哭过好几次：建武元年（317），大臣们请他即皇帝位，他"慨然流涕"，拒绝了；散骑常侍朱嵩、尚书郎顾球去世，司马睿要亲自为他们举行哀悼仪式，主管部门认为这两人级别不够，但司马睿坚持要为他们举行哀悼仪式，还"哭之甚恸"；大兴二年（319），听到司马昭的陵墓崇阳陵被毁的消息，"素服哭三日"；不久，听到晋惠帝司马衷陵墓太阳陵被毁的消息，又"素服哭三

第一部 两晋春秋
13 一代庸主何以成为"中兴之主"

日";大兴三年(320),听到晋怀帝太子司马诠被害的消息,又"三日哭"……骑都尉桓彝南下避乱,见司马睿如此弱势,对军谘祭酒周顗说:"我以中州多故,来此求全,而单弱如此,将何以济?"

而大批北方士族渡江南下,在司马睿的幕府乃至后来的朝廷中占据了主要位置,又引发了江南士族的不满。周玘家族在江南力量强盛,是支持司马睿政权重要的地方势力,"三定江南,开复王路",在平定陈敏叛乱、稳定司马睿在江南的政权的过程中立下了汗马功劳,被司马睿封为建威将军、吴兴太守、乌程县侯。但因其"宗族强盛,人情所归",又使得司马睿对周玘颇为猜疑忌惮。周玘为此非常不满,便与镇东将军祭酒王恢一同密谋发动政变,杀掉执政大臣,由周玘来执政。但后来阴谋泄露,王恢逃到周玘那里,被周玘杀死后埋在猪圈里。司马睿得知后秘而不宣,依然任命周玘为建武将军、南郡太守,还下令对他进行褒扬,并晋升为公爵:"(周)玘奕世忠烈,义诚显著,孤所钦喜。今以为军谘祭酒、将军如故,进爵为公,禄秩僚属一同开国之例。"周玘自知阴谋泄露,忧愤成疾而死,死前对他的儿子周勰说:害死我的是那些北方佬,你能替我报仇,才是我的儿子!周玘死后,周勰密谋叛乱,但没有成功,而司马睿以"周氏奕世豪望,吴人所宗,故不穷治,抚之如旧"。

而那些南下的北方士族官员,也同样不思进取。司马睿幕府中的僚属"多避事自逸",每当给他们派任务时就装病。录事参军陈頵看不下去,对司马睿说:"今僚属皆承西台余弊,养望自高,是前车已覆而后车又将寻之也。请自今临使称疾者,皆免官。"然而,对这样一个建议,司马睿怕得罪那些官员,居然也不敢答应。

在这种情况下,司马睿所能够倚仗的,也只有以王导为代表的王氏家族了，所以当时就有"王与马共天下"的说法。司马睿登基时，竟然要王导上御床共坐，被王导推辞了。司马睿任命王导为骠骑大将军，总揽朝政；王导的堂兄王敦为大将军、江州牧，掌控长江中上游地区军队和政事。对于这种大权旁落的情形，司马睿内心自然是不满的。他以刘隗、刁协、戴渊等为心腹，力图培植自己的势力，结果引发了同王敦的冲突。永昌元年（322），王敦以诛杀刘隗为名，于武昌起兵，很快攻占了建康城，自封为丞相、江州牧、录尚书事，进爵武昌郡公。司马睿成为一个傀儡皇帝，好在王敦并没有篡位的野心，但司马睿却忧愤成疾，郁郁抱恨而死。

司马睿作为一个中兴之主，"恭俭之德虽充，雄武之量不足"，好在王导能够忠心辅佐，几度帮助东晋王朝挽回危局，使得在定鼎建康之后，晋王朝的政权又延续了一百多年的时间，也算是不幸中的大幸了。

14
冉闵"杀胡"的是非功过

如果要论两晋十六国时富有争议的人物,冉闵当然算得上是第一人。当羯族建立的后赵政权对平民百姓尤其是汉人进行肆意压迫、血腥屠杀时,他愤然而起,将汉人从残暴的后赵政权中解救出来;但同时,他又反过来对羯族胡人血腥屠杀,甚至是种族灭绝。他是一位骁勇善战的将领,在战场上所向无敌;但正是他的这种匹夫之勇,最终使他一战而败亡。他的事迹在令后人赞叹的同时,又颇有非议;他的悲壮结局,在令后人扼腕痛惜的同时,又引发深深的反思。

冉闵的性格同石虎有几分相似,这大概也是石虎喜欢他的原因。冉闵的父亲冉良11岁时被石勒俘获,并被石虎收为养子,改名石瞻。后来石瞻生一子,取名石闵,也就是冉闵。冉闵长大后,骁勇善战,多谋略,深受石虎的喜爱,把他当作亲孙子一样对待。咸康四年(338),后赵攻打鲜卑慕容皝,结果大败,诸军皆丢盔弃甲,四下溃逃,唯独冉闵一军独全,由此声名大振。次年,东晋征西将军庾亮欲兴兵北伐,恢复中原。石虎命夔安为大都督，率领冉闵等五将军攻打晋军，结果晋军大败，死伤惨重。

永和五年（349），石虎去世，后赵发生内乱，彭城王石遵以冉闵为前锋，起兵废掉了小皇帝石世，自己当上了皇帝，以冉闵为都督中外诸军事、辅国大将军，冉闵就此掌握了后赵的兵权。

石遵起兵时，曾对冉闵许诺，事成之后，以冉闵为太子。但他称帝之后，却立自己的儿子石衍为太子；冉闵想凭借拥立之功，独掌朝政，也被石遵拒绝了。而由于冉闵骁勇善战，屡立战功，其他将领对他也都很忌惮；加上他又善于抚循将士、笼络人心，也引起了其他大臣的猜忌。一些大臣建议石遵削夺冉闵的兵权，甚至还建议除掉冉闵。冉闵同石遵的矛盾因此而激化了。石遵召集石家兄弟们在太后面前讨论如何处置冉闵，太后不同意。冉闵得到消息后，立即先下手发动政变，废掉石遵，拥立义阳王石鉴为帝。石遵被抓后说："我尚且如此，石鉴能做几时？"石遵、太后、太子和一些大臣全都被冉闵杀掉了。

石鉴即位后，任命冉闵为大将军，封武德王。而此时，新兴王石祗等起兵讨伐冉闵；朝中的龙骧将军孙伏都等人也率羯族士卒挟持石鉴一同攻打冉闵，结果被冉闵击败，横尸相枕，血流成河。冉闵下令解除了所有胡人的武装，禁止他们携带兵器，同时发布了著名的杀胡令："赵人斩一胡首送凤阳门者，文官进位三等，武官悉拜牙门。"此令一下，"一日之中，斩首数万"。冉闵亲自率领赵国的汉人诛杀羯人和胡人，"无贵贱、男女、少长皆斩之，死者二十余万，尸诸城外，悉为野犬豺狼所食。其屯戍四方者，（冉）闵皆以书命赵人为将帅者诛之，或高鼻多须滥死者半。"

冉闵对羯人和胡人的大肆屠杀，导致后赵的石氏家族及一些官员联合起来对付他。永和六年（350），汝阴王石琨和太尉张举

第一部　两晋春秋
14　冉闵"杀胡"的是非功过

等率七万大军攻打冉闵，冉闵亲率千余骑与战，大败石琨。而被软禁在宫中的石鉴想召抚军将军张沈等乘虚来袭，阴谋败露后被冉闵杀死；石虎的28个孙子也全部被杀死，在京城邺城的石氏家族被杀完了。

这时，冉闵的属下劝他称帝，但冉闵认为："吾属故晋人也，今晋室犹存，请与诸君分割州郡，各称牧、守、公、侯，奉表迎晋太子还故都洛阳。"但部下认为，"晋氏衰微，远窜江表，岂能总驭英雄，混一四海"。于是，冉闵称帝，国号为大魏。而石祇也在襄国称帝，并派石琨率十万大军讨伐冉闵，结果又遭大败，死伤数万人。此时，冉闵兵强马壮，声势浩大，他亲自率军攻打襄国，但未能攻下，而襄国各地援军纷纷到来。冉闵大败，仅率十余骑逃回邺城。

石祇趁势派大将刘显带领七万士众攻打邺城。冉闵孤注一掷，率全部兵力同刘显决战，结果大败刘显。刘显向冉闵请降，并表示愿意杀掉石祇作为回报。冉闵同意了，刘显果然杀死了石祇，将他的首级送到邺城。冉闵攻下襄国，石琨带着家人投奔东晋，被东晋朝廷斩首。至此，羯族的石氏家族被全部杀死。

冉闵灭了后赵之后，面对的主要敌人就是前燕的慕容儁。慕容儁趁后赵大乱之际，图谋进占中原，与冉闵发生了直接对抗。慕容儁派弟弟慕容恪带兵伐魏，双方交战十余次，燕军均未能获胜，但慕容恪却发现了冉闵的弱点。他引诱冉闵攻击，并布下铁锁连环马，冉闵果然中计，恃勇轻进，结果大败被俘。永和八年（352），冉闵在遏陉山被慕容儁杀死。冉闵死后，燕国大旱，自五月起天旱不雨，直至十二月；又遇蝗虫肆虐，遏陉山左右七里草木全部枯萎。慕容儁认为是冉闵的鬼魂在作祟，派使者去祭祀冉闵，并追谥他为武悼天王。

　　冉闵对胡人进行灭绝性的种族屠杀，固然有着多方面的原因，但主要还是为了他一己之私利，实现他个人的野心，这客观上也反映了在胡人残暴统治下汉人的反抗心理。正如范文澜先生所说："冉闵逞勇残杀，立国三年，死人无数，失败是必然的。但是，他的野蛮行动反映着汉族对羯族、匈奴族野蛮统治的反抗情绪，所以他的被杀，获得汉族人的同情。"

15 谢艾：实干兴邦的书生

在中国历史上，书生误国似乎是一个难以摆脱的魔咒，尤其是在军事上，书生纸上谈兵而导致失败的事例比比皆是：赵括之丧师于长平，马谡之兵败于街亭……无不招致严重的后果。但两晋十六国时，前凉的一个书生却能力挽狂澜，几度挫败强敌，保证了弱小的前凉政权得以生存和延续。他就是前凉的著名儒将谢艾。

西晋末年，北方大乱，凉州刺史张轨保境安民，并帮助晋王朝抗击汉国的进攻。西晋灭亡后，张氏据守的凉州一带成为事实上的独立政权。汉国和后赵几度征伐，但都未能取得实质性的胜利，后赵被迫承认了前凉政权，前凉也接受了册封。到了张轨的孙子张骏为凉王时，前凉的疆域已得到了大幅拓展，"南逾河、湟，东至秦、陇，西包葱岭，北暨居延"，包括了甘肃、宁夏西部以及新疆大部地区。永和二年（346），张骏去世，其子张重华继位。后赵皇帝石虎派遣大将麻秋、王擢、孙伏都等率军攻打前凉。金城太守张冲请降，"凉州震恐"。张重华征调境内所有军队，命征南将军裴恒统率，抵御后赵。

此时，凉州司马张耽向张重华提了一个十分大胆的建议，他说："国之存亡在兵，兵之胜败在将。今议者举将，多推宿旧。夫韩信之举，非旧德也。盖明主之举，举无常人；才之所堪，则授以大事。今强寇在境，诸将不进，人情危惧。主簿谢艾，兼资文武，可用以御赵。"主簿一职，大致相当于今天的秘书；而可以肯定的是，谢艾之前并未经过战争，更不用说统兵了。而张重华也只是一个16岁的少年，他听了张耽的话，还真的将谢艾找来，向他询问御敌的方略。谢艾夸口说："乞假臣兵七千，为殿下吞王擢、麻秋等。"麻秋是后赵的凉州刺史，《太平广记·酷暴》对他也有记载："后赵石勒将麻秋者，太原胡人也，植性虓险鸩毒。有儿啼，母辄恐之麻胡来，啼声绝。至今以为故事。"可见麻秋不是一般人。张重华居然相信了谢艾，任命他为中坚将军，但只给了他五千人马去抵御麻秋。而谢艾也果然不负所托，以区区五千人马大败麻秋，"斩首五千级"。

谢艾初战告捷，被张重华封为福禄伯。福禄县是酒泉郡治的所在地，张重华的祖父张寔就曾被封为福禄县侯，可见这一封赏并不一般。张重华对谢艾的重用，自然引起了一些权贵的不满，他们对谢艾"共毁潛之"。张重华无奈，只得让谢艾担任酒泉太守。

后赵石虎当然也不甘心失败，于第二年命麻秋等再度攻打前凉。张重华命谢艾为使持节、军师将军，率步骑三万御敌。大敌当前，谢艾居然学起了诸葛亮的派头，坐在车上，身着便服，鸣鼓而进，显然没把麻秋放在眼里。麻秋大怒，说："（谢）艾少年书生，冠服如此，轻我也。"麻秋命三千精锐骑兵发起进攻。谢艾左右见状乱作一团，有人劝谢艾赶紧骑马撤退，而谢艾干脆下车坐在折叠椅上，镇定指挥军队。后赵军队见状，怀疑有伏兵，反倒犹豫不前。这时，谢艾部将张瑁已奉命绕到赵军背后发起攻

第一部　两晋春秋
15　谢艾：实干兴邦的书生

击，赵军大乱。谢艾趁机指挥军队大举反击，前后夹攻，大败麻秋，"斩其将杜勋、汲鱼，俘斩一万三千级"。麻秋单骑逃回。

谢艾两度大败麻秋后，后赵依然不甘心失败，第三次兴兵。张重华任命谢艾为使持节、都督征讨诸军事，行卫将军，率军抵御，又一次大败麻秋等。石虎听到失败的消息，感叹道："吾以偏师定九州，今以九州之力困于枹罕，彼有人焉，未可图也。"直到谢艾去世，后赵再未攻打前凉。

前凉军队在谢艾的指挥下连破劲敌，凉王张重华不免自满，迨于政事；而左右大臣也不断在他面前说谢艾的坏话，特别是张重华的哥哥长宁侯张祚对谢艾非常忌惮，欲除之而后快。于是谢艾上书张重华说："权倖用事，公室将危，乞听臣入侍……长宁侯祚及赵长等将为乱，宜尽逐之。"不久，张重华病危，下手令征谢艾为卫将军，监中外诸军事，辅政，但张祚等将手令扣押了。

张重华去世后，他年方10岁的儿子张耀灵继位。赵长等伪造张重华的遗诏，命张祚为都督中外诸军事、辅军大将军，辅政；不久，又以"时难未夷，宜立长君"为由，废掉张耀灵，拥立张祚为凉王。张祚一登上王位，便诛杀了谢艾，一代儒将就此陨落。谢艾死后，前凉内乱不断，二十多年后被前秦苻坚所灭。

16 桓温北伐功败垂成

东晋南渡之后,朝廷中的一些人士始终不忘北伐收复失地。祖逖闻鸡起舞,击楫中流,但最终壮志难酬;征西将军庾亮积极谋划北伐,欲光复中原,最后出师未捷身先死;而桓温北伐最后也是功败垂成,反落得个千古骂名。个中缘由,颇令后人寻味。

桓温是宣城太守桓彝的长子,而且是晋明帝司马绍的女婿,这些关系,虽然为他日后的发展提供了非常有利的条件,但他的成功,靠的却是自身的真实本领。

庾亮去世后,他的弟弟庾翼接替他镇守荆州。庾翼虽然年轻,但"悉心为治,戎政严明",而且为人慷慨,喜功名,不尚浮华。他同桓温关系很好,曾专门向成帝司马衍(桓温的小舅子)推荐说:"桓温有英雄之才,愿陛下勿以常人遇之,常婿畜之,宜委以方、邵(西周时助宣王中兴的贤臣方叔与邵虎)之任,必有弘济艰难之勋。"庾翼谋划北伐,桓温也是积极支持者之一,并担任了前锋小督。庾翼去世后,朝廷任命桓温为安西将军,持节,都督荆、司、雍、益、梁、宁六州诸军事,荆州刺史,接替庾翼掌控了东晋王朝西部地区。

第一部　两晋春秋
16　桓温北伐功败垂成

桓温执掌兵权后，立即将恢复疆域的理想付诸实施。他首先将攻击的目标对准了盘踞益州的成汉政权，但不少人对蜀道艰险、路途遥远、桓温军队人数不多而又孤军深入表示担忧。其实，这背后所隐含的真正原因正如大臣刘惔所说："但恐克蜀之后，（桓）温终专制朝廷耳。"可以说，这种心态一直影响着东晋朝廷对桓温北伐的态度，也是导致后来北伐功败垂成的一个非常重要的原因。

桓温于永和二年（346）十一月发兵攻打成汉，一路势如破竹，进逼成都。成汉主李势孤注一掷，派出所有军队同晋军在成都笮桥决战。晋军前锋不利，参军龚护力战阵亡，敌人的箭都射到桓温马前了。此时诸将畏惧，打算退兵，而鼓吏却误击鼓号令进攻，先锋袁乔拔剑督促军士奋力反击，终于反败为胜，大败汉军。桓温乘胜攻入成都，李势投降，成汉政权灭亡。

桓温灭蜀，立下大功，按理应该论功行赏。当时朝廷也打算将豫章郡封给桓温，但尚书左丞荀蕤却劝止说："如果将来桓温恢复中原，又拿什么来封赏他？"结果，朝廷只是将桓温封为征西大将军、开府仪同三司、临贺郡公。

灭蜀之战使得桓温威名大振，却加深了朝廷对他的忌惮。执政的会稽王司马昱以扬州刺史殷浩有盛名，将他引为心腹，参与朝政，企图以殷浩来制衡桓温。殷浩也趁机任用亲信，扩大自己的势力。王羲之认为，内外协和，国家才能够安定，劝殷浩不要同桓温闹矛盾，可殷浩不听。

永和五年（349），后赵石虎去世，赵国发生内乱，东晋朝野都认为恢复中原的时机来了，桓温也屡次上书，请求率军北伐，但朝廷始终没有作出答复；相反，却委任殷浩为中军将军，假节，都督扬、豫、徐、兖、青五州诸军事。永和八年（352），殷浩上书请求北伐，朝廷立即批准，结果许昌一战，安西将军谢尚大败，逃回淮南。殷浩不甘心失败，于次年再度率军七万北伐，以后赵降将姚襄为前驱。而姚襄本来就同殷浩不和，趁此机会反戈一击，伏击了殷浩大军。殷浩大败，丢弃辎重逃回。殷浩连年北伐，"师徒屡败，粮械都尽"，桓温借朝野舆论怨愤，上疏弹劾殷浩。朝廷不得已，将殷浩废为庶人。至此，朝廷内外大权都归桓温掌握，再也无人能阻止他北伐了。

永和十年（354），桓温率步骑四万自江陵出发北伐，攻打前秦，秦主苻健派太子苻苌、丞相苻雄等率五万大军抵御。桓温身先士卒，督众力战，大败秦军，进军至灞上。关中百姓争先恐后，牵牛担酒赶来欢迎慰劳，更有老人激动得当场伤心落泪，说："不图今日复睹官军！"

然而，桓温孤军深入，后勤补给并没有跟上。当时正值麦收时节，他原打算就地取粮以补充军食，而秦军将麦子都割了，来了个坚壁清野。桓温军队缺粮，被秦军击败，损失惨重，被迫退回江陵。第一次北伐以失败而告终。但前秦太子苻苌为晋军的流矢所中，伤重而死，这一结果，也改变了前秦的政局。

桓温北伐前秦失败，便将攻击的目标改为洛阳。当时，后赵降将姚襄正同占据洛阳的叛将周成打得不可开交。永和十二年（356），桓温自江陵出兵再次北伐，同围困洛阳的姚襄军队大战。桓温亲自披甲督战，大破姚襄，收复洛阳。桓温拜谒了皇陵，留下军队守卫洛阳，然后班师返回了荆州。桓温出兵时，路过金城，看见自己当年做琅琊内史时种下的柳树已经非常粗壮，发出了"木犹如此，人何以堪"的感慨。

桓温收复了洛阳，但东晋朝廷却守不住洛阳，或者说可能根本就不想守。兴宁三年（365），洛阳被前燕慕容恪和慕容垂等率军攻占，桓温积极准备再度北伐。太和四年（369），在得知慕容恪去世的消息后，桓温亲率步骑五万第三次出兵北伐。开战之

16 桓温北伐功败垂成

初，晋军节节胜利，一直打到枋头，距前燕国都邺城只有二百多里。前燕向前秦苻坚求助，燕主慕容暐甚至打算迁都和龙以避其锋。但此时桓温又遇到一个强劲的对手——前燕吴王慕容垂，他率范阳王慕容德等抵御桓温。慕容德派兵断了桓温的粮道，桓温数战不利，粮食又耗尽，被迫退兵，慕容垂率轻骑追赶，以逸待劳，大败桓温。

其实，就在两军相持时，前燕就已经看破了桓温的致命弱点。燕国大臣申胤说："以温今日声势，似能有为。然在吾观之，必无成功。何则？晋室衰弱，（桓）温专制其国，晋之朝臣未必皆与之同心。故（桓）温之得志，众所不愿也，必将乖阻以败其事。"显然，东晋朝廷为了自身利益，并不希望桓温北伐成功；而桓温北伐失败后，反而集中精力对付朝廷内部矛盾，甚至擅行废立，加快了扩张权力的步伐。若不是他在关键时刻优柔寡断，恐怕东晋王朝的历史真的会改写了。

17 名将慕容恪的成功之路

两晋十六国时期，战争频繁，战乱不断，正所谓乱世英雄起四方，这一时期也涌现出了一批能征惯战的将领和军事统帅。其中比较杰出的一位，就是前燕将领慕容恪。关于他的军事才干，《资治通鉴》中有这样一段评价：慕容恪为将"不事威严，专用恩信，抚士卒务综大要，不为苛令，使人人得便安。平时营中宽纵，似若可犯；然警备严密，敌至莫能近者，故未尝负败"。更有论者把他说成是十六国时期的第一名将，虽然未免太过，但他的军事成就是当时人以及后人所公认的。

慕容恪的成名战，就是同后赵之间的棘城（今辽宁义县）之战。当时，慕容部的主要敌人是鲜卑段部的段辽。咸康三年（337），燕王慕容皝派人向后赵石虎称藩，要求后赵攻打段辽，自己发兵配合。石虎大悦，答应第二年出兵。次年石虎果然如约攻打段辽，段辽大败，逃往密云山中；慕容皝在背后趁火打劫，掠夺大量人口、牲畜后撤兵。石虎见慕容皝背约，转而发兵数十万攻打燕国，进逼燕国都城棘城。慕容皝见赵军势大，打算弃城出逃，被部下劝阻。双方在棘城相持十余日，赵军四面攻城，燕

第一部 两晋春秋
17 名将慕容恪的成功之路

军昼夜力战,赵军不能取胜,被迫退兵。慕容皝派其子慕容恪率二千轻骑追击,赵军猝不及防,被打得丢盔弃甲,四散溃逃,阵亡三万余人,只有游击将军冉闵部队未受损失。

这年年底,段辽又派使者向后赵请降,石虎派征东将军麻秋帅三万军队去接,没想到段辽又反悔了,转而向燕国投降。慕容皝亲自率诸将去迎接,并同段辽合谋攻击后赵军队,派慕容恪率七千精骑埋伏在密云山中,大败麻秋,后赵军队死者十之六七。这一年,慕容恪还不到20岁。

后赵被燕军击败,无力再战,燕国则趁机在东北一带开疆拓土。慕容恪带兵先后同高句丽和鲜卑宇文部作战,高句丽不敢再入燕境;宇文部则逃往漠北。这样,燕国控制了东北与河北的广大地区。

永和四年(348),慕容皝去世。临终前,他对太子慕容儁说:"今中原未平,方资贤杰以经世务。(慕容)恪智勇兼济,才堪重任,汝其委之,以成吾志。"而此时,后赵也发生内乱,冉闵控制了朝政,并最终灭了后赵,自立为帝,建立魏国;而燕国则趁机向南发展,以图占据中原。这样一来,慕容恪便同冉闵发生了直接冲突。

冉闵同慕容恪一样,也是当时著名的战将,并且就战绩而言,可以说是远在慕容恪之上。两人之间的最大区别,就在于冉闵凭借个人的勇力,逞匹夫之勇;慕容恪则不仅勇猛,而且善于用智慧作战。更何况,冉闵在同后赵残余势力作战的过程中,自身实力受到了很大的损失,这就决定了两人之间这场决战的命运。

永和八年(352),慕容儁派慕容恪率军伐魏,冉闵亲自率军迎战。冉闵的大将军董润和车骑将军张温都劝他不要同慕容恪正面交战,他们认为:"鲜卑乘胜锋锐,且彼众我寡,宜且避之;俟其骄惰,然后益兵以击之。"可冉闵不同意,说:"吾欲以此众平幽州,斩慕容儁;今遇(慕容)恪而避之,人谓我何?!"

于是双方在魏昌县的廉台一带摆开战场。接战后，燕军十战十败，颇有些胆怯了。而慕容恪在交战过程中，仔细观察，发现了冉闵的弱点，他对将士说："冉闵勇而无谋，一夫敌耳。其士卒饥疲，甲兵虽精，其实难用，不足破也。"并根据冉闵的魏军多为步兵，而燕军多为骑兵的特点，定下了将冉闵引到平地，然后聚而歼之的战略。冉闵果然上当，慕容恪将冉闵引到平地，然后用铁索将战马连起来，组成连环马方阵。这也是有史记载的第一次在战场上运用连环马战术。冉闵也果然厉害，骑着千里马，亲自冲锋陷阵，杀死燕军三百多人。燕军用连环马四面合围，大败魏军。冉闵突出重围，跑了20多里，因坐下千里马突然倒毙，被燕军擒杀。

升平四年（359），慕容儁去世，东晋朝廷听到这个消息后，打算趁机恢复中原。可一直致力于北伐的桓温却说："慕容恪尚在，忧方大耳！"果然，慕容恪于兴宁三年（365）亲率大军攻陷已经被东晋收复的洛阳。至此，前燕控制了东北和黄河以北的大部分地区，在北方，除了前秦之外，再无对手。

慕容恪作为一代名将，不仅在军事上出类拔萃，而且具有深邃的政治远见和高超的治国理政能力。慕容儁临终时，想仿效宋襄公，把皇位交给慕容恪。但慕容恪拒绝了，并向他保证尽心尽力辅佐幼主慕容暐。年仅11岁的慕容暐继位后，以慕容恪太宰、录尚书事，行周公事，总摄朝政。同为辅政大臣的太师慕舆根勾结可足浑太后祸乱朝政，想除掉慕容恪。关键时刻，慕容恪一举清除了慕舆根及其党羽，稳定了朝廷的政局。

太和二年（367），慕容恪病重，临终前，他向慕容暐建议由吴王慕容垂接替自己执掌朝政。但他死后，可足浑太后和摄政大臣慕容评合谋谋害慕容垂，慕容垂被迫投奔前秦。慕容垂走后，前燕被前秦所灭，慕容暐也做了俘虏。

18
一代明君何以会走向败亡

在两晋十六国时期的所有君王中,苻坚称得上是一个明君。虽然"风声鹤唳""草木皆兵"的成语让他成为一个"反面角色",但事实上,他凭借治国理政的才干和军事指挥才能,不仅击败了周围所有的对手,统一了北方,而且是最接近实现统一中国的目标的人。然而,一个不应该有的失误却让他功败垂成,最终命丧于曾经被他放过的敌人之手。苻坚的悲剧,也使得后人在惋惜的同时,不断进行反思。

苻坚的上位多少也有些偶然,甚至可以说这个机会是桓温北伐前秦时给他创造的。苻坚是前秦开国君主苻健的侄子,他的父亲苻雄因辅佐长兄创业有功,被封为东海王。苻雄去世后,苻坚承袭了东海王的爵位。桓温北伐前秦,太子苻苌率军抵御,为流矢所中,不治身亡,苻健只得改立苻生为太子。苻生生性残暴,而苻健临终前,为防止死后大权旁落,竟然特别关照他说:"六夷酋帅及大臣执权者,若不从汝命,宜渐除之。"司马光在《资治通鉴》中论及此事时说:"顾命大臣,所以辅导嗣子,为之羽翼也。为之羽翼而教使翦之,能无毙乎!知其不忠,则勿任而已矣；任以大柄，又从而猜之，鲜有不召乱者也。"

果然，苻生一登上皇位，就大开杀戒，仅仅因为星象变化，就将自己的皇后及其父车骑将军梁安、其舅太傅毛贵等托孤大臣杀掉；不久，又把丞相雷弱儿、太师鱼遵等也都杀了。即位没多久，"后妃、公卿以下至于仆隶，凡杀五百余人，截胫、拉胁、锯项、剖胎者，比比有之"，甚至"勋旧亲戚，诛之殆尽；群臣得保一日，如度十年"。苻坚为求自保，发动宫廷政变，杀掉了苻生，被群臣拥立为君主。

苻坚虽然做了前秦的君主，但内部政局不稳，外部强敌环视，同时水旱灾害不断。因此，苻坚并不敢称帝，只是自称大秦天王，通过多种手段收买人心，安定民心："举异才，修废职，课农桑，恤困穷，礼百神，立学校，旌节义，继绝世，秦民大悦"，并且"开山泽之利，公私共之，息兵养民"，使社会经济得到了恢复和发展，社会秩序得到稳定。当然，苻坚能够使前秦政局稳定并在后来得到发展的一个重要因素，就是他发现并重用了汉人书生王猛。

王猛虽是一介书生，但博学多才，有很高的政治才干和军事造诣。桓温北伐入关时，王猛曾去拜访，同他纵论当世之事，扪虱而谈，旁若无人。桓温很欣赏王猛，但王猛拒绝了桓温的任用。后来经人推荐，王猛结识了苻坚，两人一见如故，苻坚甚至自谓如刘备之遇到诸葛亮。苻坚即位后，即任命王猛为中书侍郎，作为自己的亲信，执掌朝廷机密。这一举措，招致不少宗亲权贵的不满。姑臧侯樊世就当面质问王猛说："吾辈耕之，君食之邪？"王猛也不客气地回答说："非徒使君耕之，又将使君炊之！"樊世大怒，威胁说："要当悬汝头于长安门，不然，吾不处世！"在朝堂上，樊世还企图当众殴打王猛。苻坚下令将樊世处死。从此，群臣看到王猛都吓得大气也不敢出了。

第一部　两晋春秋
18　一代明君何以会走向败亡

苻坚命王猛兼任京兆尹。太后的弟弟光禄大夫强德在京城横行霸道，公然强夺平民钱财，夺人子女，为害一方。王猛一上任，就下令将强德抓了起来。苻坚得知后，赶紧派人去下令赦免强德，可王猛已经先斩后奏，将强德陈尸于市了。不仅如此，还"疾恶纠案，无所顾忌，数旬之间，权豪、贵戚、杀戮、刑免者二十余人，朝廷震栗，奸滑屏气，路不拾遗"。苻坚感慨道："吾始今知天下之有法也！"

苻坚在王猛的辅佐下，对内整顿吏治，稳定社会秩序，发展社会经济，并大力发展教育，大大增强了国力，开始了统一北方的战争。当时，前秦最强大的对手就是慕容氏的前燕。慕容恪去世后，苻坚就着手准备对燕国的战争，但忌惮吴王慕容垂，不敢轻举妄动。恰好燕国宫廷发生内斗，慕容垂被迫逃亡，投奔前秦。苻坚大喜，表示要与慕容垂"共定天下"。之前桓温北伐前燕时，燕国曾经向前秦求救，愿将虎牢关以西的土地割让给前秦；而桓温兵败退兵后，燕国又反悔不认账了。苻坚以此为借口，于太和四年（369）命王猛率军讨伐燕国，攻占了洛阳。次年，又命王猛督率大军，大举伐燕，攻占了燕国都城。燕王慕容暐被俘，前燕的王室和百官都被迁到长安，前燕灭亡。

前燕灭亡后，苻坚又发兵消灭了长期割据武都一带的仇池，从东晋手里夺取了四川。这样，北方只剩下割据凉州的前凉了。太元元年（376），苻坚发兵攻打前凉，前凉王张天锡投降，前凉灭亡。至此，苻坚基本上平定了北方。

当然，苻坚也明白，自己的成功，在很大程度上是得力于王猛的辅佐。他任命王猛为丞相、中书监、尚书令、太子太傅、司隶校尉，可以说将朝廷大权全部交给了王猛，自己则"端拱于上，百官总己于下"，军国内外之事，都由王猛处理；王猛也不负所托，"刚明清肃，善恶著白，放黜尸素，显拔幽滞，劝课农桑，练习军旅，官必当才，刑必当罪。由是国富兵强，战无不克，秦国大治"。

然而，正在前秦发展的关键时期，王猛却病重不起了。苻坚亲自前去探望，并询问后事。王猛给他留下了两条遗嘱：一条是"晋虽僻处江南，然正朔相承，上下安和，臣没之后，愿勿以晋为图"；另一条是"鲜卑、西羌，我之仇敌，终为人患，宜渐除之，以便社稷"。王猛说完就去世了。苻坚非常伤心，对太子苻宏说："天不欲使吾平一六合邪？何夺吾景略（王猛字）之速也！"但是，王猛的两条遗嘱，他却一条也没听进去，而且反其道而行，借助鲜卑慕容垂和西羌姚苌的力量去攻打东晋。这就注定了苻坚的悲剧结局。

苻坚在南征东晋的问题上征求群臣的意见时，遭到大多数大臣的反对，他的弟弟苻融苦苦相劝，并对他说：王猛"一时英杰，陛下常比之诸葛武侯，独不记其临没之言乎？"而慕容垂则极力鼓动他攻打东晋。苻坚高兴地说："与吾共定天下者，独卿而已。"还当场赏赐慕容垂五百匹布帛。当慕容垂的侄子们得知这一决定后，对慕容垂说："主上骄矜已甚，叔父建中兴之业，在此行也。"无论是赞成者还是反对者，都已经预料到了南征的结局，只有苻坚一个人利令智昏，蒙在了鼓里。

太元八年（383），苻坚大举出兵南征，结果淝水一战，被东晋军队战败，元气大伤。慕容垂回到燕国故地，重新复国；被迁到关中的前燕王族官员也趁机反叛，攻占了长安。苻坚在出逃途中被羌族首领姚苌俘获绞死。一切都如王猛先前所预料的那样。

苻坚死后，北方重新陷于分裂，出现了前秦、后秦、西秦、后凉、后仇池、后燕、西燕及北魏等八国并立的局面。

19
龙阳君王慕容冲

正所谓"乱世英雄起四方",两晋十六国时期,各色人等纷纷登上历史舞台,君王的出身也是形形色色,既有奴隶出身的后赵主石勒,更有娈童出身,因龙阳之好而得宠,最终登上君主宝座的西燕主慕容冲。

慕容冲是燕国君主慕容儁之子、慕容暐之弟,这个特殊的身份决定了他在燕国的地位。慕容恪临终前,曾对慕容暐的哥哥、乐安王慕容臧说:大司马一职"总统六军,不可任非其人,我死之后,以亲疏言之,当在汝及(慕容)冲。汝曹虽才识明敏,然年少,未堪多难。吴王(慕容垂)天资英杰,智略超世,汝曹若能推大司马以授之,必能混一四海。"但慕容恪死后,执政的慕容评却任命年仅10岁的车骑将军、中山王慕容冲为大司马。

太和五年(370),前燕被前秦苻坚所灭,燕国的王公贵族举族被迁到长安城,年仅12岁的慕容冲也在其中。慕容冲14岁的姐姐清河公主因长得非常漂亮,被苻坚看中,纳入后宫,"宠冠后庭";而慕容冲因为有"龙阳之姿",也一同被苻坚看中,成为了他的男宠。姐弟两人被苻坚专宠,秽声远扬,长安城传开了

《资治通鉴》中的政治谋略
（两晋—五代）

"一雌复一雄，双飞入紫宫"的民谣。秦国的大臣们担心姐弟俩会因此而祸乱朝廷，王猛也一再向苻坚劝谏。苻坚不得已，只得放慕容冲出宫，让他去担任平阳太守。

淝水之战后，慕容垂趁势起兵。太元九年（384），慕容冲的哥哥慕容泓召集鲜卑旧部，自立为大将军、雍州牧、济北王；慕容冲也在平阳起兵，但被前秦将军窦冲击败，率八千人投奔了慕容泓。慕容泓拥兵十万，声势浩大，他要求苻坚送回慕容暐，返回邺城，重建燕国，并与秦国以虎牢关为界，"永为邻好"。苻坚大怒，只得将一腔怨气撒在慕容暐身上，但还是让慕容暐写信去招谕慕容垂、慕容泓和慕容冲。慕容暐派人对慕容泓说："吾笼中之人，必无还理。"他要慕容泓"勉建大业，以吴王（慕容垂）为相国，中山王（慕容冲）为太宰、领大司马，汝可为大将军、领司徒，承制封拜，听吾死问，汝便即尊位。"慕容泓得信后，向长安进发，并宣布复兴燕室，史称西燕。

此时，西燕内部发生内乱，慕容泓的谋臣高盖等人杀死了慕容泓，立慕容冲为皇太弟，承制行事。苻坚见慕容冲已经逼近长安，命车骑大将军苻晖等抵御慕容冲，结果两战都被慕容冲打得大败，慕容冲占据了阿房城。

不久，慕容冲率军进逼长安。苻坚在长安城头望见慕容冲军容严整、声势浩大，不禁感叹道："此虏从何出哉！"他在城上大呼斥责慕容冲说："奴何苦来送死！"慕容冲回答说："奴厌奴苦，欲取汝为代耳！"此时，苻坚还想慕容冲能念"旧情"，派人送了一件锦袍给他。可慕容冲并不领情，派人回答说："孤今心在天下，岂顾一袍小惠！苟能知命，便可君臣束手，早送皇帝（慕容暐），自当宽贷苻氏，以酬曩好。"此时苻坚才后悔当初没有听从王猛的劝谏，使得今天鲜卑敢横行到如此地步，可悔之已晚！

慕容冲率众围攻长安城，而城内的前燕遗民也试图里应外

第一部　两晋春秋
19　龙阳君王慕容冲

合。慕容暐假借其子新婚，邀请苻坚去他家，打算在酒席上伏兵杀掉苻坚。苻坚并未怀疑，答应前往。不巧当天天降大雨，苻坚无法前去，而慕容暐的阴谋也就此暴露。苻坚对慕容暐说："吾相待如何，而起此意？"慕容暐无言以对。结果，包括慕容暐在内的前燕宗族全部被杀，城内的鲜卑人也"无少长、男女，皆杀之"。

慕容冲得知慕容暐被杀的消息后，于太元十年（385）正月在阿房城正式称帝。从严格意义上说，他应该是西燕的开国君主，因为慕容泓虽然建立西燕政权，但因慕容暐尚在，所以并没有称帝。慕容冲称帝后，即与秦军展开大战。在长安城西之战中，苻坚大败燕军，一直追到阿房城，诸将请求乘胜入城，但苻坚担心中埋伏，引兵退回长安，错失了一个极好的机会。

不久，慕容冲率军在骊山同秦军大战，秦军连败两阵，损兵折将，慕容冲乘胜包围了长安城。苻坚亲自上城督战，"飞矢满体，流血淋漓"，依然坚守不动。慕容冲便纵兵在城外四周大肆烧杀抢掠，"关中士民流散，道路断绝，千里无烟"。苻坚留太子苻宏守城，自己率百余骑突围去五将山，召集外地援军来救援长安。苻坚走后，苻宏无法坚守，率数千骑和宗族家人突围而走。慕容冲攻入长安，纵兵大掠，死者不可胜计。而苻坚在出逃时，被后秦姚苌俘获绞死。

慕容冲占领长安后，不愿东归燕国故地，引发了鲜卑人的不满，他们发动政变，杀死了慕容冲。慕容冲只做了一年多的皇帝，就死于非命，追随苻坚而去了。

20
慕容垂的复国之路

两晋十六国时期的燕国在建立和复兴的过程中，出现过两个非常重要的人物：慕容恪和慕容垂。他们是两兄弟，而且都是文武全才，慕容恪更是有十六国"第一名将"之美誉；但相比较而言，慕容垂似乎更胜一筹。他不仅建功立业于前，更能忍辱负重于后，实现了复兴燕国的宏图大业。

慕容垂同慕容恪一样，都为燕国的兴盛立下了汗马功劳；但与慕容恪不同的是，他始终没有得到他的哥哥、燕国君主慕容儁的信任。而他的夫人段氏又自恃出身高贵，看不起慕容儁的夫人可足浑王后，妯娌俩由此结下了梁子。中常侍涅浩告段氏勾结吴国典书令（慕容垂封为吴王）高弼搞巫蛊之术图谋不轨，企图以此牵连打击慕容垂。慕容儁下令将段氏和高弼投入大牢，严刑逼供，但段氏和高弼坚决不承认。慕容垂不忍心让自己的夫人受苦，派人私下对她说："人生会当一死，何堪楚毒如此！不若引服。"但被段氏拒绝了。最终段氏死于酷刑之下，慕容垂没有被牵连。段氏死后，慕容垂续娶她的妹妹，但可足浑氏又强迫他们离婚，把自己的妹妹嫁给慕容垂。这样一来，两人之间的矛盾更

第一部 两晋春秋
20 慕容垂的复国之路

深了。

慕容儁去世后,太子慕容暐继位,慕容恪辅政,兄弟俩一起率军攻下了洛阳。慕容垂被任命为都督荆、扬、洛、徐、兖、豫、雍、益、凉、秦十州诸军事,征南大将军,荆州牧。慕容恪对慕容垂极为倚重,他对燕主慕容暐说:"吴王(慕容)垂,将相之才十倍于臣,先帝以长幼之次,故臣先得之。臣死之后,愿陛下举国以听吴王。"慕容恪临终前,再次对慕容暐说:"吴王文武兼资,管、萧之亚,陛下若任以大政,国家可安;不然,秦、晋必有窥窬之计。"

慕容恪去世后,东晋桓温认为机会来了,亲率五万大军北伐燕国。慕容垂率军抵御,大败桓温,取得了著名的枋头大捷,慕容垂也因此战声名大振,却加深了执政慕容评(慕容垂之叔)对他的猜忌。慕容评同太后可足浑氏合谋,企图加害慕容垂。慕容恪之子慕容楷等建议慕容垂先发制人,除掉慕容评。但慕容垂不同意,说:"骨肉相残而首乱于国,吾有死而已,不忍为也。"慕容垂以国家大局为重,并没有换来慕容评的宽容,相反,他还派兵去抓捕慕容垂。在这种情况下,慕容垂不得已,只能带着家人去投奔前秦王苻坚。而苻坚自慕容恪去世后,一直蠢蠢欲动,企图吞并燕国,但慑于慕容垂的威名,未敢轻举妄动。现在见慕容垂自己前来投奔,不禁大喜,亲自去郊外迎接,拉着慕容垂的手说:"天生贤杰,必相与共成大功,此自然之数也。要当与卿共定天下,告成岱宗,然后还卿本邦,世封幽州,使卿去国不失为子之孝,归朕不失事君之忠,不亦美乎!"王猛认为慕容垂有雄才大略,担心养虎遗患,要苻坚尽早除掉他。可苻坚不同意,说:"吾方收揽英雄以清四海,奈何杀之?且其始来,吾以推诚纳之矣。匹夫犹不弃言,况万乘乎!"苻坚任命慕容垂为冠军将军。就当时的情况而言,苻坚的做法并没错,而且已有先例:当年刘备投奔曹操时，曹操也是以同样的理由没有借机除掉刘备，但也同样留下了后患。

慕容垂的投奔，让苻坚没有了后顾之忧，开始发兵攻打燕国，并于太和五年（370）攻占邺城，俘虏了燕国君主慕容暐。前燕灭亡，燕国的文武百官和一些百姓都被迁到了长安。燕国的遗民自然不甘心亡国的命运，燕国故太史黄泓说："燕必中兴，其在吴王乎！"燕国遗民赵秋也说："及十五年，秦必复为燕有。"当然，苻坚对此一无所知，他依然十分信任慕容垂。慕容垂也小心翼翼地侍奉苻坚，暗中等待时机。期间，苻坚见慕容垂的夫人段氏貌美，不仅与她私通，还与她同车在皇宫的后花园游览，慕容垂对这一切则装聋作哑。

宁康三年（375），王猛去世。王猛死后，慕容垂身边的人加紧了复国的准备，而且他们都把复国的希望寄托在了慕容垂身上。慕容恪之子慕容绍对其兄慕容楷说："秦恃其强大，务胜不休，北戍云中，南守蜀、汉，转运万里，道殣相望。兵疲于外，民困于内，危亡近矣。冠军叔（慕容垂）仁智度英拔，必能恢复燕祚，吾属但当爱身以待时耳！"慕容垂的儿子慕容农也对他说："自王猛之死，秦之法制，日以颓靡，今又重之以奢侈，殃将至矣，图谶之言，行当有验。大王宜结纳英杰以承天意，时不可失也！"慕容垂听后，笑着说了一句："天下事非尔所及。"

机会终于来了。太元七年（382），苻坚在朝堂上同群臣商议攻打东晋，遭到大多数人的反对，而慕容垂则极力鼓动，并说："陛下断自圣心足矣，何必广询朝众！晋武平吴，所仗者张、杜二三臣而已，若从朝众之言，岂有混壹之功乎！"苻坚听后龙心大悦，说："与吾共定天下者，独卿而已。"

次年，苻坚大举发兵南征，慕容垂受命攻打襄阳。他的两位侄子对他说："主上骄矜已甚，叔父建中兴之业，在此行也。"果然，淝水一战，苻坚大败，唯独慕容垂所部三万余人毫发无损。苻坚率千余败兵投奔慕容垂，他的亲属和部下都劝他趁此机会杀掉苻坚，复兴燕国。但慕容垂感念当初苻坚的收留之恩，不忍心以怨报德，反而将自己三万余人的部队悉数交给了苻坚，帮助苻坚暂时稳定了局面，自己则去燕国故地，招募军队，经过几年征战，基本上收复了旧时燕国的领土。

太元十一年（386），慕容垂正式称帝，史称后燕，终于完成了复兴燕国的大业。

21 刘牢之：一代名将毁于反复无常

若论东晋王朝的第一名将，恐怕非刘牢之莫属了。他出身于将门，骁勇善战，在淝水之战中一战成名，他所统率的北府兵也成为东晋王朝的主力部队。此后，刘牢之虽屡立战功，但卷入了朝廷内部的权力斗争，自己又反复无常，卖主求荣，最终落得个死于非命的下场。

苻坚的前秦统一北方后，开始觊觎南方的东晋政权。为了抵御前秦的军事威胁，东晋宰相谢安的侄子谢玄受命组建军队，刘牢之应选，担任了参军一职。由于当时谢玄镇守京口（今镇江），京口又称"北府"，所以这支军队也被称为"北府军"。刘牢之作为北府军的前锋，经常率军冲锋陷阵，战无不胜，"敌人畏之"。

太元八年（383），前秦大举南征，淝水之战爆发。苻坚之弟苻融率前锋攻陷寿阳，谢玄命刘牢之率精兵五千迎战。刘牢之渡过洛涧向秦军发起攻击，大败秦军，"秦步骑崩溃，争赴淮水，士卒死者万五千人"。东晋后续部队跟上，水陆并进。苻坚和苻融登寿阳城，见东晋军队部阵严整，又见城外八公山上草木随风

第一部 两晋春秋
21 刘牢之：一代名将毁于反复无常

而动，以为都是东晋军队。苻坚对苻融说："此亦劲敌，何谓弱也？"

淝水之战后，刘牢之乘胜率军北伐，收复了河南大片失地。刘牢之也因功晋升为龙骧将军、彭城内史，封武冈县男，食邑五百户。

刘牢之虽然勇猛善战，但在同后燕的作战中，却遇到了慕容垂这个强劲的对手。在五桥泽一战中，被慕容垂打得全军覆没，刘牢之单马跳入五丈涧逃脱。之后在后燕攻打廪丘时，刘牢之又因不能及时救援，被罢免。

隆安元年（397），镇守京口的王恭起兵讨伐王国宝，任命刘牢之为府司马，加封他为辅国将军，刘牢之也因此成为王恭的部下。王恭虽然倚仗刘牢之，但只是将他作为一个武将对待，骨子里看不起他；而刘牢之负其才能，自视甚高，因王恭看不起他，自觉受到羞辱，不免怀恨在心。

次年，王恭再度联合桓玄和殷仲堪起兵，讨伐司马道子和司马元显父子，并对刘牢之许诺说，事成之后，即由刘牢之统领北府军。而司马元显得知刘牢之对王恭不满，也派庐江太守高素去游说刘牢之倒戈，承诺事成之后，将原来王恭的官职和爵位都授予他。刘牢之在同其子刘敬宣商议后答应了。王恭的参军何澹之得知这一密谋后，立即告诉了王恭。但由于何澹之同刘牢之原本就有矛盾，所以王恭对他的话并不相信。为了安抚刘牢之，王恭还特地置办酒席宴请刘牢之，并当众同他结拜为兄弟，将精锐部队都交给他统率，让他作为前锋去攻打司马元显。可刘牢之还是反戈一击，举兵攻打王恭。王恭兵败被杀，刘牢之接替了王恭的官职。刘牢之这种背信弃义的行为也引发了众怒。桓玄等率部威逼京师，上表为王恭申辩，请求朝廷诛杀刘牢之。最后还是东晋朝廷出面调停，双方才罢兵。

《资治通鉴》中的政治谋略
（两晋—五代）

隆安三年（399），孙恩起兵，攻陷了会稽，东南一带陷入战乱。刘牢之自告奋勇，率军攻打孙恩。当时东南一带的东晋将领先后遭到败绩，唯独刘牢之在部将刘裕等人的协助下，屡战屡胜，声望和官职也不断得到提升。

就在东晋朝廷同孙恩鏖战之际，占据荆州的桓玄再度起兵讨伐司马元显。司马元显的部下张法顺建议调刘牢之的部队去抵御。司马元显便派张法顺去与刘牢之商议。刘牢之见桓玄兵多地广，声势浩大，仅凭一己之力无法对抗；又担心即便能够平定桓玄，功盖天下，必然不会被司马元显所容忍，因此犹豫不决。张法顺回去后，对司马元显说："观（刘）牢之言色，必贰于我，不如召入杀之；不尔，败人大事。"显然，张法顺也担心刘牢之会反复无常，但司马元显并没有听从他的建议。

元兴元年（402），司马元显所把持的东晋朝廷下诏讨伐桓玄，并以刘牢之为前锋；桓玄则率军东下，直逼京城建康。刘牢之拥兵自重，想借桓玄之手除掉司马元显，然后再伺机取桓玄而代之。桓玄也看出了刘牢之的心思，派刘牢之的族舅何穆去游说他。刘牢之被说动了，思考再三之后，决定向桓玄投降。桓玄趁势率军攻入建康，抓住并处死了司马元显父子。

桓玄掌控了朝廷大权，任命刘牢之为征东将军、会稽内史，削夺了他的军权。刘牢之见状，自觉"祸将至矣"，又打算反叛桓玄。其子刘敬宣劝他举兵攻打桓玄的府邸，一举除掉桓玄，可他又犹豫不决，打算投靠他的女婿广陵相高雅之，占据长江以北以对抗桓玄，并派刘敬宣去京口转移家室。但部下并不赞成他这么做，参军刘袭对他说："事之不可者莫大于反。将军去年反王兖州（王恭），近日反司马郎君（司马元显），今复反桓公，一人三反，何以自立？"说完便走了，部下也纷纷离去。而此时去京口接家室的刘敬宣也没有消息，刘牢之以为自己谋叛的消息泄露

第一部 两晋春秋
21 刘牢之：一代名将毁于反复无常

了,匆忙带部曲北走,半道上自缢而死。桓玄下令将刘牢之开棺斩首,曝尸于市。桓玄败亡后,东晋朝廷应刘裕之请,恢复了刘牢之的职位和封爵。

王夫之在《读通鉴论》中,谈到刘牢之的反复无常时,感慨道:"前有吕布,后有刘牢之,勇足以戡乱,而还为乱人。呜呼!岂有数月之间,俄而为元显用,而即叛元显;俄而为桓玄用,而即图桓玄;能不祸于国、凶于家、戮及其身也乎?"

22 刘裕北伐为何功亏一篑

东晋虽然偏安一隅,但一些有雄心的将领将收复失地视为己任,如祖逖、庾亮、桓温等,曾先后北伐,其中最接近成功的,当数刘裕北伐。王夫之在《读通鉴论》中对此给予了很高的评价:"宋武(刘裕)兴,东灭慕容超,西灭姚泓,拓跋嗣、赫连勃勃敛迹而穴处。自刘渊称乱以来,祖逖、庾翼、桓温、谢安经营百年而无能及此。后乎此者,二萧、陈氏无尺土之展,而浸以削亡。然则永嘉以降,仅延中国生人之气者,唯刘氏耳。"然而,就在即将成功之机,却最终功亏一篑,不免令人叹息。

刘裕在消灭桓玄、掌控东晋朝政大权之后,便将注意力放到了收复东晋王朝的失地上。义熙元年(405),他遣使到后秦,要求后秦归还之前占领的南乡、顺阳等淮北诸郡,后秦君主姚兴见刘裕"能诛讨桓玄,兴复晋室,内釐庶政,外修封疆",不愿与他为敌,答应将淮北的南乡、顺阳、新野、舞阴等十二郡全部归还给东晋。刘裕兵不血刃,收复了大片失地。

义熙五年(409),南燕君主慕容德死,其侄慕容超继位。他因为缺乏歌舞艺人,竟然派兵南下攻打东晋的宿豫郡(今江苏宿

第一部　两晋春秋
22　刘裕北伐为何功亏一篑

迁）等地，大肆掳掠人口。刘裕因此上表，北伐南燕，次年攻占了南燕的都城广固，俘虏了慕容超，并将他押回建康处斩。攻占南燕占据的山东后，刘裕打算继续向河南进军，但卢循等纠集孙恩残部，击败东晋军队，占据了大片地区，威胁建康，刘裕被迫回师，暂时中止了北伐。

义熙十二年（416），后秦君主姚兴去世，姚泓继位，内部政权不稳，外部面临夏国的威胁。而此时刘裕已消灭了卢循，平定了刘毅、诸葛长民、司马休之等内部的敌对势力，完全控制了朝廷大权，便借此机会再度出兵北伐，以王镇恶、檀道济两员名将为前锋。王镇恶是前秦王猛的孙子，任命他为前锋，显然也有利用他的名声安抚关中百姓的目的。王镇恶和檀道济勇猛善战，一举攻占了洛阳。次年，收复河南全境，向关中进发。

刘裕军队进军神速，所向无敌，但却暴露了一个致命的弱点：北伐的最终目的是为他篡位作准备。北魏君主拓跋嗣对于刘裕北伐始终心存疑虑，担心他消灭后秦之后，势力不断扩大，会严重威胁北魏政权。但他的谋士崔浩对他说："（刘）裕克秦而归，必篡其主。关中华夏杂错，风俗劲悍，裕欲以荆、扬之化施之函、秦，此无异解衣包火，张罗捕虎，虽留兵守之，人情未洽，趋尚不同，适足为寇敌之资耳。愿陛下按兵息民以观其变，秦地终为国家（北魏）所有，可坐而守也。"显然，崔浩已经把刘裕的心思琢磨透了，并准备好了应对的方案。而后来事态的发展，也印证了他的预判。

刘裕攻占潼关后，后秦军倾全力抵抗。王镇恶率水军从黄河进入渭河，逆河而上，在长安城外渭桥登岸。此时渭河水迅急，士兵上岸后，船只随水漂走。而后秦军队尚有数万，面对强敌，王镇恶对部下士卒说："舟楫、衣粮皆已随流，今进战而胜，则功名俱显；不胜则骸骨不返，无他岐矣。卿等免之。"并身先士卒，率众大破秦军，一举攻占了长安城。后秦君主姚泓率众投降，被押送回建康处斩，刘裕北伐取得了巨大成功。

然而，刘裕虽然收复了关中，但一直在同后秦争夺地盘的夏国君主赫连勃勃也看透了刘裕的心思，他对群臣说："姚泓非（刘）裕敌也，且其兄弟内叛，安能拒人，裕取关中必矣！然裕不能久留，必将南归；留子弟及诸将守之，吾取之如拾芥耳！"并秣马厉兵，训练士卒。因此，不论是北魏的拓跋嗣，还是夏国的赫连勃勃，都对关中虎视眈眈，等待刘裕一旦南归，就进兵夺取关中。

刘裕军队能够迅速攻占长安，灭后秦，王镇恶功不可没，刘裕也亲口对他说："成吾霸业者卿也！"刘裕灭后秦、占领长安后，急于南归，以王镇恶为司马、领冯翊太守，辅佐他的儿子刘义真留守关中。而王镇恶的祖父王猛在关中有很高的威望，加上王镇恶在北伐战争中战功赫赫，自然引起了其他将领的不满和妒忌。沈田子等将领就不断在刘裕面前进谗言说：王镇恶家在关中，不能信任他。刘裕对沈田子说：现在留下你们这些文武将士和精兵万人，王镇恶如果图谋不轨，不是自取灭亡吗？不用多说了。刘裕还私下对沈田子说："钟会不得遂其乱者，以有卫瓘故也……卿等十余人，何惧王镇恶？"他的本意一是安抚沈田子等南方将领，二是让他们去牵制王镇恶，但这种自作聪明的做法，反而加剧了他们之间原本就存在的矛盾和冲突，埋下了祸根。司马光在《资治通鉴》中对此感叹道："古人有言：疑则勿任，任则勿疑。（刘）裕既委（王）镇恶以关中，而复与（沈）田子有后言，是斗之使为乱也，惜乎！"

果然，刘裕前脚刚走，赫连勃勃便率军攻来。沈田子奉命率军抵抗，却畏惧夏国军队强大，回兵退守。王镇恶得知后，对安西长史王修说：沈田子拥兵不进，这样何时才能平定敌人！沈田子听说后，更加深了对王镇恶的仇恨。不久，夏国军队逼近长安，王镇恶和沈田子奉命出城北抵御。晋军中突然传言：王镇恶要杀光南方人，据守关中造反。沈田子假借名义请王镇恶到军营议事，趁其不备，将他杀死，然后向刘义真诬告王镇恶谋反。王修将沈田子抓起来处死，并任命冠军将军毛修之代领王镇恶之职，击退了夏国军队。刘裕得知后，只得说"沈田子突发狂易，奄害忠良"，追赠王镇恶为左将军、青州刺史。不久，王修也被杀。东晋将领之间的内斗，给了夏国可乘之机。刘义真奉刘裕之命率部退出长安，临行前大肆劫掠，结果被夏国军队追赶上，被打得大败。

后人对刘裕北伐失败的原因虽然有不同的说法，但缺乏明确的战略规划而自己的战略意图却被对手看得明白无遗，加上将领之间的内斗导致丧失了关中的民心，无疑是主要原因。此后，南方政权虽然不断更迭，也曾兴兵北伐，但再也没有踏上过北方的土地。刘裕北伐最终功亏一篑，可谓"一失足成千古恨"。

23
东晋是如何走向衰亡的

东晋元帝司马睿虽然也曾被后世誉为"中兴之主",但他不过是偏安一隅,延续了晋王朝的血脉而已。《晋书·元帝纪》对他的评价是"恭俭之德虽充,雄武之量不足"。而他之后的几代君主基本上都是大权旁落,形同傀儡,朝政由世家大族和权臣操控。整个东晋时期唯一掌控实权,并真正有机会实现"中兴"的,就是孝武帝司马曜。司马曜可以说是东晋开国以来最有权力的君主,但他因耽于享乐,沉湎酒色,造成朝政日趋昏暗,最终因一句戏言而死于妇人之手。此后,东晋王朝因内乱而陷于衰落,走向了灭亡。

司马曜可以算得上是受命于危难之际。他的父亲简文帝司马昱原为琅琊王。咸安元年(371),权臣桓温废掉司马奕后,立司马昱为帝,但朝廷大权被桓温掌控,司马昱仅仅是"拱默守道而已",在位不到一年,就郁郁而终。临死前,曾遗诏"大司马(桓)温依周公居摄故事",并学刘备给诸葛亮的遗诏,对桓温说:"少子可辅则辅之,如不可,君自代之。"结果侍中王坦之当面将诏书撕毁,改为:"家国事一禀大司马,如诸葛武侯、王丞

第一部　两晋春秋
23　东晋是如何走向衰亡的

相故事。"司马昱死后，年仅 11 岁的司马曜继位。不久，桓温因病去世，王坦之、王彪之和谢安等大臣尽心尽力辅佐幼主，东晋王朝渡过了桓温篡位的危机。

司马曜继位后，面临了东晋南渡以来最大的外部危机。当时，北方的前秦势力不断扩张。司马曜正式继位的第一年，即宁康元年（373），桓温收复的益州和梁州被前秦攻陷。之后，前秦又相继灭掉了前凉、代国，完成对中国北方的统一后，将进攻的目标转向了东晋，双方在荆州一带展开了大规模的争夺战。太元八年（383），前秦苻坚出兵百万大举攻打东晋，苻坚宣称"以吾之众旅，投鞭于江，足断其流"；而东晋抗击秦军的兵力不过八万。但东晋朝廷在宰相谢安的主持下，内部空前团结，将士用命；而苻坚在战略上和战术上都犯下了致命的错误，结果淝水一战，被东晋打得大败，北方也再度陷入分裂。东晋则趁机收复了大片失地。

对前秦战争的胜利，很大程度上得益于东晋内部的上下团结一致；但对司马曜而言，战争的胜利使谢安的声望又得到了提升，这显然是他不愿意看到的。他想借此机会扩大皇族的势力，将大权从王氏、谢氏、桓氏等世家大族手中夺回来，而现实也给了他很好的机会：淝水之战后不久，谢安和桓氏家族的桓冲相继去世；大将谢玄也因病被解除了兵权，不久去世；司马曜顺理成章地将他们所掌控的权力收了回来。因此可以说，这是东晋建政以来皇室权力最为集中的一段时期。

然而，司马曜虽然收回了权力，做到了"威权己出，有人主之量"，但沉湎于酒色之中，把朝政大权交给他的弟弟司马道子。而司马道子同他一样，也是一个酒鬼，嗜酒如命，兄弟俩整天一起酗酒，他们身边的一些亲信则趁机"争弄权柄，交通请托，贿赂公行"，使得"官赏滥杂，刑狱谬乱"。司马道子更是"势倾内外，远近奔凑"，这样一来，便抢了司马曜的风头。司马曜自然不乐意了，但表面上还是对司马道子很好。司马道子则是恃宠骄恣，他所信任的小人侍中王国宝则不断给他出一些歪点子。司马曜和司马道子兄弟君臣之间的矛盾不断激化，形成了"主相相持"的局面。司马曜为了制约司马道子，重用王恭、殷仲堪等地方势力派抗衡司马道子，甚至打算废黜司马道子；司马道子则以王国宝等人为心腹，这样一来，朝廷内部又形成了朋党之争的局面。掌控朝政的司马道子、王国宝同王恭、殷仲堪以及桓玄等地方实力派之间的矛盾日益加深。

司马曜的皇后于太元五年（380）去世，之后他未再立皇后。妃子张贵人"宠冠后宫，后宫皆畏之"。太元二十一年（396）秋，司马曜与张贵人及嫔妃们一起在后宫宴饮。司马曜喝醉了酒，对张贵人说："你都快30岁了，应该废了你，找一个更年轻的。"这一句玩笑话，说得张贵人妒火中烧，起了杀心。此刻司马曜已是烂醉如泥，张贵人把他身边的太监们都灌醉了，然后叫来心腹宫女，用被子把睡梦中的司马曜捂死，然后宣称是"因魇暴崩"。对此，司马道子没有深究。因此，有人认为司马曜也可能是被司马道子串通王国宝等人谋害的。

司马曜死后，太子司马德宗继位，是为晋安帝。据《晋书·安帝纪》记载，他"自少及长，口不能言，虽寒暑之变，无以辨也。凡所动止，皆非己出"。这显然又是一个白痴皇帝，连话都说不清楚。朝廷大权被司马道子及其子司马元显把持，王国宝则依然居中弄权，结果进一步激化了与王恭、桓玄等地方实力派之间的矛盾。隆安元年（397），王恭联合殷仲堪起兵讨伐王国宝，司马道子将王国宝处死，并派遣使者向王恭道歉，王恭撤兵，总算是渡过了一次危机。

次年，王恭再度联合桓玄和殷仲堪起兵，不久王恭败亡。而

23 东晋是如何走向衰亡的

桓玄则依托荆州,不断扩大势力。元兴元年(402),司马元显下令讨伐桓玄。桓玄率军东下,击溃了东晋朝廷的军队,攻占了都城建康,杀死了司马道子和司马元显,掌控了朝廷大权,第二年又篡位称帝。永始元年(404),刘裕等人举兵讨伐桓玄,桓玄兵败身死。刘裕迎晋安帝司马德宗复位,掌控了朝政大权。元熙二年(420),刘裕以"禅让"的形式夺取政权,建立宋朝,东晋王朝宣告灭亡。

第二部 南北分治

01 刘裕：
从平民到君主的成功转型

中国历史上，平民出身的君主为数不少，但刘裕是比较特殊的一个。他壮年时从军，半生都在战场上摸爬滚打，历尽艰险，最终从司马氏手中夺得江山，称帝时已年近六旬，可谓"大器晚成"。

虽然刘裕是以"禅让"的方式从东晋朝廷手中接过权力的，但他的江山却实实在在是"打"出来的。乱世英雄起四方，刘裕也是在"乱世"中发迹的，他的经历，与曹操颇有几分相似，传奇程度甚至超过了曹操。王夫之在《读通鉴论》中就说："（刘）裕之为功于天下，烈于曹操。"

刘裕早年家境贫寒，靠卖草鞋为生。青壮年时从军，在北府兵将领孙无终手下当一个司马。隆安三年（399），孙恩在会稽起兵反晋，东南八郡纷起响应，朝野震惊。东晋朝廷派卫将军谢琰、前将军刘牢之率军镇压。孙无终推荐刘裕到刘牢之麾下当了参军，开始时并未得到刘牢之的重视，只是派他执行一些侦察任务。一次，刘裕带数十人侦察时，骤遇数千人的孙恩军队，刘裕率众迎战，结果部下全部阵亡，刘裕也摔入河岸边的山崖下。敌军想活捉他，刘裕手持长刀奋力拼杀。敌军被他的气势吓倒，纷纷溃逃。正好刘牢之的儿子刘敬宣率援军寻找到此，见刘裕一人舞刀追赶数千人，感叹不已，并乘胜进击，大败孙恩军队，斩获千余人。孙恩逃回了海岛，刘裕从此一战成名。

次年，孙恩再次攻打会稽，太守谢琰轻敌不备，兵败被杀；将军高雅之也被孙恩击败，死伤惨重。刘牢之奉命率刘裕等击退孙恩。此后，刘裕率部同孙恩多次交战，往往以少胜多，屡战屡胜。隆安五年（401），孙恩率十万大军、战船千余艘突袭丹徒，京城建康戒严。刘裕率部千余人增援丹徒。守军见孙恩军队声势浩大，而刘裕援军仅千余人，且远道而来，疲惫不堪，因此皆无斗志。而刘裕率部向孙恩军队发起猛攻，大败敌军。之后，追至郁洲，又大败孙恩。孙恩南逃至沪渎，在海盐被刘裕率部追上。刘裕再次大败孙恩，斩俘以万计。孙恩经此惨败，一蹶不振。刘裕则以京口作为自己的根据地。

就在刘裕同孙恩鏖战之际，东晋朝廷内部发生了重大变故。占据荆州的桓玄不满司马元显专权，再度起兵，讨伐司马元显。元兴元年（402），司马元显所把持的东晋朝廷下诏讨伐桓玄，并以刘牢之为前锋，刘牢之依然任命刘裕为参军。桓玄则率军东下，直逼京城建康。关键时刻，刘牢之私下同桓玄交通，打算投靠桓玄。刘裕向他反复劝谏，但遭到拒绝。刘牢之投降桓玄，桓玄趁势率军攻入建康，杀了司马元显，掌控了朝廷大权，任命刘牢之为征东将军、会稽内史，削夺了他的军权。刘牢之见状，自觉"祸将至矣"，又打算反叛桓玄，但犹豫不决。他私下对刘裕说："今当北就高雅之于广陵，举兵以匡社稷，卿能从我去乎？"刘裕明确表示拒绝，说："将军以劲卒数万，望风降服，彼新得志，威震天下，朝野人情皆已去矣，广陵岂可得至邪？裕当反服

第二部　南北分治
01　刘裕：从平民到君主的成功转型

回京口耳。"但刘牢之依然北走，结果于半道自杀。桓玄基于刘裕的战功和威望，打算拉拢他为自己所用，任命他为中兵参军。而孙恩在东晋军队的打击下，走投无路，投海自尽，余部由他的妹夫卢循统领。刘裕奉桓玄之命讨伐，卢循屡战屡败，被迫渡海南逃，刘裕因功被加封为彭城内史。

此时，桓玄篡位称帝的野心已暴露无遗，刘裕也成为各方关注的人物。桓玄对刘裕百般拉拢，刘裕表面顺从，暗中聚集力量。元兴二年（403）冬，桓玄称帝，刘裕回到京口同刘毅、诸葛长民、何无忌等密谋策划。次年春，刘裕率一千七百余人在京口起兵，讨伐桓玄，被众人推为盟主。桓玄得知刘裕起兵后，忧心忡忡，派兵抵御。刘裕身先士卒，手持长刀冲锋陷阵，所向披靡，阵斩桓玄军队大将。桓玄无心恋战，挟持晋安帝司马德宗退出建康西走。刘裕收复建康，被推为使持节，都督扬、徐、兖、豫、青、冀、幽、并八州诸军事，徐州刺史。刘裕派诸将追斩桓玄，迎晋安帝司马德宗复位。刘裕被任命为侍中、车骑将军、都督中外诸军事、录尚书事，并封为豫章郡公，食邑万户，事实上成为朝廷的第一号重臣了。

刘裕掌控朝政大权后，开始了他的北伐事业。义熙五年（409），刘裕出兵北伐南燕，次年俘虏南燕君主慕容超，灭南燕。但此时，卢循又死灰复燃，击败东晋军队，占据了大片地区，威胁建康。刘裕被迫回师，经过一年的战斗，卢循兵败被杀。

刘裕在短短十年时间里，从北府兵中的一员偏将，成为执掌朝廷军政大权的重臣。随着地位的上升和权力的扩张，他称帝的野心逐渐暴露出来，这也使得他同原来的"盟友"之间的矛盾开始激化。这种矛盾来自两方面：一是与东晋司马家族之间，二是与原先一同起兵的同僚之间。刘裕利用手中掌控的军队，消灭了司马家族中最有实力的司马休之，逼迫他出奔后秦，后又亡命北魏；同时，剪除了当初一同起兵的刘毅和诸葛长民，消除了取代东晋王朝的最后障碍。

义熙十四年（418），刘裕派人谋杀了晋安帝司马德宗，立他的弟弟司马德文为帝。宋永初元年（420），他逼迫司马德文将帝位"禅让"给自己，建立了宋朝。司马德文虽然是心甘情愿让出帝位的，但刘裕还是没有放过他，于次年派人将他谋害。

02 刘裕死后的政变是如何平息的

刘裕一世英雄,但在身后之事的安排上却犯下了一个错误,从而导致他死后发生了一场宫廷政变,结果他的儿子宋文帝刘义隆成为最终的胜利者,并开启了刘宋王朝的全盛时期。

刘裕临终时,以司空徐羡之、中书令傅亮、领军将军谢晦和镇北将军檀道济同为顾命大臣,辅佐太子刘义符。而此前在选择继承人的问题上,刘裕同谢晦曾有过一番讨论。谢晦认为,刘义符同身边的一群小人打得火热,并不是合适的继承人。他对刘裕说:"陛下春秋既高,宜思存万世,神器至重,不可使负荷非才。"刘裕让他去考察下庐陵王刘义真如何。谢晦经过一番接触,对刘裕说,刘义真"德轻于才,非人主也",流露出了对继承人不满的态度。在这种情况下,刘裕依然任命谢晦为顾命大臣,可临终前又专门告诫太子刘义符说:"檀道济虽有干略,而无远志;……徐羡之、傅亮,当无异图;谢晦数从征伐,颇识机变,若有同异,必此人也。"在意识到谢晦可能会图谋不轨的情况下,依然任命谢晦为顾命大臣,把朝廷大权交给他,不能不说是刘裕的一个致命错误。

《资治通鉴》中的政治谋略
（两晋—五代）

永初三年（422），刘裕去世，17岁的太子刘义符继位。果然，他"居丧无礼，好与左右狎昵，游戏无度"；而庐陵王刘义真也觊觎皇位，同身边的谢灵运、颜延之等一群文人打得火热，甚至私下许愿，一旦做了皇帝，就任命他们做宰相。徐羡之已经打算废掉刘义符，但又担心刘义真会顺理成章继位，便利用刘义符同刘义真之间的矛盾，先将刘义真废为庶人。然后于景平二年（424）发动宫廷政变，由檀道济、徐羡之等带兵入宫，将刘义符废掉，并派人将他杀死。接着，又派人将刘义真也杀掉了。

徐羡之等发动宫廷政变后，迎立刘裕的第三子、荆州刺史宜都王刘义隆为帝，并任命谢晦为都督荆湘等七州诸军事、荆州刺史，控制荆州，以防患于未然。而刘义隆的部下听说刘义符和刘义真都已遇害，担心刘义隆也会遭遇不测，劝他不可东下。但司马王华等认为徐羡之等人胸无大志，况且他们之间"同功并位，孰肯相让，就怀不轨，势必不行"，劝他赶紧进京继位。刘义隆听从了他们的建议，并让王华留守荆州，自己带随从进京，接管了政权。

刘义隆继位后，一方面，安抚好那些扶他上位的顾命大臣，徐羡之进位司徒，傅亮加封开府仪同三司，谢晦晋封卫将军，并同意他赴荆州上任；另一方面，任命自己的亲信掌控了朝廷的要害部门，控制了禁军；同时，还恢复了刘义真庐陵王的封号。这一系列举措，让徐羡之等感到不安。刘义隆在稳住他们的同时，暗中着手谋划除掉他们，而其中的一个关键人物，就是檀道济。檀道济虽然同为顾命大臣，但他并未参与谋害刘义符和刘义真，而且他身为一代名将，有很高的威望，因此刘义隆决定对他们进行分化瓦解。他对亲信说："（檀）道济止于胁从，本非创谋；杀害之事，又所不关，吾抚而使之，必将无虑。"

元嘉三年（426），刘义隆下诏公开徐羡之、傅亮、谢晦谋杀

第二部　南北分治
02　刘裕死后的政变是如何平息的

刘义符和刘义真的罪行，下令将他们绳之以法。徐羡之闻讯后，自尽而亡；傅亮被捕后处死。同时，刘义隆亲自率军征讨谢晦。由于谢晦曾协助刘裕北伐，处理军中内外要务，有军事方面的才干，所以刘义隆专门向檀道济请教如何对付他。檀道济说："昔臣与（谢）晦同从北征，入关十策，晦有其九，才略明练，殆为少敌。然未尝孤军决胜，戎事恐非其长。臣悉晦智，晦悉臣勇。今奉王命讨之，可未阵而擒也。"于是，刘义隆命檀道济和自己的亲信中领军到彦之为前军，合击谢晦。最终如檀道济所预料的那样，谢晦兵败被杀。

刘义隆消灭了谢晦，平息了政变，檀道济可谓功不可没。刘义隆论功行赏，任命他为征南大将军、开府仪同三司、江州刺史。在后来的北伐战争中，檀道济也立下了汗马功劳。然而，刘义隆对他的疑忌却始终没有放下过。元嘉七年（430），刘义隆派兵北伐，先胜后败，狼狈溃逃，最后还是派檀道济出兵救援，才勉强挽回败局。檀道济作为前朝和当朝名将，不仅"威名甚重"，而且"左右腹心，并经百战，诸子又有才气"，更加深了刘义隆对他的猜忌，担心自己一旦去世，将无法控制檀道济。元嘉十三年（436），刘义隆生病，招檀道济进京，将他逮捕，诬称他"潜散金货，招诱剽猾，因朕寝疾，规肆祸心"，将他儿子和部下亲信全部处死。檀道济被捕时，脱下头巾狠狠丢在地上说："乃坏汝万里长城！"

元嘉二十七年（450），第二次北伐失败，北魏大举南下，大兵压境。刘义隆登城遥望，感叹道："檀道济若在，岂使胡马至此！"

03
元嘉草草,赢得仓皇北顾

南宋词人辛弃疾有一首著名的《永遇乐·京口北固亭怀古》:

千古江山,英雄无觅孙仲谋处。舞榭歌台,风流总被雨打风吹去。斜阳草树,寻常巷陌,人道寄奴曾住。想当年,金戈铁马,气吞万里如虎。

元嘉草草,封狼居胥,赢得仓皇北顾。四十三年,望中犹记,烽火扬州路。可堪回首,佛狸祠下,一片神鸦社鼓。凭谁问,廉颇老矣,尚能饭否?

这首词是辛弃疾于开禧元年(1205)在镇江知府任上所作。当时南宋执政的韩侂胄正准备北伐,辛弃疾虽然赞同北伐,但也透露出一丝隐忧,因此在北伐前夕写下了这首词,借南朝宋文帝刘义隆北伐之事,提醒当时朝廷的执政者。其中,"元嘉草草,封狼居胥,赢得仓皇北顾"这句,说的就是宋文帝刘义隆北伐失败的往事。

刘裕北伐,收复了黄河以南的大片失地,"七分天下,而有其四"。刘裕死后,北魏趁机夺取了洛阳、滑台、虎牢等大片土

第二部 南北分治
03 元嘉草草,赢得仓皇北顾

地。宋文帝刘义隆即位后,一直打算收复河南失地。元嘉七年(430)春,派右将军到彦之等率十万大军北伐。北魏太武帝拓跋焘得到刘宋王朝进攻的消息后,打算发兵抵御。但谋臣崔浩建议以退为进,以逸待劳,待到秋凉马肥时再发起攻击。拓跋焘听从了崔浩的建议,主动放弃了碻磝、滑台、虎牢及洛阳等河南四镇。宋军轻易收复了四镇后,分兵留守,这样一来兵力便分散了。到秋冬时节,北魏发起反攻,洛阳等地先后失陷,宋军损失惨重,被迫退兵,而北魏则趁势进军。刘义隆派檀道济为都督征讨诸军事,率众再伐北魏。檀道济虽然取得了一些胜利,但因粮草缺乏,无法继续前进,最终用计全身而退,而河南的土地又被北魏夺了回去,第一次北伐失败了。

第一次北伐失败后,刘宋王朝同北魏罢兵言和,宋文帝刘义隆将精力放在内政治理方面,取得了很大成效。《资治通鉴》称"百官皆久于其职,守宰以六期为断;吏不苟免,民有所系。三十年间,四境之内,晏然无事,户口蕃息",史称"元嘉之治"。而北魏则致力于开疆拓土,连续对北方的一些政权用兵,先后消灭了夏、北凉及北燕,统一了北方,同刘宋形成了南北对峙的局面。这样一来,双方的直接冲突便在所难免了。

宋文帝刘义隆谋划再次北伐,群臣"争献策以迎合取宠",彭城太守王玄谟更是极力主战,挑唆刘义隆出兵北伐。刘义隆被他说得心动了,对身边的侍臣说:"观(王)玄谟所陈,令人有封狼居胥意。"而北魏也没有闲着,元嘉二十七年(450),太武帝拓跋焘率十万大军大举南下,围攻悬瓠城。城中守军不满千人,守将陈宪督率将士力战,北魏攻了42天没有攻下,尸体堆得和城墙一样高;城中军民也死伤过半。此时刘宋的援军已赶来,北魏被迫退兵。

北魏南征失利,刘义隆决定出兵伐魏,但群臣意见不一,特别是名将沈庆之认为"我步彼骑,其势不敌",上一次北伐时,"檀道济再行无功,到彦之失利而返。今料王玄谟等,未逾两将,六军之盛,不过往时,恐重辱王师"。但刘义隆决意北伐,以王玄谟督率沈庆之等为前锋,东西并举,分路进攻。北魏故伎重演,先收缩退守,然后合力反击。拓跋焘亲自率军抵御,"众号百万,鞞鼓之声,震天动地",王玄谟惊慌失措,仓皇退兵,结果在北魏军队的追击下,损失惨重,"死者万余人,麾下散亡略尽,委弃军资器械山积"。其余各路刘宋军队虽英勇奋击,但因主力失利,被迫退兵。而北魏则趁机分兵大举南下,"所过无不残灭,城邑望风奔溃",拓跋焘一直打到了长江北岸的瓜步,并声言要渡江攻打建康。建康城内人心惶惶,全城戒严,刘义隆登石头城遥望江北,后悔莫及。

其实,拓跋焘无力也无意真的攻打建康。次年退兵北还,沿途大肆烧杀抢掠,"杀伤不可胜计,丁壮者即加斩截,婴儿贯于槊上,盘舞以为戏。所过郡县,赤地无余,春燕归,巢于林木","自是邑里萧条,元嘉之政衰矣"。而北魏自身也士马损失过半,可谓两败俱伤。

元嘉二十九年(452),拓跋焘被部下谋杀,刘义隆得知后,决定再次北伐。尽管沈庆之等极力劝阻,但刘义隆还是执意出兵。结果同前两次北伐一样,兵败而还。次年刘义隆被太子刘劭谋害,北伐也告终结。

值得一提的是,辛弃疾的《永遇乐·京口北固亭怀古》是借刘义隆北伐的往事,劝诫当时的执政者,但他的劝诫同样也没有起到作用。开禧二年(1206),身为平章军国事的韩侂胄贸然发动北伐,分路出击,结果被金兵击败,又一次重演了"仓皇北顾"的悲剧。金军乘胜分路南下,韩侂胄被迫向金求和,但遭到拒绝。次年,韩侂胄被朝中的史弥远等主和派谋杀,将他的首级送给金人求和,并增岁币为三十万,赔偿"犒师银"三百万两,金人撤兵。

04 恃才自误的文士

刘宋时期延续了魏晋以来的文学发展，文章鼎盛，诗歌繁盛，开创了一代文风。其中有两个代表人物——谢灵运和范晔。前者是著名的诗人，后者是著名的史学家，他们在各自领域的成就，都对后世产生了深远的影响。但他们两人有一个共同的特点：恃才不羁，不懂政治却偏要参与政治，结果都因卷入了朝廷的政治斗争而死于非命。

谢灵运是东晋名将谢玄之孙，承袭了康乐公的爵位。他自幼聪颖好学，博览群书，工诗善文，"文章之美，江左莫逮"，是中国文学史上山水诗派的开创者。刘裕建立宋朝后，将东晋册封的爵位都降了一级，谢灵运也由康乐公降为康乐县侯。虽然朝廷也任命他担任散骑常侍、太子左卫率等官职，但主要是看中他的文才。加上谢灵运性格偏激，常常做出一些出格的事情，因此朝廷把他当作一个文人看待，并没有赋予他实权。可谢灵运偏偏以栋梁之材自居，自认为有能力参与国家大政，因此难免有怀才不遇之感，常愤愤不平。

刘裕去世后，少帝刘义符继位，同徐羡之等顾命大臣的关系很紧张；而庐陵王刘义真也觊觎皇位，同谢灵运等一群文人打得火热，甚至私下许愿，一旦自己做了皇帝，就任命他们做宰相。徐羡之等对谢灵运很头疼，但又很忌惮，便以"构扇异同，非毁执政"的借口，将谢灵运外放为永嘉太守。

永嘉山灵水秀，风景名胜众多，应该是很对谢灵运的胃口；而将他外放永嘉，远离朝廷政治斗争的漩涡，对谢灵运来说也未必不是一件好事。但谢灵运却认为自己是被排挤出来的，所以干脆纵情于山水之间，游遍了永嘉的山山水水，留下了许多脍炙人口的诗篇，"所至辄为诗咏，以致其意焉"。其中，《登永嘉绿嶂山》中写道：

> 裹粮杖轻策，怀迟上幽室。
> 行源径转远，距陆情未毕。
> 澹潋结寒姿，团栾润霜质。
> 涧委水屡迷，林迥岩逾密。
> 眷西谓初月，顾东疑落日。
> 践夕奄昏曙，蔽翳皆周悉。
> 蛊上贵不事，履二美贞吉。
> 幽人常坦步，高尚邈难匹。
> 颐阿竟何端，寂寂寄抱一。
> 恬如既已交，缮性自此出。

谢灵运整日间游山玩水，不理政事，后来干脆不顾亲友的劝阻，称病辞去了永嘉太守的职务，与一批文人纵放娱乐。他也因此声名大振，"每有一诗至都邑，贵贱莫不竞焉，宿昔之间，士庶皆遍，远近钦慕，名动京师"。

宋文帝刘义隆即位后，诛杀了徐羡之等人，征召谢灵运入朝为秘书监，但被谢灵运拒绝。刘义隆派大臣劝说，他才勉强就

第二部 南北分治
04 恃才自误的文士

任。不久,谢灵运被提升为侍中。侍中一职在当时是朝廷要职,相当于宰相,足见刘义隆对他的重视,"日夕引见,赏遇甚厚"。由于谢灵运的诗歌和书法都独步天下,深得刘义隆的赏识,将他的诗歌文章和书法称为"二宝"。谢灵运任侍中后,也以参与朝政为己任。可刘义隆虽然给了他很高的政治待遇,但实际上还是把他当作一个侍从文人看待,同他谈诗论文,却并未真正让他参与朝政。谢灵运见状,心怀不满,干脆经常称病不上朝,整日里玩花弄草,游山玩水,"出郭游行,或一日百六七十里,经旬不归,既无表闻,又不请急"。刘义隆自然非常不满,但又不想伤他的面子,便暗示他自己主动辞职。谢灵运倒也干脆,上表称病。刘义隆便批准他请病假回乡。

谢灵运回到会稽后,同亲朋好友"以文章赏会,共为山泽之游",倒也悠闲自在。但他凭借丰厚的家产,大兴土木,惊扰地方。会稽太守孟顗向朝廷上书,指控他企图谋反。刘义隆知道谢灵运是被诬陷的,没有追究,但也没让他再回会稽,将他调任临川内史。谢灵运到任后依然放荡不羁,结果遭到弹劾。司徒派使者去逮捕他,他竟然兴兵反叛。被捕后,廷尉定他死罪。刘义隆怜惜他的文才,打算仅仅将他免官,但在大臣的坚持下,将他免死流放广州。到广州后,谢灵运再度被人控告谋反。刘义隆下令将他在广州处死。《资治通鉴》在谈到谢灵运的结局时说:"(谢)灵运恃才放逸,多所陵忽,故及于祸"。临死前,谢灵运还留下了一首绝命诗:

> 龚胜无余生,李业有终尽。
> 稽公理既迫,霍生命亦殒。
> 凄凄凌霜叶,惘惘冲风菌。
> 邂逅竟几何,修短非所悯。

《资治通鉴》中的政治谋略
（两晋—五代）

送心自觉前，斯痛久已忍。

恨我君子志，不获岩上泯。

范晔是与谢灵运同一时代的人，他同谢灵运一样，自幼聪颖好学，博览群书，写得一手好文章，而且还通晓音律。但他也同谢灵运有一样的毛病：恃才自傲，放荡不羁。彭城王刘义康的母亲王太妃去世，下葬当晚，范晔就同亲友一起饮酒作乐，大肆喧哗，结果被贬为宣城太守。范晔官场失意，干脆潜心著书，根据当时各家编著的后汉史料，整理编纂了《后汉书》这部历史名著。嫡母去世，他也是拖了好久才前去奔丧，还携带妓妾一同前往，结果被御史弹劾。好在宋文帝刘义隆欣赏他的才学，没有追究。

服丧期满后，范晔再度出仕。虽然得到刘义隆的赏识，但他依旧"薄情浅行，数犯名教，为士流所鄙。性躁竞，自谓才用不尽，常怏怏不得志。"吏部尚书何尚之对刘义隆说："范晔志趣异常，请出为广州刺史；若在内衅成，不得不加鈇钺，鈇钺亟行，非国家之美也。"可刘义隆不同意，认为"人等将谓卿不能容才"。但遗憾的是，后来事情的发展，正如何尚之所担心的那样。

彭城王刘义康长期执掌朝政，大权独揽，引起了刘义隆的猜忌，罢免了他的宰相职务，将他外放为都督江州诸军事、江州刺史。员外散骑常侍孔熙先便联络朝臣，密谋立刘义康为帝。他用计拉范晔一同参与，范晔最终被他说动了，成为主谋者之一。

就在谋反活动紧锣密鼓进行时，他们被人告发了。刘义隆得知后说，范晔"素无行检，少负瑕衅，但以才艺可施，故收其所长，频加荣爵，遂参清显。而险利之性，有过溪壑，不识恩遇，犹怀怨愤。每存容养，冀能悛革。不谓同恶相济，狂悖至此"，下令将他逮捕问罪。刘义隆当面质问他说："以卿悃有文翰，故相任擢，于例非少。亦知卿意难厌满，正是无理怨望，驱煽朋党而已，云何乃有异谋？"范晔仓促之下，还想抵赖，但在事实面前，不得不承认了，并表示"负国罪重，分甘诛戮"。

可笑的是，临刑前，范晔还在为谁先谁后、是否以官位大小为标准而纠结。母亲和妻子同他告别，他还摆出一副视死如归的样子；而当身边的妓妾同他告别时，却忍不住悲涕流连。

司马光在《资治通鉴》中，引用了南朝史学家裴子野对范晔的评论，说他"忸志而贪权，矜才以徇逆，累叶风素，一朝而殒；向之所谓智能，翻为亡身之具矣"。王夫之在《读通鉴论》中，对谢灵运和范晔作过这样的评价："谢灵运、范晔雕虫之士耳，俱思蹶然而兴，有所废立，而因之以自篡，天子若是其轻哉！"他们两人都是才华盖世，但都因恃才自傲而最终自误，不能不说是非常可惜的。

05 三朝宿将沈庆之的是是非非

在南北朝时期的名将录上,沈庆之应当占有一席之地;但如果翻开他的战绩,却似乎乏善可陈:除了在平定境内少数民族叛乱时取得一些胜利外,他那些军事上的胜利,都是在内战中取得的;而且除了宋文帝刘义隆外,他所拥戴的两任君主,都堪称昏君和暴君,并且最终沈庆之还死在了他们手里。

沈庆之虽然出道较早,但成名却很晚。他少年时从军,参加了乡里抵抗孙恩的战斗。孙恩之乱平定后,他又回乡耕作,"勤苦自立"。直到三十多岁时,因为一个偶然的机会,沈庆之开始了从军历程,并担任了禁军将领。后来,他又带兵平定了各地少数民族的叛乱,因功逐步得到提升。

元嘉二十七年(450),刘义隆第二次出兵北伐,沈庆之作为东路军前锋王玄谟的副将,在兵败的情况下,协助江夏王刘义恭坚守彭城,直到战争结束。

元嘉二十九年(452),刘义隆第三次北伐,沈庆之极力劝阻,所以刘义隆没有让他参与,而是派他带兵去征讨西阳五水一带的少数民族叛乱。次年,江州刺史、武陵王刘骏(即后来的宋

第二部　南北分治
05　三朝宿将沈庆之的是是非非

孝武帝）总领诸路兵马讨伐西阳的少数民族叛乱，沈庆之带兵与他汇合。而此时，朝中发生了重大变故。太子刘劭发动政变，谋杀了刘义隆。刘骏得知后，将这个消息告诉给了自己的部下僚佐。沈庆之对部下心腹说："东宫同恶，不过三十人，此外屈逼，必不为用；今辅顺讨逆，不忧不济也。"在这个重大问题上，沈庆之已经作出自己的决定。

刘劭派人送密信给沈庆之，要他杀掉刘骏。沈庆之接到密信后，立即求见刘骏。刘骏找借口拒绝，但沈庆之还是闯了进去，将密信给他看。刘骏误以为沈庆之要杀他，哭着哀求临死前见自己的母亲一面。这时沈庆之才对刘骏表明自己的心迹："下官受先帝厚恩，今日之事，惟力是视。"一番话说得刘骏当即下拜，并说"国家安危，皆在将军"，将军事全权委托沈庆之。而此时，镇守荆州的南谯王刘义宣和司州刺史鲁爽等各路人马也纷纷起兵响应，向建康进发。刘骏接受了诸将的劝进，于新亭称帝。不久，大军攻占建康，擒杀了刘劭。沈庆之被任命为领军将军，统领禁军，不久又出为使持节，都督南兖、豫、徐、兖四州诸军事，镇军将军，南兖州刺史，并进封南昌县公，食邑三千户。

刘骏称帝后，其残暴荒淫的面目便暴露出来了。刘义宣和江州刺史臧质在拥立刘骏称帝过程中"功皆第一"，难免居功自傲，瞧不起刘骏；而刘骏又要"自揽威权"，他们之间不可避免地发生了矛盾。刘义宣是刘骏的叔叔，但刘骏却同刘义宣的女儿们私通淫乱。刘义宣更加愤恨，在臧质的劝说下，联合了鲁爽一同起兵反叛，向建康进攻，朝野震动，内外戒严。刘骏命沈庆之督率诸军抵御鲁爽。鲁爽自恃勇力，醉酒上阵，结果被左军将军薛安都临阵斩杀。沈庆之将鲁爽的首级送到刘义宣军中，他们的士气受到极大打击，不久就相继败亡。叛乱平定后，刘骏论功行赏，进封沈庆之为镇北大将军，加授开府仪同三司，但沈庆之极力推辞，后改封为始兴郡公。

沈庆之深谙功成身退之道，不久又以年满 70 为由，上书请求致仕。刘骏极力挽留，但沈庆之的态度很坚决，"表疏数十上，又自面陈，乃至稽颡泣涕"。刘骏只得同意，让他以始兴公的身份退休，并厚加俸禄。后来刘骏又想起用沈庆之，但依然被他拒绝了。

可造化弄人，上天似乎就是不想让沈庆之安享晚年。刘骏习性不改，《资治通鉴》中称他"闺门无礼，不择亲疏、尊卑，流闻民间，无所不至"；而他的异母兄弟刘诞则为人"宽而有礼"，在两次平定叛乱的过程中又给予了他很大的支持，这反而引起了刘骏的猜忌，将刘诞外放到了江北的广陵。不久，又以刘诞企图谋反为由，派人去抓捕他。刘诞自然不愿束手就擒，发兵反抗，刘骏便命沈庆之为使持节，都督南兖、徐、兖三州诸军事，车骑大将军，开府仪同三司，南兖州刺史，率军征讨刘诞。刘诞派沈庆之的同宗沈道愍去劝降，被沈庆之拒绝。沈庆之身先士卒，亲自督率军士，攻下了广陵城。刘诞被杀后，刘骏竟下令屠城。沈庆之总算良心发现，建议五尺以下的少年免死，就这样还是杀了三千多人，女子全部被赏给军士！

沈庆之再度为刘骏立了大功。刘骏任命他为司空，被沈庆之谢绝了，但刘骏依然给了他很高的荣誉。几年后，刘骏终因贪杯去世，临终前遗诏："大事与始兴公沈庆之参决，若有军旅，悉委庆之。"

刘骏去世后，太子刘子业继位。他的残暴昏庸比起老子有过之而无不及，因此顾命大臣柳元景等密谋废黜刘子业，另立太宰刘义恭为帝，并将此事告诉沈庆之。可沈庆之却向刘子业告发了他们，结果刘义恭和柳元景等被杀，沈庆之则进为侍中、太尉。

刘子业在沈庆之的帮助下清除了那些对手后，变本加厉；而

第二部 南北分治
05 三朝宿将沈庆之的是是非非

沈庆之自认为有恩于刘子业，难免会摆出老臣的架子，对他进行劝谏，刘子业当然听不进，还对他产生了反感。吏部尚书蔡兴宗和沈庆之的侄子青州刺史沈文秀等人都建议沈庆之果断采取措施，废掉刘子业，被沈庆之拒绝了。但刘子业还是没有放过沈庆之，派他的堂侄沈攸之赐毒药让他自尽，沈庆之不肯服药，结果被沈攸之闷杀，终年80岁。刘子业对外声称沈庆之是病死的，还让他极尽哀荣。

沈庆之究竟是功在社稷，还是助纣为虐，后人有不同的评价。王夫之在《读通鉴论》中，虽然也承认"（刘）子业昏虐，柳元景首倡废立之谋，而（沈）庆之发之，蔡兴宗苦说以举事，沈文秀流涕以固请，而庆之终执不从，坐待暴君之鸩，又何懦软不断以自毙也"，但又认为"六代之臣，能自靖以不得罪于名教者，庆之一人而已"，对于他的行为予以了充分的肯定。不过后人也有不同的看法，认为沈庆之"以累朝元老，不能行伊、霍事，反害（刘）义恭及柳元景，寻亦被杀，愚忠若此，何足道焉！"孰是孰非，只能由各人自己评判了。

06
刘宋王朝是如何骨肉相残的

帝王家骨肉相残,是中国古代社会中的一个见怪不怪的现象;但像刘宋王朝这样大规模、持续性的骨肉相残,则是空前绝后的。

刘宋的开国皇帝刘裕在登基三年后去世,死后尸骨未寒,就发生了宫廷政变,继任的太子刘义符和次子庐陵王刘义真被杀,第三子刘义隆做了皇帝,是为宋文帝。刘义隆对几个弟弟还算信任,特别是彭城王刘义康,被赋予了专总内外之务的重任。但刘义康权倾朝野,加上其自身行为的不检点,引发了刘义隆的猜忌,罢免了他的宰相职务,外放为都督江州诸军事、江州刺史。这样一来,又引起了刘义康的不满。他的部属孔熙先、范晔等密谋立刘义康为帝。阴谋败露后,范晔等被杀。刘义隆看在手足情分上,只是将刘义康贬为庶人。但后来又有人打着刘义康的旗号造反,刘义隆为免除后患,还是派人将刘义康杀死了。

但让刘义隆没有想到的是,自己最终却死在了太子刘劭手里。刘劭杀父篡位,对自己的同宗亲属大开杀戒,还派沈庆之去杀掉自己的弟弟武陵王刘骏。结果沈庆之反戈一击,帮助刘骏击

第二部　南北分治
06　刘宋王朝是如何骨肉相残的

败了刘劭，夺得了皇位，是为孝武帝。刘劭和四个儿子都被杀。皇后殷氏也被赐死于监狱，临死前悲愤地说："汝家骨肉相残，何以枉杀天下无罪人！"

刘骏刚即位，就对自己的亲人开刀了。刘骏能够登上大位，同他的两个叔叔江夏王刘义恭和南谯王（后改封南郡王）刘义宣的支持是分不开的。特别是刘义宣，长期镇守荆州，财富兵强，在拥立刘骏的过程中功居第一。而刘骏却同刘义宣的女儿们乱伦私通，令刘义宣非常愤恨。在臧质的劝说下，刘义宣联合了鲁爽一同起兵反叛，向建康进攻，结果兵败被俘，刘义宣和16个儿子一同被杀。不久，刘骏以企图谋反为由，下令逮捕已外放到江北广陵的弟弟刘诞。刘诞不愿束手就擒，被迫起兵反抗，被老将沈庆之带兵擒杀。刘骏听说后，命左右高呼万岁。侍中蔡兴宗没有喊，刘骏质问他。蔡兴宗回答说："陛下今日正应涕泣行诛，岂得皆称万岁！"意思很清楚：骨肉相残，乃天理人伦之巨变，不是值得高兴的事情。刘骏听了非常不高兴，但也无可奈何。此外，刘骏的弟弟刘铄、刘浑、刘休茂等，也先后被杀或被逼自杀。

刘骏做了十年皇帝，35岁时去世，16岁的太子刘子业继位。他性格暴戾乖张，滥杀大臣，引起了顾命大臣柳元景等人的不满。他们密谋废黜刘子业，另立太宰江夏王刘义恭为帝，结果被沈庆之告发。刘子业将刘义恭和他的四个儿子全部杀掉，并"断绝（刘）义恭肢体，分裂肠胃，挑取眼睛，以蜜渍之，谓之鬼目粽"。这样，除了宋文帝刘义隆这一支外，宋武帝刘裕的儿子都被杀光了。

接着，刘子业又将自己的弟弟新安王刘子鸾和南海王刘子师杀掉，并将他的几个叔父都囚禁起来，"殴捶陵曳，无复人理"。湘东王刘彧、建安王刘休仁、山阳王刘休祐都长得很胖，刘子业把他们关在竹笼里,把各种食料搅在一起放在木槽里给他们吃,并掘地为坑,强迫刘彧脱光衣服趴在坑里以取笑。不仅如此,刘子业还时刻想把他们杀掉。

由于刘义隆和刘骏都排行老三,而他们又都做了皇帝,因此刘子业对三弟江州刺史晋安王刘子勋很不放心,派人去杀他。刘子勋得知后,起兵反抗。此时,宫中的卫士发动政变,杀死了刘子业,拥立湘东王刘彧为帝,是为宋明帝。刘彧做了皇帝,首先就拿刘子业的同母弟豫章王刘子尚开刀,接着又同刘子勋刀兵相见。刘子勋兵败被杀,他的弟弟刘子绥、刘子项、刘子房、刘子元等也都被杀死。

刘彧除掉刘子勋等人后,认为已经天下太平,对孝武帝刘骏的其他儿子们还不错。但他的弟弟刘休仁却认为这些人迟早是祸害,要刘彧早作打算。结果刘彧听从了他的劝告,将刘骏尚健在的儿子们全部杀掉。至此,刘骏的 28 个儿子全部被杀死了。

刘彧杀光了刘骏的儿子后,又拿自己的弟弟们开刀了。刘彧在受难期间,曾得到弟弟刘休仁的帮助才免于一死;刘子业被杀后,刘休仁是第一个把刘彧推上皇位的;刘彧在同刘子勋争夺帝位的过程中,也是得到刘休仁等人的帮助,才最终得以战胜刘子勋。刘休仁也被任命为司徒、尚书令、扬州刺史,官居宰相之职,"任总百揆,亲寄甚隆"。但随着刘休仁威望的不断提升,刘彧对他的猜忌也不断加深。刘彧自己没有生育能力,便悄悄将怀孕的诸王姬妾纳入自己宫中,一旦生了儿子就将母亲杀掉,然后说是自己的儿子。当他病重时,担心太子幼弱,更是"深忌诸弟",先后将晋平王刘休祐、巴陵王刘休若和刘休仁都除掉了,只有桂阳王刘休范因为"人才凡劣,不为上所忌",才幸免于难。

不久,刘彧去世。年仅 10 岁的太子刘昱继位,便立即与叔叔刘休范刀兵相见,最终刘休范兵败被杀。此时,宋文帝刘义隆

第二部　南北分治
06　刘宋王朝是如何骨肉相残的

的儿子都被杀光了，孙子辈的以刘景素最年长，且性格温和，又好文学，素有美誉。但他也被诬告谋反，还是没有逃脱被杀的命运。

就在刘宋王朝家自相残杀之际，权臣萧道成逐渐集聚势力。他早就看准了这个机会，对亲信说："骨肉相残，自非灵长之祚，祸难将兴，方与卿等戮力耳。"刘昱被臣下杀害后，萧道成立刘昱的弟弟刘准（事实上是桂阳王刘休范的儿子）为帝，是为宋顺帝，并掌控了朝廷大权，最后以"禅让"的方式夺取了政权，建立了齐朝。宋顺帝刘准在被逼禅让出宫时流泪感叹："愿后身世世勿复生天王家！"而那些残存的刘宋宗室，则被萧道成一网打尽，"无少长皆死"。

后世史家们在总结刘宋王朝覆亡的原因时，都认为骨肉相残是主要原因之一。《资治通鉴》注文中也写道："萧齐易姓，刘氏歼焉；骨肉相残，祸至此极。有国有家者，其鉴于兹！"

07
崔浩：
因编史而招祸的一代能臣

中国历史上因文字狱而罹难的人数不胜数，但北魏的崔浩可谓特殊的一个。

崔浩出身于豪门士族，历仕北魏道武、明元、太武三帝，对于北魏统一北方做出了重要贡献，但最终却因为国史案而被杀。他不仅是中国历史上所有文字狱的罹难者中官位最高的一个，也是第一个因编史而被满门抄斩的。当然，这背后还有着复杂的深层原因，不免令后人欷歔感叹。

崔浩自幼好学，博览群书，"百家之言，无不关综；研精义理，时人莫及"。道武帝拓跋珪因他工于书法，经常让他跟随左右。明元帝拓跋嗣继位后，命崔浩为博士祭酒。崔浩的官位虽然不高，但深受拓跋嗣的信任，"恒与军国大谋，甚为宠密"；而崔浩往往也能料事如神。东晋义熙十二年（416），刘裕率军北伐后秦，向北魏借道。北魏群臣都不同意，认为应当发兵阻止，唯独崔浩认为应当借道给刘裕，让其入关灭秦，然后阻其归路，这样可以一举两得。但拓跋嗣最终还是听取了多数大臣的意见，派兵

第二部　南北分治
07　崔浩：因编史而招祸的一代能臣

阻止刘裕，结果被刘裕击败，损失惨重。拓跋嗣得知后，后悔没有听取崔浩的建议。

刘裕攻占关中，灭后秦。拓跋嗣又打算派兵抄刘裕的后路。但崔浩对他说：北魏兵员虽众，但将领没有韩信、白起的才干，不是刘裕的对手，而"（刘）裕克秦而归，必篡其主。关中华夏杂错，风俗劲悍，裕欲以荆、扬之化施之函、秦，此无异解衣包火，张罗捕虎，虽留兵守之，人情未洽，趋尚不同，适足为寇敌之资耳。愿陛下按兵息民以观其变，秦地终为国家（北魏）所有，可坐而守也。"后来局势的发展也如崔浩所料。

拓跋嗣对崔浩非常信任，而崔浩又往往力排众议，难免引起其他大臣的不满。拓跋嗣去世后，太武帝拓跋焘继位，左右大臣趁机诋毁、排挤崔浩。拓跋焘虽然知道崔浩的才能，但不便违背众议，只得罢免了崔浩，让他以公爵的身份归家闲居；朝廷有疑难问题，随时召问。不久又任命他为太常卿。在攻打夏国、柔然和北凉等问题上，拓跋焘也都是听取了崔浩的建议而取得胜利。因此，崔浩也被加封为侍中、特进、抚军大将军、左光禄大夫，后又官拜司徒。拓跋焘对崔浩说："卿才智渊博，事朕祖考，忠著三世，朕故延卿自近。其思尽规谏，匡予弼予，勿有隐怀。朕虽当时迁怒，若或不用，久久可不深思卿言也。"拓跋焘指着崔浩对归降的高车酋长们说："汝曹视此人，尫纤懦弱，手不能弯弓持矛，其胸中所怀，乃逾于甲兵。"拓跋焘还对尚书诸曹的官员说："凡军国大计卿等所不能决，皆先咨（崔）浩，然后施行。"

崔浩作为宰辅之臣，虽然深受拓跋氏的信任和倚重，但他推行的一些措施，不可避免地引发了与朝臣尤其是鲜卑贵族的矛盾。他按照魏晋以来九品中正的做法，"大整流品，明辨姓族"，中书博士卢玄劝他说："夫创制立事，各有其时；乐为此者，讵有几人？宜加三思。"但崔浩固执己见，结果得罪了一大批人。

更有甚者,他"自恃才略及魏主之宠任,专制朝权",曾经一下子将数十人直接提拔为郡守等职,而监国的太子拓跋晃认为不妥,应当从郎吏等做起,另外选拔那些有从政经验的人担任郡守。可崔浩还是固执己见。中书侍郎高允得知后,私底下对部下说:"崔公其不免乎!苟遂其非而校胜于上,将何以堪!"果然,不久之后,崔浩就因编国书事件而招来杀身之祸。

道武帝拓跋珪曾命尚书郎邓渊著《国记》十余卷,但并未完成。明元帝拓跋嗣继位后,这本书也没有继续编写下去。到了拓跋焘继位后,于北魏神䴥二年(429)重新召集文人编纂魏国史书,崔浩及其弟等参与其中,编成《国书》三十卷。后又命崔浩以司徒监秘书事,中书侍郎高允、散骑侍郎张伟参著作事,共同主持,续修国史,并特别叮嘱他们,要"务从实录"。史书编写完成后,参与编写的著作令史闵湛、郗标为了讨好崔浩,建议把《国书》刊刻在石上。高允听说后,对著作郎宗钦说:"(闵)湛、(郗)标所营,分寸之间,恐为崔门万世之祸,吾徒亦无噍类矣!"但崔浩还是听从了闵湛、郗标的建议,将《国书》刻在石上,立于郊坛附近,碑林方圆百步。由于其中记述北魏历史非常翔实,又放在通衢大道边,来往行人看到后指点评论。拓跋氏的族人很气愤,便纷纷向拓跋焘说崔浩的坏话,说他这么做是"暴扬国恶"。拓跋焘一怒之下,将崔浩投入了大牢。高允向拓跋焘坦承:《国书》是他同崔浩共同主持编纂的,但"(崔)浩所领事多,总裁而已;至于著述,臣多于浩",愿意承担主要责任。拓跋焘见高允敢做敢当,免除了他的罪责,而下令将崔氏及与崔浩同宗者,以及崔浩的姻亲范阳卢氏、太原郭氏、河东柳氏等,勿论远近,都被连坐灭族。崔浩被关在囚车内押赴刑场行刑途中,"卫士数十人溲(撒尿)其上,呼声嗷嗷,闻于行路。自宰司之被戮辱,未有如(崔)浩者"。不久拓跋焘就后悔了,说"崔司徒

第二部 南北分治
07 崔浩：因编史而招祸的一代能臣

可惜"，但已铸成大错。

崔浩被杀的背后，有着复杂的原因，但因编史而遭此惨祸，可是空前的。王夫之在《读通鉴论》中认为："（崔）浩以不周身之智，为索虏用，乃欲伸直笔于狼子野心之廷，以速其死，其愚固矣。然浩死而后世之史益秽，则浩存直笔于天壤，亦未可没也。"

08 五朝元老高允的跌宕人生

在中国古代官场上,北魏的高允可以说是非常奇特的一位。他大器晚成,四十多岁才出道,"历事五帝,出入三省,五十余年",曾经经历了《国史》案的风波而有惊无险,最终以 98 岁高龄去世。"虽处贵重,志同贫素",史家对他的评价是"蹈危祸之机,抗雷电之气,处死夷然,忘身济物","有魏以来,斯人而已"。

高允自幼好学,曾担任过功曹等郡中小吏。北魏神䴥三年(430),太武帝拓跋焘的舅舅阳平王杜超任征南大将军,镇守邺城,任命高允为从事中郎,这时高允已经是四十多岁的中年人了。当时各地监狱中未决的囚犯众多,而春天又要到了(古代对犯人行刑都在秋冬时节),杜超上表推荐高允和中郎吕熙等人分赴辖下各州审理积案。结果吕熙等人因趁机贪赃枉法而被治罪,唯有高允因清廉公正而得到嘉赏。次年,高允又被征召为中书博士,迁任中书侍郎,并担任骠骑大将军、乐平王拓跋丕的参军;凉州平定后,因参谋之功,高允被赐予汶阳子爵位,加授建武将军;后又奉命教授太子拓跋晃经书,并参与了律令的修订,深受

第二部　南北分治
08　五朝元老高允的跌宕人生

太武帝拓跋焘的赏识。

就在高允仕途一帆风顺之时，却卷入了一桩惊天大案之中。崔浩奉命续修国史，高允以本官领著作郎，参与其事。北魏太平真君十一年（450），史书编写完成，参与编写的著作令史闵湛、郗标为了讨好崔浩，建议把《国书》刊刻在石上。高允听说后，对著作郎宗钦说：" （闵）湛、（郗）标所营，分寸之间，恐为崔门万世之祸，吾徒亦无噍类矣！"但崔浩还是听从了闵湛、郗标的建议，将《国书》刻在石上，立于郊坛附近，碑林方圆百步。由于其中记述北魏历史非常翔实，又放在通衢大道边，来往行人看到后指点评论。拓跋氏的族人很气愤，便纷纷向拓跋焘投诉，说崔浩这么做是"暴扬国恶"。拓跋焘一怒之下，将崔浩投入了大牢。

太子拓跋晃得知后，为了保护高允，当晚让他留宿自己宫中，第二天陪他一起去见拓跋焘。入宫后，拓跋晃先去见拓跋焘，对他说："中书侍郎高允自在臣宫，同处累年，小心密慎，臣所委悉。虽与（崔）浩同事，然允贱微，制由于浩，请赦其命。"拓跋晃把责任都推给了崔浩，想以此来挽救高允。拓跋焘听后，便召见高允，当面问他说："《国书》皆崔浩作不？"高允老实回答说："太祖纪，前著作郎邓渊所撰；先帝纪及今纪，臣与浩同作；然浩综务处多，总裁而已。至于注疏，臣多于浩。"拓跋焘一听，勃然大怒，说："此甚于浩，安有生路！"拓跋晃赶紧打圆场，说："天威严重，允是小臣，迷乱失次耳。臣向备问，皆云浩作。"拓跋焘再次问高允说："如东宫言不？"可让人没想到的是，高允还是老实回答说："臣以不才，谬参著作，犯逆天威，罪应灭族，今分已死，不敢虚妄。殿下以臣侍讲日久，哀臣乞命耳。实不问臣，臣无此言。臣以实对，不敢迷乱。"拓跋焘见高允如此耿直诚实，不禁对拓跋晃感慨道："直哉！此亦人情所难,而能临死不移,不亦难乎!且对君以实,贞臣也。如此言,宁失一有罪,宜宥之。"

拓跋焘不仅赦免了高允,还让他负责草拟处理崔浩等人的诏书,下令将崔浩等128人全部"夷五族"。但高允认为不妥,迟迟未拟诏书。拓跋焘派人去催,高允要求见拓跋焘一面,对他说:"(崔)浩之所坐,若更有余衅,非臣敢知;直以触犯,罪不至死。"拓跋焘大怒,下令将高允抓起来。太子拓跋晃再次求情,拓跋焘无奈地说:"无斯人(指高允),当有数千口死矣!"最终只有崔浩被夷五族,其他人只是将其本人处死,并未牵连家族。

事后,拓跋晃责备高允太过耿直,差点送了小命。高允说:"崔浩辜负圣恩,以私欲没其廉洁,爱憎蔽其公直,此浩之责也。至于书朝廷起居,言国家得失,此为史之大体,未为多违。臣与浩实同其事,死生荣辱,义无独殊。诚荷殿下再造之慈,违心苟免,非臣所愿也。"

拓跋焘让太子拓跋晃监国,但拓跋晃没有等到继位,就在对朝廷的忧虑中去世。之后不久,拓跋焘被自己所宠信的中常侍宗爱谋杀。北魏大臣诛杀宗爱,立拓跋晃的长子拓跋濬为帝,是为文成帝,高允也参与其事。论功行赏时,其他人都受到重赏,但并没有轮到高允;而高允也终生闭口不谈此事。不过他依然不改老毛病,看到朝廷决策有不妥之处,就直接求见,且直言进谏。好在拓跋濬对他很尊重,"常屏左右以待之,礼敬甚重"。有时高允把话说得很重,拓跋濬听不下去,但也只是让左右把他扶出去,并不怪罪。拓跋濬曾对大臣们说:"至如高允者,真重臣矣。朕有是非,常正言面论,至朕所不乐闻者,皆侃侃言说,无所避就。"

当年同高允一起被征召为中书博士的人都已身居高位,高允原来的属下官至刺史等二千石大官的也有数十百人,而高允二十

第二部 南北分治
08 五朝元老高允的跌宕人生

多年后还是一个著作郎。拓跋濬对群臣说"(高)允执笔佐我国家数十年,为益不小,不过为郎,汝等不自愧乎!"下令任命高允为中书令,并尊称他为"令公"。当他听说高允"虽蒙宠待,而家贫布衣,妻子不立时",勃然大怒,责问大臣为何不早说,并亲自去高允家,只见家中"惟草屋数间,布被缊袍,厨中盐菜而已",不禁叹息道:"古人之清贫岂有此乎!"

拓跋濬英年早逝,他的儿子拓跋弘继位时只有12岁,是为献文帝。车骑大将军乙浑专权,冯太后诛杀了乙浑,垂帘听政,并任命高允为宰相。高允以元老身份,对稳定朝政起到了重要作用。高允虽身居高位,但并不恋栈权位,尽心尽职。拓跋弘做了几年皇帝后,又将皇位传给了年仅5岁的儿子拓跋宏,是为孝文帝,自己则当上了太上皇,但由于同冯太后之间发生了矛盾冲突,结果被冯太后毒死,年仅23岁。拓跋弘死后,冯太后再次垂帘听政。此时,高允已是九十多岁高龄了。他再次请求告老还乡,朝廷已经同意了,但又征召他为镇军大将军、中书监,并特许他"乘车入殿,朝贺不拜"。

高允在晚年做的一件重要的事,就是于北魏太和元年(479)主持了《太和律》的制定,这部法典后经数次修订,至太和十五年(491)定型,不仅是北魏最为重要的一部法典,而且对隋唐法律产生了重要影响,奠定了中华法系的基础。

太和十一年(487),高允去世,享年98岁。

09 两度临朝称制的冯太后

中国历史上,以太后身份临朝称制的为数不少,但北魏的冯太后,却是两度临朝称制。

冯太后虽然也算是出身豪门,但早年的经历却十分坎坷。冯氏是北燕皇族的后代,祖父冯弘是北燕的末代皇帝,父亲冯朗投降了北魏,任秦、雍二州刺史,后因事被杀,冯氏也连坐被没入太武帝拓跋焘掖庭,充为奴婢。北魏正平二年(452),冯氏被文成帝拓跋濬看中,选为贵人;北魏太安二年(456)正式册封为皇后。

北魏和平六年(465),拓跋濬去世,年仅12岁的献文帝拓跋弘继位,冯氏被尊为皇太后。当时,北魏的政权操控在侍中、车骑大将军乙浑手中,他独断专行,诛杀了多位王公大臣,并自封为丞相,位居诸侯王之上,"事无大小,皆决于(乙)浑"。面对危局,冯太后冷静应对,她联络了侍中拓跋丕等大臣,定计诛杀了乙浑,并垂帘听政,任用高允等共掌朝政,稳定了政局。此时她年仅25岁。

冯太后在临朝称制一年多之后,将朝政还给拓跋弘,自己则

第二部　南北分治
09　两度临朝称制的冯太后

精心抚养拓跋弘的儿子拓跋宏。拓跋弘亲政后，"勤于为治，赏罚严明，拔清节，黜贪汙"，北魏政局气象为之一新。但冯太后青春年少，难耐后宫的寂寞冷清，不免红杏出墙，经常让一些年轻美貌的男子入后宫做伴。秽声外传，自然有人说闲话。拓跋弘听到后当然不乐，但也不便立即发作，只是暗中寻找机会。

北魏南部尚书李敷和仪曹尚书李䜣"少相亲善"，以才能被拓跋濬和拓跋弘宠任，参与机密。北魏皇兴四年（470），李䜣出任相州刺史时，因收受贿赂被人告发，李敷还替他掩盖罪行。拓跋弘得知后，下令将李䜣逮捕审讯，依法应当处死。而李敷的弟弟李奕是冯太后的情人，深得冯太后的宠幸。负责审讯此案的官员便暗示李䜣举报李敷和李奕兄弟，可以免罪。开始李䜣还觉得自己与李敷"世族虽远，恩逾同生，今在事劝吾为此，吾情所未忍"，但最终还是屈服了。正好赵郡范标也举报李敷兄弟罪状三十余条，拓跋弘借机将李敷、李奕兄弟处死，而李䜣则被减罪处理，不久又被任命为太仓尚书、摄南部事。冯太后眼看情人被处死而不能相救，只得怀恨在心。

冯太后同拓跋弘的矛盾不断激化，拓跋弘被迫于次年将皇位禅让给年仅5岁的儿子拓跋宏，自己当上了太上皇。这一年，他只有18岁。但冯太后对他的怨恨并没有因此而终止。五年后的北魏承明元年（476），冯太后将拓跋弘毒死，自己被尊为太皇太后，再度临朝称制。此时，冯太后已当壮年，政治经验更加丰富。《资治通鉴》中称其"性聪察，知书计，晓政事"，但"猜忍多权术"。朝廷"事无大小，皆仰成于太后。太后往往专决，不复关白于帝"。她网罗、提拔了一批亲信，"皆依势用事"；当然，其中也包括她的情人。如王叡因得到冯太后的宠幸，被破格提拔为侍中、吏部尚书，还被封为太原公；秘书令李冲"虽以才进，亦由私宠，赏赐皆不可胜计"。她甚至连敌国的使者也不放过。

南齐的骁骑将军刘缵多次出使北魏，被冯太后看中，也发展成为自己的情人。冯太后自知私德有亏，将所有对此有所议论的人都予以处死。为了防止自己宠幸的这些人胡作非为，她也有一套对付的办法："所宠幸左右，苟有小过，必加笞棰，或至百余；而无宿憾，寻复待之如初，或因此更富贵。故左右虽被罚，终无离心。"

当然，对于那些政敌，她也毫不手软。李訢举报李敷兄弟，害得她的情人因此丧命。李訢此时已官拜侍中、镇南大将军、开府仪同三司、徐州刺史，被诬告谋叛。冯太后下令将其处死，替她的情人李奕报了仇。拓跋弘的夫人李氏是拓跋宏的生母，按照北魏"立子杀母"的陋规，在拓跋宏被立为太子后被赐死，但李氏的父亲李惠官拜南郡王、青州刺史，也被诬以"谋叛"的罪名，全家被杀；因冯太后"猜嫌覆没者十余家，死者数百人，率多枉滥，天下冤之"。

冯太后虽然性情刚毅残忍，私生活淫乱不堪，但在治国理政方面，却体现了很高的才能。她信任并重用高允等大臣，推行了一系列的改革措施。其中最为重要的，一是实行"均田制"。北魏太和九年（485），冯太后在大臣李安世的建议下，颁布了"均田令"，"均给天下之田"，将无主荒田按人口分授给农民，种粟谷的露田不准买卖，年老或身死后交还给国家；种植桑树的桑田可以传给子孙，多余的也可以买卖；供居住的宅田也属世业，可以继承。均田制的实行，使失去了土地的农民重新回到土地之上，增加了国家控制的劳动人口和征税对象，提高了农民的生产积极性。这一制度也为后世所沿袭，对隋唐的土地制度产生了重要影响。

二是实行官员的俸禄制。北魏自拓跋珪开国以来，沿袭了游牧民族的习俗，各级官吏皆无俸禄，官吏基本上是靠贪污、掠夺和皇帝随意性的赏赐来获取财富、维持生计。而像高允这样的清官虽然官拜中书令,位居宰相之职,但平日里也只能"使诸子樵采以自给"来维持生计。文成帝拓跋濬听说后,亲自去高允家查看,见他家中"惟草屋数间,布被缊袍,厨中盐菜而已"。拓跋濬虽然感慨"古人之清贫岂有此乎",但也仅仅赏赐他帛五百匹、粟千斛而已,并没有解决官吏的俸禄问题。直到北魏太和八年(484)下诏,正式恢复官员的俸禄制度:"户增调帛三匹,谷二斛九斗,以为官司之禄";实行俸禄制后,官员贪赃满一匹的即处以死刑。

冯太后所推行的一系列改革措施,加快了北魏"汉化"的过程,奠定了后来孝文帝拓跋宏改革的基础,她也因此成为中国历史上著名的女性政治家。

10
冯氏一门两皇后的恩怨情仇

　　北魏孝文帝拓跋宏自幼在冯太后的抚育下长大成人，对冯太后十分孝敬；而冯太后临朝称制后，自然也没有忘记娘家人。她任命自己的哥哥冯熙为侍中、太师、中书监、领秘书事。但冯熙认为自己以外戚身份而登高位，"心不自安，乞转外任"，于是改任都督、洛州刺史，保留侍中、太师的头衔；同时，又让冯熙的两个女儿入宫，一个为昭仪，另一个为皇后（史称"幽皇后"）。昭仪早逝，而幽皇后则"有姿媚"，深得拓跋宏的宠幸。冯氏家族也因此"贵宠冠群臣，赏赐累巨万"。不久，幽皇后得了病，被她的姑妈冯太后送回家，出家为尼。一年后，也即北魏太和十四年（490），冯太后去世，拓跋宏为她服丧期满后，又册立冯熙的另一个女儿、幽皇后同父异母的妹妹为皇后（史称"废皇后"）。

　　拓跋宏虽然册立了新皇后，但他对幽皇后却未能忘情，不时打听她的情况。当他听说幽皇后的病已经痊愈，便派太监拿着他的亲笔信，把幽皇后接回了洛阳，"及至，宠爱过初，事寝当夕，宫人希复进见"。但由于皇后位置已经是她妹妹的了，所以只能

第二部 南北分治
10 冯氏一门两皇后的恩怨情仇

让她屈居左昭仪。

拓跋宏与幽皇后旧情复燃,难免冷落新皇后;而幽皇后仗着自己年长,又先入宫,更是得到了皇帝的宠爱,当然不把妹妹放在眼里,"轻后而不率妾礼"。新皇后虽然性格温顺,不善妒忌,但见她如此无礼,难免有怨恨之色。幽皇后则趁机给拓跋宏吹枕头风,说新皇后的坏话,"潛构百端"。拓跋宏经不起她的挑唆,将皇后废掉。

幽皇后依靠手段重新登上皇后的宝座,专宠后宫,按理说应该知足了。但她之前因病出家时,就耐不住寂寞,偷偷与人私通,"颇有失德之闻",重新当上皇后之后,依然秉性难改。拓跋宏连年南征,幽皇后独守空房,寂寞难耐,竟然与假冒太监的高菩萨私通。北魏太和二十二年(498),拓跋宏在南征途中病重。幽皇后得知后,更加肆无忌惮。拓跋宏的妹妹彭城公主寡居,幽皇后强迫将她嫁给自己的弟弟冯夙。彭城公主不愿意,便秘密与仆人一同赶到前线,向拓跋宏告发幽皇后种种令人不齿的行为。拓跋宏得知后极为震惊,不敢相信,故秘而不宣。

而幽皇后听说后,担心奸情败露,竟然同自己的母亲常氏一起求托女巫,"祷厌无所不至,愿高祖(拓跋宏)疾不起",并向女巫承诺,一旦拓跋宏真的死了,自己能够像冯太后那样临朝称制,将会对她给予重赏;还"取三牲宫中妖祠,假言祈福,专为左道",企图用这些旁门左道的手段咒死拓跋宏。幽皇后还收买了身边的太监,防止走漏消息。但小太监苏兴寿还是向拓跋宏告发了。拓跋宏回到洛阳,下令逮捕了高菩萨等人进行审讯,他们都如实招供。

拓跋宏掌握了确凿的证据后,叫来自己的弟弟彭城王拓跋勰、北海王拓跋详一同讯问幽皇后,并对他们说:"昔为汝嫂,今是路人,但入勿避。"拓跋宏看在冯太后的面上,不愿公开废掉她的皇后名分，希望她能够自尽以遮丑。可幽皇后并不愿意。拓跋宏气不过，把她母亲常氏叫来教训她，并将她打入冷宫，但其他嫔妃依然以皇后礼对她以礼相待。

就在拓跋宏回洛阳处理幽皇后之事时，南齐大将陈显达率军北伐，拓跋宏派前将军元英领兵抵御，被陈显达击败。拓跋宏被迫领兵亲征。陈显达大败，士卒死亡三万余人。而此时，拓跋宏也已病危。临终前，他对拓跋勰说："后宫久乖阴德，自绝于天。若不早为之所，恐成汉末故事。吾死之后，可赐自尽别宫，葬以后礼，庶掩冯门之大过。"

拓跋宏去世后，拓跋勰等按照拓跋宏的遗诏，将幽皇后赐死。长秋卿白整等人奉命给幽皇后服毒药，但幽皇后坚决不肯服药，边走边喊："官（拓跋宏）岂有此也，是诸王辈杀我耳！"结果被白整等强行将毒药灌下去，将她毒死，然后以皇后的礼仪安葬，谥号幽皇后。咸阳王拓跋禧等人得知后，说："若无遗诏，我兄弟亦当作计去之，岂可令失行妇人宰制天下，杀我辈也。"

11 北魏是如何由盛而衰的

北魏孝文帝拓跋宏（元宏）去世后，太子元恪继位，是为宣武帝。当时，南朝正是齐东昏侯萧宝卷执政时期，元恪利用萧宝卷的残暴荒淫所导致的南齐政局不稳之机，大举南伐，攻占了南朝的大片土地，疆域向南方大大拓展。而正当国势盛极一时之际，北魏朝廷内部的贪腐现象也越来越严重，特别是外戚高肇专权，激化了朝廷内部的矛盾。此正所谓盛极而衰，北魏开始走向衰亡。而在此过程中，灵太后胡氏起到了很重要的作用。

胡氏原是元恪的妃子，在宫中的地位并不高，但她"性聪悟，多才艺"，深受元恪的宠爱。北魏为了防止幼主继位后母后专权，实行"立其子，杀其母"的做法。北魏道武帝拓跋珪决定立长子拓跋嗣为太子时，对他说："汉武帝杀钩弋夫人，以防母后豫政，外家为乱也。"所以，拓跋珪下令杀死了他的母亲刘贵人。此后，这就作为一项制度确立下来：只要成为太子，他的母亲就必须被处死。元恪的皇后高氏"性妒忌，宫人希得进御"，即便生下孩子来，也活不长久，因而"频丧皇子"；而胡氏却决定替元恪生一个儿子。当她怀孕后，周围的人都劝她堕胎，但她坚持要把孩子生下来，并发誓说：如果真的生了一个儿子，有幸能成为太子，"男生身死，所不憾也"。后来胡氏果真生下了一个儿子，也就是后来的孝明帝元诩，胡氏也进封为充华贵嫔。北魏永平五年（512），元诩被立为太子，按规矩胡氏应当被赐死，但元恪看在与她的情分上，力排众议，断然废止了"子立母死"这一野蛮的制度。

北魏延昌四年（515），元恪去世，太子元诩继位，高太后打算趁机杀掉胡氏。但在太监刘腾和侍中崔光、领军将军于忠、中庶子侯刚等人的保护下，胡氏幸免于难。不久，于忠等人除掉了执掌朝政的外戚高肇，胡氏被尊为皇太后，临朝听政。胡太后重用了刘腾、于忠和侯刚等人，同时提拔了自己的妹夫元叉。胡太后虽然精明强干，但刘腾等人恃宠弄权。胡太后看在他们有恩于己的份上予以宽容，但时间一长，他们之间的矛盾还是暴露了出来。

胡太后正当青春，难免后宫寂寞。他的小叔子清河王元怿身材魁梧，容貌秀美，风度神韵，被胡太后看中。胡太后逼迫他与自己私通，并任命他为辅政大臣，将朝政都托付给他处理。元怿"素有才能，辅政多所匡益，好文学，礼敬士人，时望甚重"，特别是对元叉和刘腾等人"恃宠骄恣"的不法行为每每"裁之以法"，这样便不可避免地招致元叉和刘腾等人的怨恨。北魏正光元年（520），元叉与刘腾发动政变，以谋反的罪名杀死了元怿，并幽禁了胡太后，"宫门昼夜长闭，内外断绝，（刘）腾自执管钥，帝亦不得省见"。元叉和刘腾掌控了朝廷大权，"政无巨细，咸决于二人"。元叉"嗜酒好色，贪吝宝贿，与夺任情，纪纲坏乱"，乃至于"郡县小吏亦不得公选，牧、守、令、长率皆贪污之人，由是百姓困穷，人人思乱"，激发了北方六镇的反叛。

北魏正光四年（523），刘腾去世，元叉失去了一个同盟者，

第二部　南北分治
11　北魏是如何由盛而衰的

对胡太后的防卫也渐渐松弛。胡太后抓住这个机会，于北魏正光六年（525）联合丞相高阳王元雍解除了元叉的兵权，再度临朝摄政，将元叉赐死，并掘了刘腾的坟墓，"露散其骨，籍没家赀，尽杀其养子"。

胡太后再度执掌朝政后，更加荒淫放纵，"颇事装饰，数出游幸"。他父亲司徒胡国珍的参军郑俨原来就同她有私情，现在干脆被任命为中书舍人、领尚食典御，以此名义昼夜陪伴胡太后。遇到"休沐"（即放假）回家的日子，胡太后也要派太监跟着。郑俨见到自己的妻子，也"唯得言家事而已"。中书舍人徐纥也通过郑俨攀上了胡太后，两人"共相表里，势倾内外，号为徐、郑"。此外，中书舍人李神轨也被胡太后信任而成为她的情人。而在胡太后所有的情人里，她最为中意的大概就是杨华了。杨华又名杨白华，是北魏名将杨大眼之子，他"少有勇力，容貌雄伟"，被胡太后看中，逼迫他与自己私通。后来杨华惧怕事情败露引祸上身，率部曲投奔了南梁。但胡太后对他思念不已，写下了著名的《杨白华歌辞》：

阳春二三月，杨柳齐作花。
春风一夜入闺闼，杨花飘荡落南家。
含情出户脚无力，拾得杨花泪沾臆。
秋来春还双燕子，愿衔杨花入窠里。

如果胡太后仅仅是私生活不检点倒也罢了，关键是她重掌朝政之后，"嬖倖用事，政事纵弛，恩威不立，盗贼蜂起，封疆日蹙"。为了控制元诩，不让他知道自己那些不检点的行为，把他的亲信都调开。这样一来，母子之间的隔阂也越来越深了。

此时，车骑将军尔朱荣在镇压六镇反叛的过程中势力不断壮大，元诩既痛恨郑俨、徐纥等专权，又慑于胡太后的威势，于是便密令尔朱荣带兵进京，想以此来逼迫胡太后交出权力。而郑俨和徐纥得知后，竟然与胡太后密谋，毒死了元诩，另立了3岁的元钊为帝。尔朱荣得知后，趁机打起"剪除奸佞，更立长君"的旗号，立元子攸为帝，是为孝庄帝。北魏武泰元年（528），尔朱荣带兵攻进了洛阳，胡太后见大势已去，自行削发为尼，但尔朱荣并没有放过她，将她同小皇帝元钊一起沉入黄河淹死。接着，又在河阴的陶渚（今孟津县东）将北魏的王公大臣二千余人全部杀死，这就是历史上著名的"河阴之变"。不久，北魏就分裂为东魏和西魏，之后东魏被北齐取代，西魏则被后周取代。

12 开国功臣何以背负骂名

在帮助萧道成建立萧齐王朝的开国功臣中,褚渊可以当仁不让地名列前茅。正是由于褚渊在政治上的支持,使得萧道成能够名正言顺取代刘宋称帝。也正因为如此,萧道成称帝后,给了褚渊很高的官位和荣誉。但舆论对他却似乎并不买账,正如《南齐书》中所说:"世之非责(褚)渊者众矣。"其主要原因,就是在萧道成代宋建齐的过程中,褚渊身为顾命大臣,却失节于宋。因此,无论生前还是身后,褚渊都备受世人的讥讽。王夫之在《读通鉴论》中直言:"魏、晋以降,臣节隳,士行丧,拥新君以戕旧君,且比肩而夕北面,居之不疑,而天下亦相与安之也久矣。独至于褚渊而人皆贱之。"

可以说,褚渊在个人才能与私德方面,几乎是无可挑剔的。褚渊"少有世誉",他娶了宋文帝刘义隆之女为妻,他父亲则娶了宋武帝刘裕之女为妻,父子二人分别娶了皇家的姑侄,都是皇亲国戚。褚渊的父亲去世后,褚渊将财产都让给了弟弟,自己仅拿了数千卷图书。不仅如此,在私生活方面,褚渊更是洁身自好。

《资治通鉴》中的政治谋略
（两晋—五代）

　　山阴公主刘楚玉是孝武帝刘骏的长女，生性放荡，嫁给了驸马都尉何戢，但并不满足。她对做皇帝的弟弟刘子业（史称前废帝）说："妾与陛下，男女虽殊，俱托体先帝。陛下六宫万数，而妾唯驸马一人，事大不均。"刘子业居然安排了面首（面，貌之美；首，发之美。面首，谓美男子。"面首"一词便是由此而来。）三十人去侍候她。但她依然不满足，见褚渊貌美，要求刘子业让褚渊也来侍候她。刘子业便安排褚渊到西上阁值十天班。到了晚上，山阴公主便去找他，强迫他与自己私通。但褚渊"整身而立，从夕至晓，不为移志"。山阴公主十分不解，问他："君须髯如戟，何无丈夫意？"褚渊回答说："回（褚渊字彦回）虽不敏，何敢首为乱阶！"山阴公主无奈，只得作罢。

　　宋明帝刘彧任湘东王时，就同褚渊关系很好。做了皇帝后，刘彧更是对褚渊"深相委寄，事皆见从"，并封他为雩都县伯，食邑五百户；转任侍中，领右卫将军，不久又迁散骑常侍，丹阳尹；又出任吴兴太守，常侍仍旧，"增秩千石"，但被褚渊谢绝了。刘彧病重时，将褚渊召回，托付后事，并同他商量诛杀建安王刘休仁。褚渊苦劝，刘彧很生气，说："卿痴不足与议事。"可还是任命他为吏部尚书，后改右仆射，照旧领散骑常侍、卫尉等职。

　　刘彧临终前命褚渊为中书令、护军将军，加散骑常侍，与尚书令袁粲等人同为顾命大臣，褚渊又举荐了萧道成，共掌朝政，辅佐幼主刘昱（史称"后废帝"）。在褚渊等人的辅佐下，平定了桂阳王刘休范的反叛，稳定了政局。但刘昱这个小皇帝却信任奸人，残酷暴虐，"一日不杀，则惨然不乐；殿省忧惶，食息不保"。在这种情况下，萧道成与袁粲和褚渊密谋废掉刘昱，袁粲不赞成，说："主上年幼，微过易改。伊（尹）、霍（光）之事，非季世所行；纵使功成，亦终无全地。"褚渊虽然沉默不语，但

第二部　南北分治
12　开国功臣何以背负骂名

内心无疑是赞同萧道成的意见的。于是，萧道成便在暗中着手准备。恰好此时刘昱被部下亲信杀死，萧道成趁机出来掌控局面，召集袁粲和褚渊等商议如何善后，褚渊说："非萧公无以了此。"萧道成便顺水推舟，将刘昱追废为苍梧王，另立刘准为帝（宋顺帝）。萧道成为司空、录尚书事、骠骑大将军，掌控了朝廷大权，"布置心膂，与多自专"。褚渊则完全顺从萧道成，袁粲等人只得"阁手仰成矣"。

同为顾命大臣的车骑大将军、荆州刺史沈攸之不满萧道成专权，起兵讨伐。萧道成同袁粲商议，但袁粲婉拒而不见。萧道成又转而同褚渊商议。褚渊提醒萧道成说：沈攸之那里难成气候，倒是要注意提防京城内部。果然，袁粲借出镇石头城之机，准备攻打萧道成，并事先告诉了褚渊。袁粲的部下都认为褚渊同萧道成关系不一般，不能告诉他。可袁粲却说："（褚）渊与彼（萧道成）虽善，岂容大作异同！今若不告，事定便应除之。"所以，他还是告诉了褚渊。而褚渊得知后，立即告诉了萧道成。萧道成提前作准备，袁粲兵败被杀，褚渊则升任中书监、司空。

萧道成为了篡位作准备，授意属下提议加封自己太傅、假黄钺（代表皇帝行使征伐之权）。他的亲信认为这件事必须得到褚渊的赞同。萧道成还担心褚渊不赞成，但亲信说：褚渊"惜身保妻子，非有奇才异节"，不敢不答应。果然，褚渊非但没有表示反对，还竟然在萧道成被封为齐公后，表示愿意成为齐公的部属，但被萧道成婉拒了。

萧道成以"禅让"的方式登上皇帝宝座时，褚渊以前朝的司空兼太保的身份，亲自捧着皇帝玉玺，率领百官向萧道成劝进称帝。褚渊的从弟褚炤非常不满这种行为，故意问褚渊的儿子褚贲："司空（褚渊）今日何在？"褚贲得意地回答："奉玺绶在齐大司马（萧道成）门。"褚炤调侃说："不知汝家司空将一家物与一家,亦复何谓!"褚贲听了羞愧难当。褚渊去世后,萧道成任命褚贲为侍中、秘书监等,但褚贲没有接受,不久又辞去所有官职,并将南康郡公爵位等都让给了自己的弟弟褚蓁。后人认为这是褚贲怨恨褚渊"失节于宋室,故不复仕"。

萧齐王朝建立后,给予褚渊高官厚禄,可褚渊并未贪恋权位,多次要求退休,但未被答应。萧道成去世后,遗诏命褚渊单独为录尚书事,这是东晋以来所没有的先例,也说明萧道成还是很感念褚渊的功劳,但褚渊最终还是谢绝了。褚渊去世后,家无余财,负债至数十万,还是齐武帝萧赜赐钱帛数十万替他还了债。

平心而论,褚渊并不是贪恋权位的无耻之徒,后人对他的指责,主要是因为褚渊和袁粲同为顾命大臣,但在萧道成代宋建齐的过程中,袁粲为宋死节,褚渊却叛宋事齐。正如王夫之所说:"(褚)渊者,联姻宋室,明帝任之为冢宰者也",但"忌袁粲之终丧,欲夺粲以陷之死;宋不亡,齐不篡,则粲不死,遂以君授人而使加以刃,遂倾其祚,皆快意为之而不恤;于是永为禽兽,不足比数于人伦。故闺门之内,弟愿其死,子畏其污;子弟不愿以为父兄,而后虽流风颓靡之世,亦不足以容。不然,何独于渊而苛责之邪!"

13 萧齐为何上演同族相残的悲剧

齐高帝萧道成能够夺取政权，建立南齐，在很大程度上是得益于刘宋家族的自相残杀。也正因为如此，他在临终前对太子萧赜说："宋室若非骨肉相残，他族岂得乘其弊！汝深戒之。"齐武帝萧赜继位后，遵循了萧道成的嘱咐，对自己的兄弟能保持友爱。萧道成曾有意让萧赜的弟弟豫章王萧嶷取代太子之位，但萧嶷依然谨慎侍奉萧赜，兄弟两个"友爱不衰"。萧嶷"常虑盛满"，要求将自己的扬州刺史让给萧赜的儿子竟陵王萧子良。萧赜不同意，对他说："毕汝一世，无所多言。"徐州刺史、长沙王萧晃回京时违规私带仪仗兵器，萧赜要将其绳之以法。萧嶷叩头流涕道："（萧）晃罪诚不足宥，陛下当忆先朝（萧道成）念晃。"萧赜听后，也不再追究了。尽管萧赜与萧晃以及弟弟萧晔等都有矛盾，但还没有发展到兄弟相残的地步。

萧赜去世后，由于太子萧长懋已死，太孙萧昭业继位，并由萧赜之弟萧子良和萧道成的侄儿西昌侯萧鸾等辅佐朝政。萧鸾很有政治才干，深得萧道成的赏识；萧子良则"不乐世务"，整日同一批文人混在一起，所以将朝廷大权交给萧鸾。萧昭业继位后，不务政事，亵狎宴游，萧子良在忧惧中去世。萧鸾趁机发动宫廷政变，杀死了萧昭业，另立新安王萧昭文为帝。萧鸾虽然是萧道成嫡亲的侄儿，并且是由萧道成抚养长大的，萧道成对他更是"恩过诸子"；但他从自己的堂侄、萧道成的嫡孙手中夺取政权后，为了巩固自身的权力，开始对萧道成和萧赜的儿子们大肆屠戮。

萧昭业即位时，曾对萧鸾产生过怀疑，并征询萧氏诸王的意见。鄱阳王萧锵对他担保说："臣鸾于宗戚最长，且受寄先帝。臣等年皆尚少，朝廷之干，唯鸾一人，愿陛下无以为虑。"萧昭业只得作罢。萧鸾杀掉萧昭业后，表面上对萧锵非常尊重，每次萧锵去看他，他都来不及穿好鞋就赶到车前去迎接，"语及家国，言泪俱发，（萧）锵以此信之"。而萧赜的儿子中，随王萧子隆"最壮大，有才能"，萧鸾对他也颇为忌惮。此时，朝中的一些旧臣都劝萧锵入宫发兵辅政，但萧锵犹豫不决。萧鸾则趁机发动兵变，派兵包围了萧锵的府邸，将萧锵和萧子隆等都杀掉了。

萧锵和萧子隆死后，江州刺史、晋安王萧子懋打算起兵反抗，结果被部下出卖杀死。萧鸾又派兵将南兖州刺史、安陆王萧子敬杀死，并对诸王大开杀戒。湘州刺史、南平王萧锐，郢州刺史、晋熙王萧銶，南豫州刺史、宜都王萧铿等先后被杀。接着，桂阳王萧铄、衡阳王萧钧、江夏王萧锋、建安王萧子真、巴陵王萧子伦等也都被杀。萧鸾杀诸王时，"常夜遣兵围其第，斩关逾垣，呼噪而入，家赀皆封籍之"。

面对萧鸾的屠刀，诸王的表现也不一样：建安王萧子真躲到床下，被拉出来后，"叩头乞为奴"。江夏王萧锋面对抓捕他的兵士"手击数人皆仆地"。而年仅16岁的巴陵王萧子伦倒是显得非常冷静，面对逼他饮毒酒的使者说："先朝昔灭刘氏，今日之

第二部 南北分治
13 萧齐为何上演同族相残的悲剧

事，理数固然。"整理好衣冠之后，饮下毒酒。而此时的皇帝萧昭文则完全成为一个傀儡，连饮食起居都要先征得萧鸾的同意。萧鸾在诛杀诸王的同时，也没有放过他，先是将他废为海陵王，自己名正言顺地当上了皇帝（是为齐明帝），然后又将他谋害。

萧鸾即位后，那些幸存的诸王还是未能幸免。当时萧道成、萧赜的儿子还有10个，每当上朝时萧鸾看见他们，就私下感叹说：自己兄弟的子孙都还年幼，而萧道成和萧赜的子孙都日渐长大。正好他做了几年皇帝后，感觉自己的身体不是很好，于是决定将萧道成和萧赜的子孙们全都除掉。他同扬州刺史、始安王萧遥光密谋，将河东王萧铉、临贺王萧子岳、西阳王萧子文、永阳王萧子峻、南康王萧子琳、衡阳王萧子珉、湘东王萧子建、南郡王萧子夏、桂阳王萧昭粲、巴陵王萧昭秀等十王全数杀掉，"于是太祖（萧道成）、世祖（萧赜）及世宗（已故太子萧长懋）诸子皆尽矣"。

萧鸾为了自己和后人坐稳皇位，不仅杀光了萧道成和萧赜的后人，还将那些帮助他篡位的功臣也除掉了。他做了五年皇帝后去世，太子萧宝卷继位。萧宝卷残忍暴虐，诛杀了辅政大臣，逼反了陈显达、崔慧景等著名将领，又诛杀了平叛有功的萧懿。结果，萧懿的弟弟、雍州刺史萧衍于南齐永元二年（500）起兵将萧宝卷杀死，并将他贬为东昏侯，另立他的弟弟萧宝融为帝。一年后，萧宝融禅位于萧衍，南齐仅仅存在了23年便灭亡了，是南朝四个朝代中最短命的。

有意思的是，萧鸾将萧道成和萧赜的儿子们都杀了，但孙子辈太多，杀不过来。豫章王萧嶷死得早，萧鸾曾将他的子侄杀了七十多人，但他的儿子萧子恪等逃脱了。萧衍篡位时，萧子恪兄弟幸存的还有16人。萧衍对萧子恪等说："我起义兵，非唯自雪门耻，亦为卿兄弟报仇……我自取天下于明帝（萧鸾）家，非取之于卿家也。"并要他们安心在梁朝做官。萧子恪兄弟都得以善终。当然，萧鸾的后人则未能逃脱被萧衍屠戮的命运，只有鄱阳王萧宝寅逃亡北魏，逃过一死（但后因叛乱被北魏杀死），萧鸾的长子萧宝义因为幼有废疾，口不能言，才得以幸免于难。

14 萧衍为何成为最后的胜利者

同南朝时期的其他开国帝王一样,萧衍也是通过"禅让"的方式夺取政权的。但不同的是,他在当时无论是实力还是能力,似乎都不是最强的。他之所以能够成为最后的胜利者,除了南齐君主的昏庸外,更得益于他对时局的判断和对机遇的把握。

坦白说,萧鸾对萧衍还是非常信任的。他准备废萧昭业时,就同萧衍密谋过。萧鸾称帝后,萧衍主要是作为将领,率军同北魏作战。萧鸾去世前,任命萧衍为雍州刺史。这一任命,使得萧衍远离了当时政治斗争的中心,又拥有了自己的一块地盘,为日后夺取政权奠定了基础。

萧鸾临终前,给太子萧宝卷安排了尚书令徐孝嗣、左仆射沈文季、右仆射江祏、侍中江祀、卫尉刘暄和太尉陈显达等辅政大臣,并由扬州刺史始安王萧遥光、尚书令徐孝嗣、右仆射江祏、右将军萧坦之、侍中江祀、卫尉刘暄六人在内廷轮流值班。萧衍听说后,对自己的部下说:"一国三公犹不堪,况六贵同朝,势必相图,乱将作矣!"当下暗中开始作准备。

果然,萧宝卷刚登上皇帝的宝座,就同这些大臣们先后发生

《资治通鉴》中的政治谋略
（两晋—五代）

了冲突。江祏、江祀兄弟同始安王萧遥光密谋，打算立萧遥光为帝，结果被刘暄告发，江祏和江祀被杀。萧遥光起兵反叛，萧坦之等领兵平定叛乱，萧遥光被杀，萧坦之和徐孝嗣、沈文季、刘暄等也因此受到升赏。但仅仅过了 20 天，萧宝卷就派人杀掉了平叛有功的萧坦之，接着，刘暄、徐孝嗣、沈文季等也先后被杀。至此，顾命大臣只剩下大将陈显达和崔慧景了。

陈显达作为南齐宿将，虽然屡立战功，但为人处世非常低调。齐武帝萧赜对他非常器重，不断提拔重用他；而陈显达"自以寒门位重，每迁官，常有愧惧之色，戒其子孙勿以富贵凌人"。萧鸾夺得皇位，陈显达也有很大的功劳。因此，萧鸾称帝后，以陈显达为太尉，封鄱阳郡公，食邑三千户。陈显达曾向萧鸾提出要告老还乡，但未被同意。萧宝卷继位后，诛杀大臣，陈显达听说徐孝嗣等人都被杀，并传闻萧宝卷还要派兵来攻打他，被迫于浔阳起兵讨伐萧宝卷。萧宝卷派护军将军崔慧景为平南将军，率各路军西上征讨陈显达，最终陈显达兵败被杀。

崔慧景虽然率各路兵马击败了陈显达，但他见旧臣已被杀尽，难免兔死狐悲，心怀疑惧，借受命北伐之机，率军回攻建康。他对部下说："吾荷三帝厚恩，当顾托之重。幼主昏狂，朝廷坏乱，危而不扶，责在今日。欲与诸君共建大功，以安宗社。"众军皆响应，崔慧景趁势渡江南下。萧宝卷的军队望风而逃。崔慧景包围了皇宫。萧宝卷派使者去请豫州刺史萧懿（萧衍胞兄）发兵救援。萧懿亲率锐卒三千人来援。但崔慧景认为"城旦夕降，外救自然应散"，没有派兵抵御萧懿。而萧懿则向崔慧景的军队发起攻击，崔慧景大败，在逃跑途中被杀。萧宝卷在萧懿的帮助下，又一次平息了叛乱。

萧懿发兵救援萧宝卷时，萧衍曾派亲信前往劝阻说："诛贼之后，则有不赏之功。当明君贤主，尚或难立；况于乱朝，何以

第二部　南北分治
14　萧衍为何成为最后的胜利者

自免！"并劝萧懿，"若灭贼之后，仍勒兵入宫，行伊、霍故事，此万世一时"；否则，"一朝放兵，受其厚爵，高而无民，必生后悔"。萧懿的部下也同样相劝，但萧懿不听。果然，萧宝卷论功行赏，任命萧懿为尚书令，"以元勋居朝右"；他的弟弟萧畅为卫尉，掌管了宫廷的禁军。此时，又有人劝萧懿趁机举兵废掉萧宝卷，但依然被萧懿拒绝。而萧宝卷身边的亲信劝他先下手除掉萧懿。萧懿的部下得知这一消息后，劝他赶紧逃走，可萧懿却说："自古皆有死，岂有叛走尚书令邪！"结果，萧宝卷赐毒药给萧懿。临死前，萧懿还担忧说："家弟（萧衍）在雍（州），深为朝廷忧之。"

萧衍得知萧懿被杀后，知道萧宝卷不会放过自己，便召集人马，准备起兵讨伐。而萧宝卷让自己的弟弟、荆州刺史南康王萧宝融及其部属发兵讨伐萧衍，结果反被萧衍说动萧宝融及其部下联合攻打萧宝卷，并拥立萧宝融为帝，是为齐和帝。

萧衍大军已经兵临城下，但萧宝卷似乎并不在意，"常于殿中戎服骑马出入，以金银为铠胄，具装饰以孔翠。昼眠夜起，一如平常。闻外鼓叫声，被大红袍，登景阳楼屋上望之，弩几中之"。他甚至还吝啬到因怜惜金钱而不肯赏赐在战场上奋力拼杀的士卒。由此一来，军心更加涣散，最终部下将萧宝卷杀死，并把首级送给萧衍。萧衍攻占了建康，掌控了朝廷大权。中兴二年（502），萧宝融将皇位"禅让"给了萧衍，萧衍称帝，建立了南梁。

15
"一代英伟"的争宠闹剧

在南梁的开国功臣中,有两位著名的文人——范云和沈约。俩人同为当时的文坛领袖,沈约更是著名的史学家。他们在文学和史学方面的造诣可以说是独步天下,为南梁王朝的建立也可谓立下了汗马功劳。《梁书》引南陈吏部尚书姚察的评价说:"至于范云、沈约,参预缔构,赞成帝业;加(范)云以机警明赡,济物益时;(沈)约高才博洽,命亚迁、董,俱属兴运,盖一代之英伟焉。"然而,在梁武帝萧衍称帝的过程中,他们却因为邀功争宠而上演了一番闹剧。

范云自幼聪颖,才华过人,同萧衍的关系也非同一般。萧衍起兵讨伐东昏侯萧宝卷,萧宝卷被部下杀死,就是由范云将萧宝卷的首级连同百官的表牋亲自送给萧衍的。从此范云便留在了萧衍的身边,与沈约一同参与帷幄。萧衍将萧宝卷的妃子余氏纳为己有,"颇妨政事"。范云劝谏说:"昔汉祖居山东,贪财好色,及入关定秦,财帛无所取,妇女无所幸,范增以为其志大故也。今明公始定天下,海内想望风声,奈何袭昏乱之踪,以女德为累。"萧衍最终听从了他的劝谏,将余氏另赐他人。萧衍受"禅让"称帝，行登基礼后，登上辇车，对一旁随从的范云说："朕之今日，所谓懔乎若朽索之驭六马。"范云顺势回答说："亦愿陛下日慎一日。"

沈约也自幼笃志好学，博通群籍，擅长诗文。齐竟陵王萧子良招纳文学之士，沈约与萧衍、范云等同为"竟陵八友"，"意好敦密"。萧衍掌控朝廷大权后，沈约又与范云一同参与谋议。而在萧衍密谋"受禅"代齐的过程中，沈约表现得更为积极。他看出萧衍的心思后，曾暗示过萧衍，但萧衍很谨慎，并未回答。过了几天，他又直接去找萧衍，大言不惭地说："士大夫攀龙附凤者，皆望有尺寸之功，以保其福禄。今童儿牧竖，悉知齐祚已终，莫不云明公其人也。天文人事，表革运之征，永元以来，尤为彰着。"并说："天心不可违，人情不可失，苟是历数所至，虽欲谦光，亦不可得已。"他要萧衍立刻拿定主意。萧衍只得实话实说："我方思之"。沈约说："今王业已就，何所复思"，"若不早定大业，稽天人之望，脱有一人立异，便损威德"，更何况"若天子还都，公卿在位，则君臣分定，无复异心。君明于上，臣忠于下，岂复有人方更同公作贼"。萧衍觉得有理，等沈约离开后，把范云找来，征求他的意见；而范云的想法也同沈约一样。萧衍感叹道："聪明人的想法都不谋而合，你明早同沈约一起来商量吧。"

范云出来后，告诉了沈约。沈约要范云明早一定要等自己到了一起入宫，范云答应了。可第二天一早，沈约却背着范云，一个人悄悄先进宫了。萧衍便让他起草接受禅让登基的诏书，沈约从怀中掏出诏书，说已经连夜起草好了。萧衍自然非常满意。而此时范云却被挡在了宫门之外，独自徘徊，非常郁闷，自言自语道："咄咄怪事。"过了一会儿，萧衍才召范云入宫，对他说："生平与沈休文（沈约字休文）群居，不觉有异人处；今日才智纵横,可谓明识。"范云酸溜溜地回答:"公今知(沈)约,不异约今知公。"萧衍安慰他说:"我起兵于今三年矣,功臣诸将,实有其劳;然成帝业者,乃卿二人也。"

萧衍称帝建立梁朝后,范云和沈约都官居宰辅之职,但相比较而言,萧衍对范云更为器重。《资治通鉴》注文中也写道:"沈约位虽在范云之右,而亲任不及云远矣。"萧衍让自己的弟弟临川王萧宏和鄱阳王萧恢拜范云为兄;范云去世后,萧衍也亲自去送葬。相比之下,对沈约就有所不同。萧衍对沈约的评价就是"轻易"两个字,即轻佻浮躁。《梁书》中对沈约的评价是:"自负才高,昧于荣利,乘时藉势,颇累清谈","政之得失,唯唯而已"。

沈约久居宰辅之职,却并不知足,想要三公之位,但萧衍并未同意。萧衍喜好文学,经常同臣下引经据典,比谁知道的典故多。一次豫州进献一寸半的大栗子,萧衍觉得很稀奇,便问关于栗子的典故有多少,并同沈约一起将各自记忆的有关栗子的典故写出来,结果沈约比萧衍少了三件事。但沈约并不服气,出来后对人说:此公(萧衍)争强好胜,不让他赢就会羞死。萧衍认为他出言不逊,要治他的罪,经大臣苦劝才作罢。后来又因其他事情,萧衍派太监去斥责沈约,结果把沈约活活吓死了。沈约死后,有关部门给他拟定的谥号为"文",但萧衍不同意,说"怀情不尽曰隐",所以将他改谥为"隐侯"。

王夫之在《读通鉴论》中,将沈约视为贾充和褚渊一类的"贪人",称之为"扶人为乱贼,居篡弑之功,而身受佐命之赏,弗足责也"。

16

钟离之战：
决定南梁国运的决战

自刘宋北伐以来，南朝和北魏之间的战事基本上没有间断过，双方主要围绕黄淮流域一带展开争夺。萧衍起兵讨伐萧宝卷时，时任北魏镇南将军的中山王元英曾建议趁机攻打襄阳，夺取荆州；车骑大将军源怀也建议东西并进，夺取长江以北地区。但刚刚亲政的宣武帝元恪没有加以重视。萧衍夺取政权后，大肆诛杀萧齐诸王。鄱阳王萧宝寅投奔北魏，拜伏于宫门之外，请求北魏出兵伐梁。元恪答应了他的请求，准备进攻南梁。

梁天监二年（503）秋，北魏以镇南将军元英为都督征义阳诸军事，开始了征讨南梁之战。接着，又命任城王元澄督率各路兵马分兵入寇，围攻钟离、义阳等地。南梁发兵救援，结果被北魏军队击败，义阳等地也最终失陷。但在南梁军队的顽强抵抗之下，双方打成了胶着状态。

为了扭转战局，梁武帝萧衍于梁天监四年（505）下令大举出兵北伐，命他的弟弟、扬州刺史临川王萧宏为统帅，进军淮河重镇洛口。次年，北魏命中山王元英为征南将军，都督扬、徐二州诸军事，统率十万大军抵御梁军。此时，南梁的太子右卫率张惠绍夺取了北魏南徐州州城宿预（今江苏宿迁），北徐州刺史昌义之攻占了梁城（今安徽寿县），豫州刺史韦叡攻占了合肥。北魏则全力反击，以度支尚书邢峦为都督东讨诸军事，同元英合兵攻打梁城。而此时，南梁军内部却发生了分歧。

萧宏以皇弟的身份统领重兵，"器械精新，军容甚伟，北人以为百数十年所未之有"。前军在昌义之的率领下攻克梁城后，诸将都认为应当乘胜深入，扩大战果；而萧宏在战场上却是一个不折不扣的胆小鬼，当他听说邢峦与元英合兵攻打梁城的消息后，非常害怕，立即召集诸将商议退兵，结果遭到一些将领的激烈反对。宁朔将军马仙琕直斥退兵之说是"亡国之言"。昌义之更是大怒，"须发尽磔"，说："岂有百万之师出未逢敌，望风遽退，何面目得见圣主乎！"面对一片反对声，萧宏不敢违背众意，又不敢进攻，下令"人马有前行者斩"。将士对此人心怀愤怒，却也无可奈何。

萧宏停军洛口，怯战不进，被对手看出了破绽。魏将奚康生派麾下勇将杨大眼对元英说："梁人自克梁城以后，久不进军，其势可见，必畏我也。王若进据洛水，彼自奔败。"但元英觉得不能轻敌，待机而动。

机会终于来了，没过几天，洛口夜里突降暴风雨，梁军中自行骚乱。萧宏竟然惊慌失措，丢下大军，独自率亲信数人逃走。梁军将士找不到主帅，也纷纷溃逃，"弃甲投戈，填满水陆，捐弃病者及羸老，死者近五万人"。各路大军闻讯，也相继撤军，梁城、宿预等地都被北魏夺去。

梁军在洛口溃败后，元英率军乘胜南下，进围钟离（今安徽凤阳东北）。萧衍命昌义之镇守钟离，抵御魏军；北魏则命邢峦率军合围钟离。邢峦认为梁军"虽野战非敌，而城守有余，今尽

第二部　南北分治
16　钟离之战：决定南梁国运的决战

锐攻钟离，得之则所利无几，不得则亏损甚大"，不赞成攻打钟离。魏主元恪召回邢峦，另派镇东将军萧宝寅率军同元英合围钟离。萧衍则派右卫将军曹景宗督率二十万大军救援钟离，并命韦叡率军受其节制，拉开了钟离之战的序幕。

梁天监五年（506）冬，元英与魏平东将军杨大眼率数十万大军围攻钟离，而钟离城中的守军仅三千人。钟离城北临淮水，为了便于围攻，魏军在淮水中的邵阳洲两岸搭起了跨河长桥。元英据南岸攻城，杨大眼据北岸筑城，保证粮草供应。魏军用土填满堑壕，用冲车撞城，虽作战奋勇，"昼夜苦攻，分番相代，坠而复升，莫有退者，一日战数十合"，但死伤惨重，"前后杀伤万计，魏人死者与城平"。在梁军的顽强抵抗面前，魏主元恪犹豫了，打算退兵，但元英不同意退兵，保证能够立即攻克钟离。

此时，曹景宗和韦叡率领的援军也已经赶到邵阳洲，在离魏军城百余步的地方也筑起了城，并且派人潜入钟离，通知了援军已经到达的消息。城中知道后，勇气百倍；而魏军见梁军器甲新精，军容甚盛，"望之气夺"。双方在城外对峙，魏军多次发动攻击，但都被梁军击退，而梁军则根据天时和地利，定下了火攻之计。

梁天监六年（507）三月，淮河水暴涨，梁军趁势向魏军发起攻击，焚烧了跨河桥梁，"军人奋勇，呼声动天地，无不以一当百，魏军大溃"，"诸垒相次土崩，悉弃其甲争投水，死者十余万，斩首亦如之"。元英单骑逃回梁城，梁军大获全胜，"缘淮（河）百余里，尸相枕藉，生擒五万人，收其资粮、器械山积，牛马驴骡不可胜计"。

钟离之战是自北魏和刘宋开始的南北交战以来南朝所未有之大捷，也是南梁和北魏之间的关键一战，基本上将双方在淮南一带的边界稳定了下来。王夫之在《读通鉴论》中称之为"钟离之胜，功侔淝水"。但战后双方在对责任的追究方面，却截然不同：元英、萧宝寅被免死，除名为民，杨大眼被发配到营州为兵（后都官复原职）；萧宏不但没有被追究，还升迁为骠骑将军、开府仪同三司，不久又升为司徒、行太子太傅。这也为后来南梁的内乱埋下了祸根。

17 萧衍的"明"与"昏"

梁武帝萧衍是南北朝时期在位时间最长的一位君主,他凭借自己的才干建立了南梁王朝。在他的治理下,南梁在淮南一带抵御了北魏王朝的侵略,为南方赢得了数十年的安定和繁荣。在治理国家方面,萧衍堪称一位"明君",但同时又是一个"昏君",正是他的"昏",使得他在晚年招致了亡国之祸,自己也成为俘虏并饿死宫中。

作为一个"明君",萧衍可谓文武全才,文韬武略冠于一时。他"博学多通,好筹略,有文武才干"。早年在齐竟陵王萧子良门下时,就与沈约、谢朓、范云等著名文人并称"竟陵八友"。他"下笔成章,千赋百诗,直疏便就,皆文质彬彬,超迈今古",名重一时。而在同北魏的战争中,萧衍也展现出了军事指挥才能,被任命为雍州刺史,负责镇守西北边境,在远离朝廷政治漩涡的同时,拥有了一块自己的根据地,为最终夺取江山奠定了基础。

萧衍称帝建立南梁王朝后,"勤于政务,孜孜无怠。每至冬月,四更竟,即敕把烛看事,执笔触寒,手为皲裂"。在个人生活方面，也称得上是廉俭自奉，"日止一食，膳无鲜腴，惟豆羹粝食而已"；"身衣布衣，木棉皁帐，一冠三载，一被二年。常克俭于身，凡皆此类"；"历观古昔帝王人君，恭俭庄敬，艺能博学，罕或有焉！"

在政治上，萧衍更是励精图治，大兴礼乐，改革南齐的弊政，努力营造一个比较宽松的政治环境。为了广开言路，他仿效古代的谤木和肺石制度，下令："公车府谤木、肺石旁各置一函，若肉食莫言，欲有横议，投谤木函；若以功劳才器冤沉莫达，投肺石函。"在选拔地方长官时，他也特别注重将那些清正廉洁的官员选拔到重要岗位，并且还规定："小县令有能，迁大县；大县有能，迁二千石"，"由是廉能莫不知劝"。同时，在对北魏的战争方面，也一改以往的颓势，重用韦叡、昌义之等名将，多次取得胜利。虽然萧宏率军北伐时由于怯懦惧战、指挥失误而导致洛口之败，但在曹景宗和韦叡、昌义之等人的指挥下，大败魏军，取得了钟离之战的胜利。此战之后，南梁在军事上对北魏基本上是采取攻势，这在南北朝时期也是绝无仅有的。

萧衍做了47年的皇帝，营造了南梁的"太平盛世"，但最终在他自己的手里葬送了大好河山。造成这一结果的原因自然是多方面的，但又与萧衍的"昏"有着密切的联系。

萧衍的"昏"，主要就是赏罚不明。萧渊藻是萧衍之兄萧懿的儿子，他接替宿将邓元起任益州刺史。邓元起临行前，将衙门里的粮储器械都打包带走，萧渊藻很是不满。他看中了邓元起的一匹好马，想让他留给自己，可邓元起却鄙视地说："年少郎子，何用马焉！"萧渊藻一怒之下，将邓元起杀死，并向萧衍诬告他谋反。但萧衍查明真相后，也仅仅将萧渊藻的官号贬为冠军将军而已。《资治通鉴》就此事引用了《南史》的作者李延寿的话："冠军之贬，于罚已轻，梁之刑政，于斯为失。私戚之端，自斯

第二部 南北分治
17 萧衍的"明"与"昏"

而启,年之不永,不亦宜乎!"就此一事,可见端倪。

萧衍对国家法制建设是很重视的,在他称帝的第二年(503),即颁布了《梁律》《梁令》和《梁科》作为国家的基本法律。但在法律的适用上,却是"敦睦九族,优借朝士,有犯罪者,皆屈法伸之";而"百姓有罪,则案之如法",结果是"民既穷窘,奸宄益深"。对于这种"选择性司法"的行为,有老人曾拦下萧衍的车驾,当面批评说:"陛下为法,急于庶民,缓于权贵,非长久之道。诚能反是,天下幸甚"。司马光在《资治通鉴》中也批评他:"优假士人太过,牧守多浸渔百姓,使者干扰郡县。又好亲任小人,颇伤苛察;多造塔庙,公私费损。江南久安,风俗靡奢。"

萧衍的这种赏罚不明、赏罚不公,更是突出反映在对待自己的亲属,特别是自己的弟弟临川王萧宏父子方面。萧衍吸取了刘宋和萧齐骨肉相残导致亡国的教训,对于自己的兄弟非常关照。萧宏虽然平庸无能,但却被萧衍委以重任。梁天监四年(505),出兵北伐,以萧宏为统帅,结果萧宏懦弱怯战,招致洛口之战的惨败。但萧衍对他却并未予以追究,反倒是萧宏因此"常怀愧愤",甚至做出了派出刺客谋杀萧衍的行为。而萧衍得知后,却是哭着对萧宏说:"我人才胜汝百倍,当此犹恐不堪,汝何为者?"事后不但未予追究,反而进封萧宏为三公之一的司徒。司马光在《资治通鉴》中行文至此,评论道:"(萧)宏为将则覆三军,为臣则涉大逆,高祖(萧衍)贷其死罪可矣,数旬之间,还为三公,于兄弟之恩诚厚矣,王者之法果安在哉!"

萧宏的儿子萧正德曾过继给萧衍,萧衍称帝后,萧正德满心希望自己能成为太子继承皇位。后来太子萧统出生,萧正德还归本宗,被萧衍封为西丰县侯,食邑五百户。萧正德心怀不满,甚至作出了投奔北魏的逆行。但北魏对他并不重视,无奈之下,又回到了南梁。而萧衍也只是哭着教训了他一番了事，对他依然予以重用，甚至还加封他为临贺王。萧正德却变本加厉，图谋不轨。

梁太清二年（548），萧衍不顾众人的反对，接纳了北魏的叛将侯景，并任命他为南豫州牧，镇守寿阳；而侯景则整军备战，企图夺取南梁地盘。他得知萧正德有野心，派人同他联络，表示愿意帮助萧正德夺取帝位。萧正德大喜，说："侯公之意，暗与吾同，天授我也！"侯景起兵造反后，萧衍命萧正德为平北将军、都督京师诸军事，屯守丹阳，结果侯景在萧正德的接应下，很快攻破了京城建康。萧正德开门迎接侯景军入城。萧衍成了侯景的俘虏，但他此时依然不愿承认自己的过错，说："自我得之，自我失之，亦复何恨。"最终萧衍被活活饿死，终年86岁。而萧正德做了几天皇帝梦，也被侯景杀死。

18 萧绎是如何错失中兴良机的

侯景包围建康城后,荆州刺史湘东王萧绎移檄湘州刺史河东王萧誉、雍州刺史岳阳王萧詧等发兵救援。建康城破,梁武帝萧衍死后,侯景立太子萧纲为帝,是为简文帝。两年后,侯景又杀死了萧纲,另立豫章王萧栋为帝。不久,又干脆废掉萧栋,自立为大汉皇帝。萧绎在大将王僧辩等人的帮助下,击败并擒杀侯景,恢复了南梁的江山,并在王僧辩等人的劝进下称帝,是为梁元帝。然而,这种所谓的"中兴"局面仅仅维持了两年多。梁承圣三年(554),在西魏军队的攻击下,萧绎兵败被杀。这一切,又是为什么发生的呢?

平心而论,萧绎并不应该是一个亡国之君。他"聪悟俊朗,天才英发",博览群书,"下笔成章,出言为论,才辩敏速,冠绝一时",生平著述非常丰富,一些著名的诗篇流传至今。然而,作为一个"才子"皇帝,他却有着致命的弱点,除了他自己所说的"韬于文士,愧于武夫"之外,关键是缺乏基本的个人素养和政治、军事远见。

就其个人素养而言,萧绎一个最大的特点就是为人刻薄寡恩,"禀性猜忌,不隔疏近,御下无术"。他娶了原顾命大臣徐孝嗣的孙女徐昭佩为妻,虽然生了世子萧方等,但两人关系并不好,"二三年一入房"。而徐昭佩也不是省油的灯,干脆同瑶光寺的僧人智远和萧绎身边的随从暨季江等人私通。暨季江甚至对人说:"徐娘虽老犹尚多情。"这便是"徐娘半老"的由来。而萧绎既不满徐昭佩,又迁怒于世子萧方等。萧方等在随萧誉作战中阵亡,但萧绎并不伤心,反而借口逼迫徐昭佩自杀。而对于自己的兄弟子侄,更是甚于敌人。当他起兵讨伐侯景之后,对攻打侯景并不积极,却听信谗言,对自己的两个侄子萧誉和萧詧(昭明太子萧统之子)百般猜忌,最后刀兵相见。萧誉兵败被杀。萧詧被迫向宇文泰的西魏求救,自愿成为西魏的附庸。这也成为后来萧绎败亡的一个关键因素。

就其政治、军事远见而言,荆州本是萧绎的根据地,但经过侯景之乱,长江以北的大片土地都被西魏和北齐夺取,荆州户口不满三万,而且同萧詧控制的襄阳地区接壤。因此,萧绎打算还都建康,但遭到了领军将军胡僧祐等原荆州旧部的反对,他们认为"建业王气已尽,与虏正隔一江,若有不虞,悔无及也。且古老相承云:荆州洲数满百,当出天子。今枝江生洲,百数已满,陛下飞龙,是其应也。"萧绎拿不定主意,让群臣讨论。身边的大臣多数是荆州人,自然反对去建康。当然,也有明白人,武昌太守朱买臣就对萧绎说:"建康旧都,山陵所在;荆镇边疆,非王者之宅。愿陛下勿疑,以致后悔。臣家在荆州,岂不愿陛下居此,但恐是臣富贵,非陛下富贵耳!"

其实,无论从哪个角度而言,胡僧祐等人的观点都是站不住脚的。胡三省在《资治通鉴》注文中写道:"建业与齐只隔一江,固也;独不思江陵介在江北,逼近襄阳。岳阳(萧詧)有复仇之志,宇文(泰)有启疆之思乎!"但萧绎思之再三,最终还是以

第二部 南北分治
18 萧绎是如何错失中兴良机的

"建康凋残,江陵全盛"为由,采纳了胡僧祐等人的意见,定都江陵,终于铸下大错。

萧绎将自己置于险地,但在军事上却毫无准备,精锐部队都随王僧辩和陈霸先等驻扎在江东。而西魏的宇文泰则积极整军备战,伺机进攻。留在西魏的原南梁旧臣马伯符冒着危险派密使将这一消息告诉萧绎,但萧绎却不相信。散骑郎庾季才以所谓天象有变为由,建议萧绎还都建康,留重臣镇守江陵。这样即便西魏来犯,最多也"止失荆、湘,在于社稷,犹得无虞"。但萧绎却以"祸福在天,避之何益"为由,又一次拒绝了。

梁承圣三年(544)冬,西魏派常山公于谨、中山公宇文护和大将军杨坚率五万大军进攻江陵。他们认为萧绎"懦而无谋,多疑少断",必定会死守江陵城。果然,西魏进攻的消息传来,萧绎和大臣们都不相信,依然在那里听萧绎讲解《老子》。郢州刺史陆法和得知西魏进攻的消息后,请求率军支援江陵。可萧绎却派人阻止,说:"此自能破贼,但镇郢州,不须动也。"

西魏军队会同梁王萧詧的军队包围江陵之后,萧绎才想到组织守城保卫战,并要求大将王僧辩率军入援,但为时已晚。不久,江陵城被攻破,萧绎被迫投降。萧詧对他百般羞辱之后,派人用土囊将其压死。可悲的是,萧绎生平喜爱收藏图书,江陵城破时,他下令将自己数十年收藏的古今图书14万卷全部付之一炬!魏将长孙俭问他为何要烧书,他竟然回答说:"读书万卷,犹有今日,故焚之!"王夫之在《读通鉴论》中行文至此,写道:"未有不恶其不悔不仁而归咎于读书者,曰书何负于帝哉?此非知书者之言也。帝之自取灭亡,非读书之故,而抑未尝非读书之故也……元帝所为至死而不悟者也,恶得不归咎于万卷之涉猎乎!"

萧绎死后,大将陈霸先拥立萧绎的儿子晋安王萧方智为帝,是为梁敬帝。两年后,陈霸先又以"禅让"的方式夺取帝位,建立了南陈王朝。

19
因酒乱性丧生的一代"英主"

　　南北朝时期的开国君王基本上都有非凡过人的才干，北齐的高洋自然也不例外。他称帝后励精图治，开疆拓土，成为一代英主，但最终却因好酒贪杯而乱性丧生，未免让人唏嘘不已。

　　高洋是东魏权臣高欢之子。高欢去世后，高洋的长兄高澄为使持节、大丞相、都督中外诸军等职，继续掌控朝政大权。由于高洋在兄弟排行中仅次于高澄，因而高澄对他颇有疑忌。也正因为如此，高洋为人处世非常低调，"深自晦匿，言不出口，常自贬退，与（高）澄言，无不顺从"。高澄见他如此，以为他真的很没出息，所以瞧不起他，常对人说：如果高洋也能得富贵，那算命的书都白写了！

　　东魏武定七年（549），高澄以大将军的身份兼相国，封齐王，并加殊礼，基本上完成了夺取东魏政权的准备工作。就在着手"禅让"之事时，高澄被部下谋杀。面对突如其来的变故，年仅23岁的高洋非常冷静，迅速接管了朝廷大权。次年逼迫东魏孝敬帝元善见以禅让的方式"让"出皇位，建立了北齐。

　　当时，北齐的主要敌人就是西魏的宇文泰。双方几番交手，

第二部　南北分治
19　因酒乱性丧生的一代"英主"

尽管宇文泰的实力不如高欢，但高欢却是败多胜少。宇文泰得知高洋称帝的消息后，率诸路大军东征，高洋也亲率大军出晋阳抵御。宇文泰见齐军军容甚严，感慨道："高欢不死矣！"恰逢连日大雨，宇文泰被迫撤军。此后，两国间基本上没有发生战事。

高洋稳定了西边的局势后，开始着手整顿内政。他即位之初，便"励精而治"，要求"诸牧民之官，仰专意农桑，勤心劝课，广收天地之利，以备水旱之灾"。他特别注意整肃官场的不正之风。大臣赵道德派人给黎阳太守房超送信，请求他帮忙办事。房超收到信后，拆都没拆，就将送信的人乱棒打死。高洋得知后，对房超的行为大为赞赏，命各地的地方官都准备大棒，"以诛属请之使"。后来都官中郎宋轨对他说："若受使请赇，犹致大戮；身为枉法，何以加罪？"高洋这才取消了这一做法。但这对于官员还是有很大的震慑作用。

高洋治国的一个重要举措，就是"留心政术，以法御下"。北齐建立之初，就在《麟趾格》的基础上，修订法律，制定《北齐律》。这项工作一直到北齐武成帝河清三年（564）才正式完成。它不仅是南北朝时期最具代表性的一部法律，而且对后来的隋唐法律产生了直接的影响。同样，在法律的适用上，也以公道为先，"或有违犯宪章，虽密戚旧勋，必无容舍，内外清靖，莫不祗肃"。

在稳定了内部局势后，高洋便开始了对北方契丹和柔然等部族的战争。北齐天保四年（553），契丹侵犯北齐边境。高洋亲率大军抵御，他"露髻肉袒，昼夜不息，行千余里，逾越山岭，为士卒先，唯食肉饮水，壮气弥厉"，大败契丹，虏获部众十万余口，牲畜数百万头，一直打到渤海边，"登碣石山，临沧海"。北齐天保五年（554），柔然南犯，高洋率军从晋阳征讨，柔然退走。高洋亲率二千余骑殿后，不料另一部柔然军队突然袭来，高洋安卧不动，神色自若，待天明后发起反击，柔然大败，伏尸二十余里，俘获柔然可汗菴罗辰儿等三万余口。次年，高洋再度亲自率军征讨柔然，亲犯矢石，大破柔然，获其酋长及人口二万余，牛羊数十万头。

高洋建立北齐初期，留心政务，以法驭下，内外莫不肃然，而且每临战阵，亲当矢石，所向有功。在短短几年内，逐契丹，破柔然，南取淮南，虽然在同南陈的战争中遭到失败，但毕竟将南部的疆域拓展到了长江边，国力达到鼎盛。

面对这些成绩，高洋骄傲自满，"渐以功业自矜"，开始整日沉湎于酒色之中，"嗜酒淫泆，肆行狂暴"，甚至到了失态发疯的地步。他的母亲娄太后见他整日沉醉，非常生气，用棒打他，骂道："如此父生如此儿！"他回骂说："当嫁此老母与胡。"酒醒后他又很后悔，发誓戒酒，但仅仅过了一周就照样嗜酒如命了。

他肆意荒淫也到了无以复加的地步，"高氏妇女，不问亲疏，多与之乱，或以赐左右，又多方苦辱之"。他的弟弟彭城王高浟的母亲尔朱氏是北魏孝庄帝元子攸的皇后，又是他父亲高欢的侧室，高欢很宠爱她，曾欲改立她为正室，立其子高浟为世子，后因近臣司马子如劝谏而作罢。因此，从名分上说，尔朱氏是高洋的母亲，而且当时已经四十多岁了，但高洋竟然看上了她，要与她私通。尔朱氏抵死不从，结果被高洋亲手杀死。皇后李氏的姐姐是北魏安乐王元昂的妻子，也被高洋看中，多次逼迫她与自己私通，并因此而杀死了元昂。

高洋不仅荒淫放纵，而且残暴成性。当时北魏的皇族元氏还有很多人，他为了斩草除根，竟然下令将邺城元氏宗族的人全部杀死，连婴儿也不放过。士兵甚至将婴儿抛向空中，再用长矛接住挑死，前后所杀七百多人，尸体扔进漳河。漳河两岸的人剖鱼时常常发现鱼腹中有人的指甲，吓得邺城一带的人很久都不敢再

第二部　南北分治
19　因酒乱性丧生的一代"英主"

吃鱼。

高洋对自己的亲人，同样也是凶暴无比。他的弟弟永安王高浚见他嗜酒如命、因酒败德，加以劝谏。结果高洋将他同上党王高涣一同投入地牢，百般折磨后残忍地将他们杀死。他的另一个弟弟常山王高演也因当面谏诤而"大被殴挞"，被迫以绝食自保。太子高殷生性文弱，高洋对此非常不满，他要高殷亲手杀人。高殷胆怯，割了几刀都没把头割下来。高洋大怒，用马鞭猛抽，并几度想废掉高殷的太子之位。

高洋嗜杀成性，甚至到了"每醉，辄手杀人，以为戏乐"，而且"所杀者多令肢解，或焚之火，或投之于水"，朝中大臣也往往会被无辜杀害。宰相杨愔为此将京城的死刑犯关在殿庭内，称之为"供御囚"。高洋喝醉酒要杀人时，便带这些囚犯去让他杀；如果三个月不杀，这些死囚犯便可得到赦免。

高洋纵情酒色过度，搞坏了自己的身体，去世时年仅31岁。高殷即位不到一年，高演就将他废掉，自己做了皇帝，是为孝昭帝，不久将高殷杀死。高演做了两年皇帝便去世，他的弟弟高湛继位，是为武成帝。高湛看上了高洋的皇后李后，逼迫她与自己私通。李后怀孕后私下堕胎，被高湛得知，当着李后的面将高洋的儿子太原王高绍德杀死，并"裸后挝挞之，号天不已。盛以绢囊，流血淋漓，投诸渠水，良久乃苏"。对此，《资治通鉴》注文评论道："武成（高湛）之淫虐，文宣（高洋）教之也。"这大概也是一种"报应"吧。

《北齐书》中评价高洋的一生时，有这样一段话："（高洋）始则存心政事，风化肃然，数年之间，翕斯致治。其后纵酒肆欲，事极猖狂，昏邪残暴，近世未有。飧国弗永，实由斯疾，胤嗣殄绝，固亦余殃者也。"

20 自污而未能免祸的兰陵王

北齐的兰陵王高长恭，以一曲《兰陵王入阵图》而闻名于后世。他作为北齐的皇族，在战场上叱咤风云；而当他遭到君主的猜忌后，不惜自污以避祸，但终究没能逃脱被害的命运。

高长恭可谓一个标准的美男子，史称其"貌柔心壮，音容兼美"；《兰陵忠武王碑》中称他"风调开爽，器彩韶澈"；《旧唐书·音乐志》中说他"才武而面美"；《隋唐嘉话》中也形容他"白美类妇人"。他作为东魏权臣高澄（死后被追封为北齐文襄帝）的儿子，北齐开国皇帝高洋的侄子，自然也成为执掌一方的地方官和统率军队的将领。高长恭于北齐乾明元年（560）被封为兰陵王，时年19岁。

高长恭不仅相貌俊美，武功也非常了得。当时北齐主要的敌人是宇文氏的后周，他们的北方是强大的突厥。为了拉拢突厥对付自己的对手，北齐和北周都采取"和亲"的手段，争相与突厥通婚，纳突厥的公主为皇后。最终突厥答应了北周，同北周联兵伐齐。北齐河清二年（563），北周联合突厥向北齐大举进攻，包围了晋阳。北齐军队在并州刺史段韶的统率下，大败北周军队。

第二部　南北分治
20　自污而未能免祸的兰陵王

高长恭作为段韶麾下的将领，奋力击退了突厥军队。

北周不甘心失败，执政大臣晋公宇文护派柱国尉迟迥率精兵十万为前锋，包围洛阳；雍州刺史齐公宇文宪等屯兵洛阳城北的邙山。北齐武成帝高湛派高长恭和大将军斛律光率军救援，但因众寡悬殊，高长恭等不敢轻进。于是，高湛亲率大军救援，并派段韶率精兵为前锋。这样一来，北齐和北周的名将都齐聚洛阳，双方展开了一场生死大战。北齐以段韶率左军，高长恭率中军，斛律光率右军，三路齐进。北周以步兵在前，向邙山的齐军发起攻击。段韶且战且退，诱敌深入，等到北周军筋疲力尽之时，突然发起攻击，北周军大败，"一时瓦解，投坠溪谷死者甚众"；高长恭则亲率五百精骑突入北周阵中，直抵洛阳城西北的战略要地金墉城下。由于高长恭身穿甲胄，城上人分不清敌我，于是高长恭脱下头盔，露出自己的面目。城内人见援军到来，士气大振。北周军害怕被围歼，被迫撤围而去，"委弃营幕，自邙山至谷水，三十里中，军资器械，弥满川泽"。战后，高湛奖励高长恭的战功，任命他为尚书令。而武士们为了歌颂高长恭的战功，专门谱写了歌谣赞颂，这就是后来传世的名曲《兰陵王入阵曲》。

后来，北齐后主高纬曾对高长恭说：邙山之战时"入阵太深，失利悔无所及"。高长恭回答说："家事亲切，不觉遂然。"高长恭作为皇族，把国家事当作自己的家事，本来也很自然；但高纬作为一位君主，听到这话就觉得很别扭，开始对高长恭心存疑忌，从而埋下了高长恭悲剧结局的祸根。

此后高长恭一直担任尚书令和录尚书事等要职。北齐武平二年（571），高长恭被任命为太尉，随段韶、斛律光一同率军抵御北周的进犯，包围了定阳。但坚守定阳的北周将领杨敷非常顽强，久攻不下。后北齐军队虽然攻破了外城，但杨敷依然坚守内城。此时段韶病重，只能委托高长恭代为指挥，并对他面授机宜说："此城三面重涧险阻，并无走路，唯恐东南一处耳。贼若突围，必从此出，但简精兵专守，自是成擒。"高长恭听从了他的建议，在东南涧口设伏。杨敷果然在夜间率军从东南突围，陷入了高长恭预先设好的埋伏圈，北周军队大溃，杨敷被生擒。

高长恭代替段韶统率军队，取得了胜利，可他却利用这个机会，趁机大肆收受贿赂、聚敛财物。他部下亲信尉相愿觉得很奇怪，问他是否因为邙山大捷等一系列的胜利，怕招致猜忌而故意自秽。高长恭承认了。但尉相愿觉得这么做可能会适得其反，说："朝廷若忌王，即当用此为罪，无乃避祸而更速之乎？"尉相愿劝他干脆称病回家，"勿豫时事"。

高长恭的担忧不是没有道理的。高纬自继位后，亲信身边的小人佞臣，残害忠良。左丞相咸阳王斛律光为斛律皇后之父，又是朝廷重臣，战功赫赫，贵极人臣，却因遭到高纬的猜忌，于定阳之战后的第二年被杀害。北周得知斛律光被害的消息后，高兴得大赦天下！高长恭听从了尉相愿的建议，只是还没来得及向高纬提出辞呈，高纬就向他动手了。北齐武平二年（573），即斛律光被害的第二年，高纬派人送毒药给高长恭，逼他服毒自尽。对于高长恭的被害，《北史》中写道："若使兰陵获全，未可量也。而终见诛翦，以至土崩，可为太息者矣。"高长恭死后的第四年，高纬被北周俘虏，北齐灭亡。

高长恭去世后，《兰陵王入阵曲》一直在民间流传，隋朝时期被正式列入宫廷舞曲，南宋时期又演变为乐府曲牌名，称为《兰陵王慢》。此曲虽然后来在中国失传，但传入日本后却基本保存了下来。日本古代五月五日赛马节会、七月七日的相扑节会、射箭大赛等庆祝胜利时，都要反复演奏此曲。1986年，河北磁县文物人员通过日本专家找回此曲。1992年9月6日，也就是该曲问世1428年后，在邯郸市文管人员马忠理组织下，日本奈良大学教授笠置侃一等人率领的雅乐团在磁县兰陵王墓前演出了此曲。《兰陵王入阵曲》得以回归故里。

21 居功自傲而招祸的侯安都

在南陈开国三大将(杜僧明、周文育和侯安都)中,侯安都不仅战功卓著,而且是官位最高的一位。他为陈霸先建立南陈立下了汗马功劳,并且在陈霸先死后倡议拥立了陈文帝陈蒨。然而,最终他却死于非命,不得善终,未免令人唏嘘。

侯安都年轻时博学多才,工隶书,能鼓琴,涉猎书传,写得一手好诗,"为五言诗颇清靡",而且精通武艺,可谓文武全才。陈霸先起兵讨伐侯景时,侯安都率部归附,此后一直在陈霸先麾下效力。侯景之乱平定后,他也因功封富川县子,并随陈霸先镇守京口。

侯安都替陈霸先立的第一件功劳,就是替他除掉了最大的对手王僧辩。王僧辩是南梁著名大将,也是平定侯景之乱的第一功臣。梁元帝萧绎被西魏军队擒杀后,王僧辩同陈霸先一起拥立梁元帝子萧方智为梁王,王僧辩以拥立之功被任命为骠骑大将军、中书监、都督中外诸军事,录尚书事;陈霸先则加封为征西大将军。北齐则胁迫王僧辩同意立萧懿之子萧渊明为帝。在北齐的压力下,王僧辩妥协了,迎立萧渊明为帝。陈霸先苦劝不从,两人之间产生了矛盾。陈霸先派侯安都带兵潜入建康石头城，出其不意，生擒王僧辩。陈霸先缢杀王僧辩父子，废掉了萧渊明，另立萧方智为帝，是为梁敬帝。陈霸先被加封为尚书令，都督中外诸军事，车骑将军，扬、南徐二州刺史，掌控了朝廷大权。侯安都则进封为使持节、散骑常侍、都督南徐州诸军事、仁威将军、南徐州刺史。

梁敬帝绍泰元年（555），王僧辩的旧将徐嗣辉等趁陈霸先率大军东征义兴（今宜兴）之机，发兵突袭建康，占据了石头城，进逼台城。北齐也派兵增援徐嗣辉。侯安都据守孤城，击败北齐兵。此时，陈霸先率军回救，同侯安都合兵，击败徐嗣辉和北齐军队，北齐被迫撤军。

北齐军队不甘心失败，于次年由仪同三司萧轨等再度率军南下，与徐嗣辉等合兵十余万。侯安都率轻兵在历阳大败北齐行台司马恭，俘获万余人。北齐诈称退兵，趁势攻打建康。侯安都亲率12骑突入北齐阵中，生擒齐仪同三司乞伏无劳。陈霸先率大将吴明彻等同北齐军大战，侯安都从后方夹击齐军，北齐军大败，自相践踏，死者不可胜数。徐嗣辉等也被擒杀，主帅萧轨等46员将帅被俘。侯安都因功晋升为侯爵，进号平南将军，不久又改封西江县公。

王僧辩被杀后，上游荆州一带最强的势力就是湘州刺史王琳。陈永定元年（557），王琳大举东征，讨伐陈霸先。陈霸先命侯安都为西道都督，周文育为南道都督，率水军二万迎击，结果大败，侯安都和周文育都被王琳俘虏。侯安都等买通看守，狼狈逃回。陈霸先并未怪罪他们，依旧官复原职。

陈永定三年（559），陈霸先因病去世，而此时他的儿子陈昌因被西魏俘虏，还在长安，"内无嫡嗣，外有强敌，宿将皆将兵在外，朝无重臣"。侯安都同陈霸先的侄子临川王陈蒨一同回到

第二部　南北分治
21　居功自傲而招祸的侯安都

建康后，同群臣商量，拥立陈蒨为帝。但皇后因陈昌的缘故，不肯同意，群臣为此犹豫不决。在这种情形之下，侯安都对众人说："今四方未定，何暇及远！临川王有大功于天下，须共立之。今日之事，后应者斩！"侯安都持剑上殿，逼迫皇后交出玉玺，下令让陈蒨继位。陈蒨做了皇帝（陈文帝）后，自然投桃报李，任命侯安都为司空、南徐州刺史。

后周得知陈霸先去世的消息后，派人将世子陈昌送回南陈，目的也很清楚，想让他们兄弟相争，自己坐收渔翁之利。而陈昌自恃是陈霸先世子，认为理应由自己继承皇位，所以在给陈蒨的信里"辞甚不逊"。陈蒨很不高兴，但又不能公开表示，便找来侯安都，假意对他说："太子将至，须别求一藩为归老之地。"侯安都说："自古岂有被代天子！臣愚，不敢奉诏。"不仅如此，侯安都还自告奋勇去迎接陈昌。陈蒨自然也明白了他的意思。正好巴陵王萧沇等率百官上表，建议任命陈昌为使持节、散骑常侍、都督湘州诸军事、骠骑将军、湘州牧，封衡阳郡王，食邑五千户。陈蒨便顺水推舟，由侯安都安排迎接陈昌。结果陈昌在半道溺水身亡，侯安都则因谋杀陈昌之功而进爵为清远公，"自是威名甚重，群臣无出其右"。

侯安都自认为有大功于陈蒨，渐渐开始骄傲自满，他在驻地京口大肆招揽文武之士，练习骑射，品评诗文。当时的一些著名文人武士都成为他的座上之宾，"斋内动至千人"。他部下的一些将帅也不遵守法度，肆意妄为，一旦闯了祸就寻求侯安都的庇护。陈蒨生性严察，对此非常不满。而侯安都却毫不收敛，甚至不把陈蒨放在眼里。一次，侯安都陪陈蒨宴饮时，居然问陈蒨："何如做临川王时？"陈蒨没有搭理他，可他却反复追问，陈蒨只得回答说："此虽天命，抑亦明公之力。"宴饮结束后，侯安都又借用宫廷的宴会器具，于次日在皇宫内欢会。侯安都坐在皇帝的御座上，宾客们则坐在大臣的座位上，举杯为他祝寿。

对侯安都的所作所为，陈蒨非常厌恶，暗中开始防备。陈文帝天嘉四年（563），陈蒨任命侯安都为征南大将军、江州刺史，将他召回京城建康。侯安都率领部队回京城，将部队驻扎在石头城。陈蒨召他入宫赴宴，在宴席上将他拿下；手下的将帅则被解除武装后释放。然后下诏宣布他"谋反"的罪状，并将他赐死。考虑到侯安都毕竟有功于己，所以陈蒨对他的家人并未予以牵连，并按照士大夫的礼仪将其安葬。

当年，陈霸先在宴会上曾对杜僧明、周文育、侯安都三大将作过一番评价，称侯安都"傲诞而无厌，轻佻而肆志，并非全身之道"，看来不幸被其言中了。

22
因骄愎而招致失败的吴明彻

在中国古代名将排行榜上,南陈的吴明彻当仁不让地位列其中。唐建中三年(782),礼仪使颜真卿向唐德宗建议,追封古代名将64人,并为他们设庙享奠,当中就包括"陈司空南平公吴明彻";北宋宣和五年(1123)为古代名将设庙时,72名将中亦包括吴明彻;在北宋年间成书的《十七史百将传》,吴明彻亦位列其中。他收复了苏北和淮南的大片失地,战功超过了杜僧明、周文育、侯安都等著名的三大将,可谓风光无限。但他晚年却因骄傲轻敌、刚愎自用而招致失败,客死他乡。

吴明彻是在陈霸先镇守京口时投奔他的,属于跟随陈霸先起家打天下的将领。初见面,陈霸先对吴明彻就非常欣赏。梁敬帝绍泰元年(555),吴明彻随大将周文育征讨王僧辩的女婿杜龛,因功授使持节、散骑常侍、安东将军、南兖州刺史,封安吴县侯。梁敬帝太平元年(556),北齐军队在仪同三司萧轨等率领下大举南下,与徐嗣辉等合兵十余万,包围了建康城。陈霸先亲率吴明彻等将领同北齐军大战,大将侯安都引兵出其后,夹击北齐军队。北齐军大溃,"斩获数千人,相蹂践而死者不可胜计",徐嗣辉被擒杀，包括统帅萧轨等在内的46员北齐将帅被俘。逃到长江边的北齐军士"缚荻筏以济，中江而溺，流尸至京口"。

陈永定元年（557），陈霸先受禅称帝，吴明彻被封为安南将军。同年，吴明彻与侯安都、周文育等率军征讨湘州刺史王琳，结果大败，侯安都和周文育等诸将都被王琳俘虏，吴明彻率本部兵马退回建康。

吴明彻虽然骁勇善战，但王琳似乎是他的克星。陈永定三年（559），陈霸先去世，文帝陈蒨继位，加封吴明彻为右卫将军。王琳得知陈霸先的死讯后，率军东进，吴明彻率部夜袭溢城，结果被王琳部将任忠打得大败，吴明彻仅以身免。王琳乘势率军东下，但于次年被南陈大将侯瑱击败，王琳投奔北齐，吴明彻也被封为都督武、沅二州诸军事，安西将军，武州刺史。

566年，陈蒨去世，太子陈伯宗继位，以陈蒨之弟，也即扬州刺史、安成王陈顼为辅政大臣，任命吴明彻为领军将军，掌管朝廷禁军，不久又迁丹阳尹。而同为辅政大臣的刘师知、到仲举等人担心陈顼专权，打算让陈顼离开朝廷，回到自己的领地扬州去。陈顼心怀疑惧，派自己的亲信毛喜去征求吴明彻的意见。吴明彻要陈顼千万不可离开朝廷。陈顼听从了吴明彻的建议，一举除掉了刘师知等人，掌控了朝政大权。

次年，湘州刺史华皎联合后周和后梁，起兵反抗陈顼。陈顼命吴明彻为使持节，散骑常侍，都督湘、桂、武三州诸军事、安南将军、湘州刺史，给鼓吹一部，率舟师三万进取郢州，并以司空徐度为车骑将军，督率诸路兵马征讨华皎。吴明彻等率水军同华皎和后周、后梁联军大战，大败敌军，吴明彻趁势攻取了后梁的河东郡。战后，吴明彻因功被授开府仪同三司，进封为公爵。

陈太建元年（569），陈顼废掉陈伯宗，自立为帝，是为陈宣帝。吴明彻被任命为镇南将军。陈太建五年（573），陈顼打算出

第二部　南北分治
22　因骄愎而招致失败的吴明彻

兵北伐，收复江北失地，但大臣们对此意见不一，唯独吴明彻坚决支持北伐，从而使陈顼决定出兵。而在推选统帅时，多数大臣都认为中权将军淳于量位高权重，是主帅的合适人选。但尚书左仆射徐陵却力主推荐吴明彻，说"吴明彻家在淮左，悉彼风俗；将略人才，当今亦无过者"。于是，陈顼命吴明彻为都督征讨诸军事，统率十万大军讨伐北齐。吴明彻率军一路势如破竹，一举收复了历阳、合肥、秦郡（今六合）等地。

由于秦郡是吴明彻的故乡，为了表彰吴明彻的战功，陈顼特许他用隆重的礼仪和仪仗上坟祭拜祖先，"乡里以为荣"。接着，吴明彻又率各路兵马收复了淮南的大片失地，进逼寿阳城。吴明彻进封为征北大将军、南平郡公。北齐派吴明彻的老对手、降将王琳率兵拒守。但这一次，幸运之神不再眷顾王琳了。吴明彻趁王琳阵脚未稳，连夜发起攻击，王琳大败，退守寿阳内城。吴明彻引肥水灌城，城中死者十之六七。北齐派大将军皮景和率数十万大军来援，也被挡在城外。吴明彻亲率大军，一鼓作气攻下寿阳城，生擒王琳，皮景和率军北遁。陈军大获全胜，缴获驼马辎重无数。

寿阳收复后，陈顼任命吴明彻为都督豫、合等六州诸军事，车骑大将军，豫州刺史，增封食邑至三千五百户，并专门派使者去寿阳宣布册命，"于城南设坛，士卒二十万，陈旗鼓戈甲。（吴）明彻登坛拜受，成礼而退"，风光无限。次年，吴明彻还朝，陈顼又亲自去他家，赐钟磬一部，米一万斛，绢布二千匹。陈太建七年（575），吴明彻再度率军进攻彭城，大败北齐军队，收复了淮南和苏北的大片失地。次年，吴明彻进封为司空。

吴明彻取得了南陈开国以来对外战争最为辉煌的战果，固然同他的军事指挥才能和骁勇善战有关，但同时，也和北齐朝政腐败、奸佞当道有着很大的关系。就在吴明彻率军北伐之际，后周也开始了对北齐的战争。陈太建九年（577），北齐被北周灭亡。陈顼得知后，决定出兵争夺徐州和兖州之地，命吴明彻为统帅，进攻吕梁（今徐州东南）。北周徐州总管梁士彦率军抵抗，但多次被吴明彻击败，被迫退守内城。吴明彻进逼彭城，战舰环列于城下，加紧攻打。北周派上大将军王轨率兵救援。王轨认为吴明彻的优势在于水军，于是占据淮口，结长围，截断河道，断了吴明彻的退路。吴明彻麾下勇将谯州刺史萧摩诃建议趁北周尚未合围，赶紧撤退。可吴明彻根本没有把北周军队放在眼里，傲慢地对萧摩诃说："搴旗陷阵，将军事也；长算远略，老夫事也！"萧摩诃失色而退。《资治通鉴》注文中对此感叹道："史言（吴）明彻骄而愎谏以致败。"

果然，一旬之间，北周军合围吴明彻，水路被截断，舰船也都搁浅，军队溃散，吴明彻及将士三万余人，以及器械辎重等都被北周俘获，"陈之锐卒，于是歼焉"。北周武帝宇文邕很尊重吴明彻，封他为怀德郡公，位列大将军。但吴明彻自觉无面目见人，加上旧病复发，忧愤而逝，时年67岁。

南宋洪迈在《容斋随笔》中，对吴明彻等古代名将作过这样的评价："自古威名之将，立盖世之勋，而晚谬不克终者，多失于恃功矜能而轻敌也。……此四人（关羽、王思政、慕容绍宗、吴明彻）之过，如出一辙。"

23 "禅让"背后的腥风血雨

禅让是中国古代传说中的一种政权转让方式,据说尧舜和大禹都是以这种方式转让权力的。而从大禹的儿子启开始,中止了禅让制,开始了王位的世袭制度。这种说法更多地带有理想化的色彩,所以从战国时起,学者们便对于这种说法提出了质疑。《荀子·正论》中说:"夫曰尧舜禅让,是虚言也,是浅者之传,陋者之说也。"事实上,中国古代王朝更迭基本上都是通过武力实现的,即便是所谓的"禅让",也是武力胁迫的结果。

中国历史上第一次以禅让方式转移政权的,是三国时的曹魏。东汉的最后一个皇帝汉献帝刘协一直就是个傀儡皇帝,朝廷大权掌握在丞相曹操手中。曹操去世后,他的儿子曹丕于220年逼迫刘协将皇位禅让给自己,建立了魏朝,另封刘协为山阳公,行汉正朔,用天子礼乐。由于刘协的皇后是曹丕的妹妹,加上他一直就没有掌握过朝廷的权力,对曹丕并不构成威胁,所以在曹魏的监视下最终得以善终,于魏明帝青龙二年(234)去世。魏明帝曹睿率群臣亲自哭祭,并以汉天子礼仪将他安葬。西晋王朝取代曹魏,也依样画葫芦,采用了禅让的方式。256年,司马炎

《资治通鉴》中的政治谋略
（两晋—五代）

胁迫魏元帝曹奂将皇位禅让给了自己，建立了晋朝，曹奂被封为陈留王，"优崇之礼，皆仿魏初故事"。曹奂到晋惠帝太安元年（302）去世，也算是善终了。

到了南北朝时期，王朝政权的更迭几乎都是以"禅让"的方式实现的。所不同的是，整个南北朝时期禅让的背后，充满着腥风血雨。

南北朝时期第一个用禅让的方式夺取政权的是刘裕的宋朝。东晋末年，桓玄以禅让的方式篡位称帝，结果被刘裕击败身亡。刘裕迎晋安帝司马德宗复位，掌控了朝政大权。晋安帝义熙十四年（418），刘裕派人谋害了司马德宗，另立司马德文为帝，是为晋恭帝。晋恭帝元熙二年（420），刘裕派人逼迫司马德文将皇位禅让给自己。司马德文倒也爽快，说："桓玄之时，晋氏已无天下，重为刘公（裕）所延，将二十载；今日之事，本所甘心。"司马德文签发了禅让的诏书。刘裕称帝后，在形式上也给司马德文以很高的礼遇，不仅封他为零陵王，而且允许他"载天子旌旗，乘五时副车，行晋正朔，郊祀天地，礼乐制度，皆用晋典"。但事实上，刘裕并没有放过司马德文，于次年派人送毒药给他。但司马德文拒绝服毒自杀，说："佛教，自杀者不得复人身。"结果他被人用被子闷死。刘裕此举，无疑是开了一个恶劣的先例。

到了刘宋末年，废帝刘昱暴虐残忍，被部下谋杀。权臣萧道成拥立刘准为帝，是为宋顺帝，并掌控了朝廷大权。479年，萧道成派王敬则带兵入宫，逼迫刘准将皇位禅让给自己，建立了齐朝。王敬则对刘准说："官家（指刘宋）先取司马家亦如此。"刘准被封为汝阴王，"优崇之礼，皆仿宋初"。可没过多久，萧道成便派人制造混乱，趁机杀死了刘准，并将残存的刘宋宗室一网打尽，"无少长皆死"。刘准被杀时，年仅13岁。

萧齐末年，东昏侯萧宝卷昏庸残暴，横征暴敛，肆意诛杀大

第二部　南北分治
23　"禅让"背后的腥风血雨

臣，雍州刺史萧衍联合荆州刺史南康王萧宝融及其部属发兵讨伐萧宝卷，并拥立萧宝融为帝，是为齐和帝。萧宝卷被杀，萧衍掌控了朝廷大权。502年，做了皇帝还不到一年的萧宝融将皇位禅让给了萧衍。萧衍称帝，建立梁朝，封萧宝融为巴陵王，"优崇之礼，皆仿齐初"。萧衍最初打算以南海郡作为巴陵国的封地，给萧宝融居住。但大臣沈约对他说，"古今事殊，魏武（曹操）所云'不可慕虚名而受实祸'"，要他除掉萧宝融。萧衍听从了他的建议，派人要萧宝融吞金自尽。但萧宝融说："我死不须金，醇酒足矣。"结果萧宝融被灌醉后杀死，死时年仅15岁。

南梁末年，元帝萧绎被西魏军队俘杀。大将陈霸先拥立萧绎的儿子晋安王萧方智为帝，是为梁敬帝。两年后，陈霸先同样以禅让的方式夺取帝位，建立了南陈王朝，封萧方智为江阴王，"行梁正朔，车骑服色，一依前准，宫馆资待，务尽优隆"。次年，陈霸先派人将萧方智杀死。

北朝的北齐和北周，也是以禅让的方式夺取政权的。北魏分裂为东魏和西魏后，高欢和宇文泰分别掌控了朝政大权。550年，高欢之子高洋以禅让的方式建立北齐王朝，封东魏孝敬帝元善见为中山王，"待以不臣之礼"。高洋每次外出，也"常以中山王自随"。一年后，他派人将元善见毒死。西魏宇文泰去世后，他的弟弟宇文护于556年逼迫魏恭帝拓跋廓将皇位禅让给宇文泰之子宇文觉，建立北周王朝，另封拓跋廓为宋公，并于次年将他杀死。

北周宣帝宇文赟去世后，年仅7岁的宇文衍（周静帝）继位，宇文赟的岳父杨坚被任命为丞相，控制了北周的朝政。581年，杨坚同样以禅让的方式夺取政权，建立了隋朝。宇文衍被封为介公，但不久还是被杨坚暗害而死，尽管在名义上杨坚还是宇文衍的外公！

《资治通鉴》中的政治谋略
（两晋—五代）

南北朝时期以禅让的方式交出政权的君主基本上都不得善终，唯一的例外是南陈。589 年，隋军攻破建康，南陈后主陈叔宝被俘，隋文帝杨坚给了他很高的礼遇，封他为长城县公。陈叔宝于隋文帝仁寿四年（604）病逝于洛阳，成为南北朝时期唯一得以善终的亡国之君。

第三部 隋唐兴衰

01 杨坚终结"乱世"的必然与偶然（上）

自西晋十六国以来，中国陷入分裂达三百年左右，最终隋文帝杨坚再度统一中国，终结了南北分治的"乱世"局面。正所谓时势造英雄，历史选择了杨坚；而这一切的发生，却也多少带有一些偶然性。

从当时的情势来看，最有可能也最有能力终结乱世、实现统一的，并非杨坚，而是北周武帝宇文邕。宇文邕是宇文泰的第四子，周孝闵帝宇文觉和周明帝宇文毓的异母弟。宇文泰去世后，他的侄子中山公宇文护于556年逼迫西魏恭帝拓跋廓将皇位"禅让"给了宇文泰的第三子宇文觉（孝闵帝），建立了北周王朝。不久发生宫廷政变，宇文护废黜并杀害了宇文觉，另立宇文泰的庶长子宇文毓为帝，是为北周明帝。宇文护被任命为太师，执掌了朝政大权。北周武成二年（560），宇文毓中毒而死，遗命由宇文邕继承帝位。宇文护继续执掌朝政大权，而宇文邕则采取了韬光养晦的策略，"常自晦迹，人莫测其深浅"。宇文邕表面上对宇文护极为尊崇，任命他为大冢宰、都督中外诸军事，但在暗中积极准备，寻找机会。北周建德元年（572），宇文邕趁宇文护入朝之机，将其杀死，一举夺回了朝政大权。

宇文邕亲政后，"克己励精，听览不怠"，称得上是一个明君。在个人生活方面，他自奉节俭，"身衣布袍，寝布被，无金宝之饰，诸宫殿华绮者，皆撤毁之，改为土阶数尺，不施栌栱。其雕文刻镂，锦绣篡组，一皆禁断。后宫嫔御，不过十余人。劳谦接下，自强不息"；在军事方面，"每行兵，亲在行陈，步涉山谷，人所不堪。抚将士有恩，而明察果断，用法严峻，由是将士畏威而乐为之死"；在治国理政方面，更是励精图治，采取了一系列措施，改革政治，发展经济，大大增强了国力。同时，在对南陈进行武力压迫之后，又与其通好，稳定了南方的战线，开始了对其主要对手北齐的战争。

北齐同北周（包括原西魏）之间在战略上一直处于相持状态，虽然互有胜负，但总体国力上北齐要优于北周。而当时北齐的国君后主高纬是一个典型的暴君和昏君，在他的统治下，奸佞当道，朝政腐败，特别是一些著名将领都被他以莫须有的罪名杀死，自毁长城。宇文邕看准了这个机会，于北周建德四年（575）亲自率军征讨北齐。经过两年的艰苦战斗，于北周建德六年（577）率军攻入北齐的都城邺城。高纬被俘，北齐灭亡。

在解决了北齐之后，宇文邕将目标定为"平突厥、定江南，一二年间，必使天下一统"，开始了结束分裂局面、统一中国的战争。为了稳定后方，他首先将攻击的矛头对准了北方的另一个劲敌——突厥。就在灭北齐的第二年，宇文邕率军分五道北伐突厥，但不幸中途病倒，被迫回到长安，当天晚上就去世了，年仅36岁。

宇文邕英年早逝，壮志未酬；而杨坚正是在这种情况下，突然之间被推上了历史舞台的中央。杨坚的父亲杨忠随宇文泰起

第三部 隋唐兴衰
01 杨坚终结"乱世"的必然与偶然(上)

兵,官至柱国、大司空,封随国公。杨忠死后,杨坚承袭父爵。他相貌不凡,深受宇文邕的赏识。宇文邕让自己的太子宇文赟娶了杨坚的长女杨丽华为妃,同杨坚结为儿女亲家。这自然也招来了一些人的嫉恨。特别是杨坚相貌不凡,有的人便在这个问题上大做文章。齐王宇文宪对宇文邕说:"(杨坚)相貌非常,臣每见之,不觉自失。恐非人下,请早除之。"内史王轨也说杨坚"貌有反相"。但宇文邕最终没有听信这些谗言,说:"必有天命在,将若之何!"

宇文邕去世后,太子宇文赟继位,是为后周宣帝。宇文邕虽然"沉毅有智谋",但在培养接班人的问题上却犯了错误。他担心宇文赟不能承担皇位继承人的重任,因此对他要求非常严格:"每朝见,进止与群臣无异,虽隆寒盛暑,不得休息;以其嗜酒,禁酒不得至东宫;有过,辄加捶挞。"他甚至用废掉太子之位威胁宇文赟:"古来太子被废者几人?余儿岂不堪立邪!"此外,他还要求东宫官属每月报告太子的言行举止。而宇文赟本来就是一个酒色之徒,只是慑于宇文邕的威严,因而"矫情修饰,由是过恶不上闻"。内史王轨曾对宇文邕说:"皇太子非社稷主。"宇文邕其实也意识到了这一点,但考虑到其他皇子不是年幼,就是缺乏才干,所以最终还是以宇文赟为继承人。

宇文赟继位后,立刻将真面目暴露出来。宇文邕尸骨未寒,他就"即逞奢欲",逼迫宇文邕后宫的妃子同自己私通淫乱。他"唯自尊崇,无所顾惮",胡作非为,而且"摈斥近臣,多所猜忌",诛杀了齐王宇文宪、上大将军王兴、上开府仪同大将军独孤熊、徐州总管王轨等朝廷重臣,并且对自己的老丈人杨坚也不放过,甚至对皇后杨丽华扬言"必族灭尔家"。

宇文赟做了几个月的皇帝,又异想天开,将皇位传给了年仅7岁的太子宇文衍(后改名宇文阐),自称天元皇帝。传位之后,他"骄侈弥甚",结果因嬉游纵欲过度,于次年(580)病危。杨坚趁机以皇帝老丈人的身份,假称受诏,居中侍疾,控制了内廷。不久宇文赟去世,宇文衍继位,是为后周静帝,杨坚自封为顾命大臣、左大丞相,"百官总己以听于左丞相",掌控了朝廷大权。581年,杨坚又以"禅让"的方式建立隋朝,是为隋文帝。隋开皇七年(587),杨坚废掉西梁后主萧琮。次年,晋王杨广率军南征,于开皇九年(589)春攻陷建康,南陈后主陈叔宝被俘,南陈灭亡。至此,隋朝结束了自西晋末年以来的分裂局面,再度实现了中国的统一。

02 杨坚终结"乱世"的必然与偶然（下）

杨坚夺取后周政权，建立隋朝，进而一统天下，虽然多少带有一点"偶然性"，但作为一个雄才大略的开国君主，能够终结自西晋以来延续三百年的分裂局面，建立一个强大而统一的王朝，同他超凡的胆识与远见、卓越的能力与才干是分不开的。

杨坚能够终结乱世、统一中国，首先自然是凭借他的"武功"：对内，平定了反对势力的对抗；对外，灭南陈，建立统一的王朝，同时击败了北方突厥的进犯，稳定了边境的局势。

杨坚作了顾命大臣，掌握了朝廷大权后，首先面临后周权贵和皇族势力的反对，"是以周室旧臣，咸怀愤惋"，其代表人物就是大前疑、相州总管、蜀国公尉迟迥。尉迟迥是宇文泰的外甥，他随宇文泰起兵，战功赫赫，为北周王朝的建立和巩固立下了汗马功劳。由于尉迟迥名望、地位极高，杨坚对他颇为忌惮，想征调他进京；而尉迟迥认为杨坚当政后，必定图谋篡位，因此公开号召起兵反抗杨坚，称杨坚"藉后父之势，挟幼主以作威福，不臣之迹，暴于行路"，而自己"与国舅甥，任兼将相；先帝处吾于此，本欲寄以安危。今欲与卿等纠合义勇，以匡国庇民"。尉迟迥登高一呼，整个山东地区各州都发兵响应，军队达数十万之众。

尉迟迥起兵后，杨坚发关中兵，以老将韦孝宽为行军元帅，统率郧公梁士彦、化政公宇文忻等各路兵马进行征讨。韦孝宽的长史李询私下对杨坚说：梁士彦等人同尉迟迥关系很密切，恐怕不可靠。杨坚一听，也有些担忧了。此时，杨坚的谋士李德林对他说：诸将同杨坚都是国家重臣，关键时刻应当信任他们，否则，临阵换将必会招致失败。杨坚一听大悟，说："公不发此言，几败大事！"最终韦孝宽等攻破了尉迟迥的老巢邺城，尉迟迥被迫自杀。

从尉迟迥起兵到失败，仅仅68天时间。杨坚能够迅速击败尉迟迥，除了用人不疑、处置得当外，一个重要原因，就是能够抓住主要矛盾，团结一切能够团结的力量。尉迟迥起兵后，附属于北周的西梁小朝廷也蠢蠢欲动，诸将都劝其君主萧岿举兵呼应，认为"进可以尽节于周氏，退可以席卷山南"，但萧岿犹豫未决。这时，杨坚派使者来传话说："（尉迟）迥等终当覆灭，隋公（杨坚）必移周祚。未若保境息民，以观其变"。这就打消了萧岿起兵的念头。不久，尉迟迥失败的消息传来，萧岿对部下庆幸地说："若从众人之言，社稷已不守矣！"不过杨坚也没让西梁存在多久，隋开皇七年（587），即萧岿去世后的两年，杨坚还是废掉了这个小朝廷。

当然，杨坚最为卓越的武功，就是灭南陈，一统山河。581年建立隋朝后，就"有吞并江南之志"，并着手准备。而南陈后主陈叔宝自583年即位后，朝政荒废，整日里花天酒地，沉醉于温柔乡里；仆射江总虽为宰辅，也不亲政务，每日与都官尚书孔范等人陪同陈叔宝游宴后庭，"宦官近习，内外连结，援引宗戚，

第三部　隋唐兴衰
02　杨坚终结"乱世"的必然与偶然（下）

纵横不法"。在这种情况下，杨坚在进行军事上的充分准备之后，于开皇八年（588）下诏出兵伐陈，近52万大军兵分八路，由晋王杨广统率。次年初，由韩擒虎和贺若弼率领的两路大军南北对进，包围了建康城。陈叔宝派大将萧摩诃抵御贺若弼，自己却与萧摩诃的妻子私通。最终，南陈军无斗志，陈叔宝被擒，南陈灭亡，结束了自西晋末年以来近三百年的分裂割据状态，实现了自秦汉以来中国的又一次统一。

杨坚不仅凭借其武功终结了乱世，更凭借其"文治"打造了一个"治世"，开创了"开皇之治"。

首先，改革官制，奠定了中国古代职官制度的基础。中国古代中央官制是以"三省六部"制度为核心的，这一制度是隋朝开始奠定的。杨坚将中央的政务机关设为五省，即内侍省、秘书省、门下省、内史省和尚书省。其中，内侍省是一个专门的宦官机构；秘书省类似于后来的馆阁；实际处理朝廷政务的是内史省、门下省和尚书省，都是最高政务机构。内史省负责决策，门下省负责审议，尚书省负责执行。尚书省下设吏、民、礼、兵、刑、工六部，处理具体的行政事务。这套职官体制自隋朝确立后，一直被后世所延续（当然具体结构有所变化）。在地方上，改变南北朝以来"民少官多，十羊九牧"的局面，废除了郡一级的建制，改为州、县二级制，州设刺史，县设县令。这套体制也被后世所延续。

其次，改革法制，制定了《开皇律》。杨坚即位之初，鉴于北周法律"烦而不要"，命高颎、郑译等人参照魏晋以来历朝历代的法律，"沿革轻重，取其折衷"，制定了新律，"自是法制遂定，后世多遵用之"。开皇三年（583），针对新律在实施中"律尚严密，故人多陷罪，每年断狱，犹至万数"的问题，由苏威、牛弘等人本着删繁就简的原则，再次对法律进行修订，"权衡轻重，务求平允，废除酷刑，疏而不失","定留唯五百条，凡十二卷"，完成了《开皇律》，"自是刑纲简要，疏而不失"。《开皇律》的体例和内容基本上被《唐律》以及后世法律所沿袭，奠定了"中华法系"的基础。

杨坚所推行的一系列政治、经济和军事方面的改革，改变了南北朝以来的混乱局面，稳定了政局，提升了国力，"于是躬节俭，平徭赋，仓廪实，法令行，君子咸乐其生，小人各安其业，强无凌弱，众不暴寡，人物殷阜，朝野欢娱。二十年间，天下无事，区宇之内晏如也"，营造了一个"开皇盛世"的局面。

03 负气自傲
终因言招祸的贺若父子

在北周和隋朝建立过程中,有两位父子名将——贺若敦与贺若弼。他们都以勇武刚猛著称,立下了汗马功劳,但最终却都因负气自傲、因言招祸而不得善终,演绎了"锥舌诫子"的悲剧。

贺若敦青少年时就"有气干,善骑射",随父亲贺若统征战。17岁时,他曾一人临阵杀死七八人。贺若统称赞说:"我少从军旅,战阵非一,如此儿年时胆略者,未见其人。非唯成我门户,亦当为国名将。"投奔宇文泰后,贺若敦又深受宇文泰的赏识,成为西魏以及北周的重要将领,加骠骑大将军、开府仪同三司,进爵为公。

北周攻占江陵,扶持建立西梁小朝廷后,同南陈在巴州和湘州(今岳阳和长沙一带)展开争夺。北周武成二年(560),南陈派太尉侯瑱率军进逼湘州。北周派贺若敦率步骑六千渡江救援,连破侯瑱。贺若敦因此轻敌,认为侯瑱不堪一击。可不久大雨不止,秋水泛滥,贺若敦的粮道被断绝。虽然贺若敦用计迷惑侯瑱,但双方打成了相持战,侯瑱无法击败贺若敦,贺若敦也无力夺回湘州。侯瑱提出送贺若敦过长江，双方罢兵。此时，贺若敦军中病死者十之五六，已无力再战，只得回师。北周的执政大臣宇文护认为他失地无功，将他削职为民。

两年后，贺若敦又被重新起用，任金州总管、七州诸军事、金州刺史。但贺若敦见同辈的将领都已官拜大将军，难免耿耿于怀；加上湘州之战自己率全军而返，不但没有被嘉奖，反而被免职，因此"每怀怨愤"，口出怨言。宇文护得知后大怒，将他召回，逼他自杀。贺若敦临死前对他的儿子贺若弼说："吾志平江南，今而不果，汝必成吾志。吾以舌死，汝不可不思。"他用锥子将贺若弼的舌头刺出血来，要他记住这个血的教训。这便是"锥舌诫子"典故的来源。

贺若弼同其父一样，也是少有大志，精于骑射，骁勇善战，而且文才很好，博览群书，"有重名于当世"。周武帝宇文邕对太子宇文赟多有不满。上柱国王轨曾与贺若弼谈及此事，认为太子宇文赟不堪重任。贺若弼也认同他的观点，并建议他适当时对宇文邕进言。于是，王轨对宇文邕说："太子非帝王器，臣亦尝与贺若弼论之。"宇文邕便问贺若弼，但贺若弼见太子地位已难以动摇，害怕出言不慎招来祸患，便否认说："皇太子德业日新，未睹其阙。"宇文邕听后沉默不语。王轨责问贺若弼为何不说真话。贺若弼回答说："君不密则失臣，臣不密则失身，所以不敢轻议也。"看来他还是牢记了父亲临终时的遗言。果然，太子宇文赟继位后，王轨被杀，贺若弼躲过了一劫。

杨坚登基建立隋朝后，"有吞并江南之志"，向亲信高颎询问谁堪任大将。高颎说："朝臣之内，文武才干，无若贺若弼者。"于是，杨坚任命贺若弼为吴州总管，镇守广陵，委以平定南陈的重任。而贺若弼也欣然以灭南陈为己任，积极准备，并向杨坚献"取陈十策"，深得杨坚的赞同。

第三部　隋唐兴衰
03　负气自傲终因言招祸的贺若父子

开皇八年（588），隋朝大举出兵伐南陈，近52万大军兵分八路，由晋王杨广统率，但主要承担进攻南陈都城建康任务的是贺若弼和韩擒虎两路。贺若弼从广陵渡江南下，韩擒虎从姑孰（今当涂）北上，两面夹击。开皇九年（589）正月初一，贺若弼不等杨广出兵的号令，便率先出奇兵渡江，攻占了京口（今镇江），进逼建康。贺若弼军令严肃，秋毫无犯，有军士去百姓家买酒，也被当场处斩。他俘获六千多南陈士兵，也全部发给路费释放，南陈军队因此望风披靡，毫无斗志。

贺若弼进据钟山，南陈后主陈叔宝派大将萧摩诃等率主力同贺若弼决战，结果被贺若弼击败，萧摩诃被俘。韩擒虎则在南路乘虚攻进建康城，俘虏了陈叔宝。贺若弼得知后，觉得韩擒虎抢了自己的头功，愤愤不平，竟然与韩擒虎争功相骂，甚至拔刀相向。而杨广因为贺若弼不听号令就先期决战，有违军令，要追究他的责任。好在杨坚赶紧派人对杨广说："平定江表，（贺若）弼与韩擒虎之力也。"这才平息了一场纷争。

为了安抚贺若弼，同时也为了奖励他的功劳，杨坚特命他登御座，赐物八千段，以及其他各种金银财宝，加位上柱国，进爵宋公，拜右武侯大将军，还把陈叔宝的妹妹赐给他为妾。可贺若弼却依然不服，竟然在杨坚面前争功劳。好在杨坚也没有计较，依然给了贺若弼很高的荣誉和赏赐："兄弟并封郡公，为刺史、列将，家之珍玩，不可胜计，婢妾曳罗绮者数百，时人荣之。"

然而，贺若弼却并不知足，他自认为功名在群臣之上，常以宰相自许。但杨坚这次并没有满足他，仍然任命他为大将军。贺若弼心怀不满，口出怨言，结果被免官。这样一来，贺若弼"怨望愈甚"，杨坚下令将他下狱审讯。公卿们认为他罪当处死，但杨坚还是考虑到他的功劳，将他免死除名，一年后又恢复了他的爵位，但不再任用他，这其实也是对他的一种保护。每逢宴请，杨坚都对他"遇之甚厚"。可几年后，贺若弼又因事下狱。杨坚批评他说："公有三太猛：嫉妒心太猛，自是、非人心太猛，无上心太猛。"但最终杨坚还是原谅了他，将他无罪释放了。

杨坚去世后，杨广继位，依然没有重用贺若弼，只是给他光禄大夫这样一个闲散的职位。但贺若弼口无遮拦的老毛病依然不改。大业三年（607），贺若弼私下议论批评杨广，被人告发，结果以诽谤朝政的罪名被处死。《资治通鉴》注文对此有评论："贺若弼能从父之志而取江南，不能守父之戒而保其身。"不知贺若弼临刑前，是否想起当年贺若敦临死前对他的告诫。

魏征主持编纂的《隋书》对贺若弼有这样一段评价："贺若（弼）功成名立，矜伐不已，竟颠殒于非命，亦不密以失身。若念父临终之言，必不及于斯祸矣。"

04

高颎：深避权势却终难免祸

在隋文帝杨坚的开国功臣和文官集团中，高颎可以说是首屈一指的。他文武全才，深得杨坚的信任，且为人低调，不抢权争宠，身居高位而明达世务，"当朝执政将二十年，朝野推服，物无异议，海内富庶，颎之力也"。尽管如此，高颎却最终未能免祸，"天下莫不伤惜，至今称冤不已"。

高颎"少明敏，有器局，略涉书史，尤善词令"。他父亲高宾曾是北周上柱国独孤信的幕僚，官至刺史，赐姓独孤氏。因这层关系，高颎在北周时任内史下大夫，承袭了武阳县伯的爵位。而独孤信的女儿嫁给了杨坚，也就是后来著名的独孤皇后。又因这层关系，高颎被杨坚看中。杨坚担任了大丞相，掌握了北周的政权后，就将高颎搜罗到自己的帐下，任命他为相府司录，成为杨坚的幕僚和智囊。尉迟迥起兵反抗杨坚时，高颎曾主动前往监军，并协助主帅韦孝宽大破尉迟迥之子尉迟惇的十万大军。高颎也因此进位柱国，改封义宁县公，迁相府司马，"宠遇日隆"。

杨坚称帝建立隋朝后，任命高颎为尚书左仆射，兼纳言，官居宰相之职，并进封为渤海郡公，还尊称他为"独孤公"，"朝臣莫与为比"。但高颎"深避权势",不愿过于张扬,因此主动向杨坚提出将宰相之职让与另一重臣苏威。杨坚一开始答应解除他尚书左仆射之职,但过几天又恢复了,并加封左卫大将军。高颎与苏威同朝辅政,"制度多出于(高)颎","政刑大小,帝无不与之谋议,然后行之。故革命数年,天下称平"。

高颎虽然官拜宰辅之职,但主要的履历还是在军事方面。杨坚即位后,就开始作征伐南陈的准备。他曾询问高颎谁可领兵灭南陈,高颎向他推荐了贺若弼和韩擒虎二人,杨坚便任命贺若弼为吴州总管,韩擒虎为庐州总管;而最后领兵攻入建康、灭南陈的正是此二人。

开皇元年(581)九月,杨坚命上柱国长孙览、元景山为行军元帅,对南陈进行试探性进攻,由高颎统领诸军。次年,陈宣帝陈顼去世,陈军兵败请和,高颎认为"礼不伐丧",而且目的已经达到,因此班师回朝。

开皇八年(588),杨坚以晋王杨广为统帅,大举征伐南陈。高颎为元帅长史,"三军咨禀,皆取断于(高)颎"。次年,攻破建康,俘虏了南陈后主陈叔宝。杨广要高颎留下陈叔宝的宠妃张丽华,打算自己受用。但高颎认为,"昔太公蒙面以斩妲己,今岂可留(张)丽华",遂将张丽华处死。杨广得知后,愤愤地说:"古人云:无德不报,我必有以报高公矣!"这就埋下了高颎悲剧结局的祸根。

高颎回京后,杨坚论功行赏,加封他为上柱国,进爵齐国公,赏赐绢帛九千匹,食邑一千五百户,并对他说:"公伐陈后,人言公反,朕已斩之。君臣道合,非青蝇所间也。"这一番话,既表明了杨坚对他的信任,也反映出朝中对高颎嫉妒不满的大有人在。因此,高颎再次提出让位,但又一次被拒绝。杨坚还专门下诏:"公识鉴通远,器略优深,出参戎律,廓清淮海,入司禁

第三部　隋唐兴衰
04　高颎：深避权势却终难免祸

旅，实委心腹。自朕受命，常典机衡，竭诚陈力，心迹俱尽。此则天降良辅，翊赞朕躬，幸无词费也。"但高颎低调谦卑，不敢居功。杨坚曾同他和贺若弼一起谈及平定南陈之事。高颎说："贺若弼先献十策，后于蒋山苦战破贼。臣文吏耳，焉敢与大将论功。"杨坚非常欣赏他的这种谦让态度，也正因为如此，后来右卫将军庞晃等人在杨坚面前说高颎的坏话，结果都被罢黜。杨坚对高颎说："独孤公犹镜也，每被磨莹，皎然益明。"杨坚曾亲自去高颎府上看望，赐钱百万，绢万匹，并将太子杨勇的女儿嫁给了高颎的儿子高表仁，可谓恩宠无比，风光无限。

然而，正是由于同太子杨勇的这层关系，使得高颎不可避免地卷入了皇家内部的争斗之中。杨广为了争夺太子之位，不断在杨坚和独孤皇后面前挑唆，使得太子失宠于杨坚和独孤皇后。杨坚曾就是否废掉太子询问高颎的意见，但高颎的态度很坚决："长幼有序，其可废乎！"本来独孤皇后由于独孤信的关系，同高颎一家的关系很亲密，但如此一来，为了扫除废掉杨勇的障碍，便也在杨坚面前说他的坏话了。

不久，高颎的夫人因病去世。独孤皇后对杨坚说："高仆射老矣，而丧夫人，陛下何能不为之娶。"杨坚去征求高颎的意见，高颎说："臣今已老，退朝，唯斋居读佛经而已，虽陛下垂哀之深，至于纳室，非臣所愿。"见他婉言谢绝，杨坚也不再勉强他。可不久，高颎的爱妾生了一个男孩。独孤皇后便对杨坚说："陛下尚复信高颎邪？始，陛下欲为颎娶，颎心存爱妾，面欺陛下。今其诈已见，安得信之！"杨坚由此便开始对高颎心存芥蒂，不久找借口免去了他上柱国、左仆射的职务。

正所谓"墙倒众人推"，高颎一旦失宠，那些原本就嫉妒他的人纷纷说他的坏话，甚至栽赃陷害。杨坚最终将高颎除名为民。当年杨坚任命高颎为左仆射时，高颎的母亲曾劝诫说："汝富贵已极，但有一斫头耳，尔其慎之！"所以，高颎一直非常谨慎，现在被罢官回乡，也正好借此机会远离了是非之地，庆幸自己可以因此而免祸了。

然而，杨广似乎还惦记着高颎。杨广继位后，任命高颎为太常，这对高颎而言就是一个闲差，而高颎这时却忘了母亲的劝诫，忍不住对朝廷事务发表一些评论，结果正好被杨广抓住把柄。大业三年（607），杨广以"诽谤朝政"的罪名，将他和贺若弼等人一同处死了。

后来，唐太宗李世民对高颎作过这样一番评价："高颎有经国大才，为隋文帝赞成霸业，知国政者一十余载，天下赖以康宁。文帝唯妇言是听，特令摈斥，及为炀帝所杀，刑政由是衰坏。"

05 隋朝第一名将杨素的成名之路

在隋朝的功臣榜和名将榜上,杨素恐怕是当仁不让的第一人。魏征等人主持编纂的《隋书》中称"考其夷凶静乱,功臣莫居其右;览其奇策高文,足为一时之杰"。这个评价应该是非常高了。但杨素死后,"坟土未干,阖门殂戮,丘陇发掘,宗族诛夷";唐太宗李世民更是直指其为祸乱隋朝的罪魁祸首:"杨素欺主罔上,贼害良民,使父子道灭,逆乱之源,自此开矣。"

杨素和同时代的一些著名将领一样,文韬武略,无不精通,史称其"兼文武之资,包英奇之略,志怀远大,以功名自许"。北周武帝宇文邕任命他为车骑大将军、仪同三司。宇文邕曾命他起草诏书,他下笔立成,而且"词义兼美"。宇文邕非常满意,对他说:"善自勉之,勿忧不富贵。"杨素回答说:"臣但恐富贵来逼臣,臣无心图富贵!"可见杨素对自己的才干也是颇为自负的。

杨坚掌控北周政权后,杨素投奔杨坚门下,杨坚也对杨素非常器重。在平定尉迟迥反叛的过程中,杨素也积极协助,因功被任命为徐州总管,进位柱国,封清河郡公。杨坚称帝后,又加杨素为上柱国，任命为御史大夫，成为朝廷重臣。然而，一场夫妻间的争吵，几乎断送了杨素的政治前程。杨素的妻子郑氏性格强悍蛮横，杨素同她吵架时，气头上说了一句"我若为天子，卿定不堪为皇后"，结果被郑氏一状告到了杨坚那里，杨素因此被罢免了。

杨坚称帝后，一直在作灭南陈的准备。杨素看准了这个机会，积极进言献策。杨坚因此起用杨素为信州总管，驻守永安。杨素大肆训练水军，建造战舰。开皇八年（588），杨坚任命晋王杨广、秦王杨俊和杨素为行军元帅，统率八路大军大举征伐南陈。杨素是唯一非亲王的行军元帅，他率军从永安出发，沿江东下，经过激战，大破南陈军队，控制了长江上游地区，保障了下游的渡江作战。战后，杨坚将杨素进爵为越国公，赐物万段，粟万石，超过对高颎、贺若弼等人的奖励。显然，在杨坚的心目中，杨素无疑是灭南陈的第一功臣。不久，杨坚又任命杨素为纳言，后又改任内史令。出将入相，对杨素而言，无疑是很高的荣誉了。

开皇十年（590）冬，江南的汪文进等人起兵造反，攻陷州县，一时间，"陈之故境，大抵皆反"。杨素再度披起战袍，被任命为行军总管，率来护儿、史万岁等将领渡江征讨。经过大小数百次战斗，平定了叛乱，"江南大定"。杨素班师回朝时，杨坚专门派人去迎接，并给予了丰厚的奖赏。杨素也因"战无不胜，称为名将"，深受杨坚的信赖。开皇十二年（592），杨素又被任命为尚书右仆射，同高颎一同执掌朝政。

就在杨素仕途得意之时，遇到了一件麻烦事：开皇十三年（593），杨坚命杨素负责督建岐州的离宫——仁寿宫。杨素为了赶时间，"役使严急，丁夫多死"。开皇十五年（595），仁寿宫建成，杨坚去时，见其规模宏大壮丽，大怒："杨素殚民力为离宫，

第三部　隋唐兴衰
05　隋朝第一名将杨素的成名之路

为吾结怨天下。"杨素本想讨好杨坚，没想到反落了个不是，情急之下，听从了部下的建议，找独孤皇后去说情。独孤皇后当着杨坚的面表扬杨素说："公知吾夫妇老，无以自娱，盛饰此宫，岂非忠孝！"并赐他钱百万，锦绢三千段。杨坚自然也就不能再责怪他了。此后，杨坚多次去仁寿宫，显然也是对杨素工作的一种肯定，对杨素也更加信任了。

杨素虽贵为宰辅，但关键时刻依然带兵出征。开皇十九年（599），杨素同高颎等三路大军征讨突厥。杨素改变传统的用战车结阵的保守战法，改用骑兵主动进攻敌阵，大部队随后跟进，大败突厥。突厥首领重伤而逃，"杀伤不可胜计，其众号哭而去"。杨坚为奖励杨素的战功，赐缣二万匹，并加封他的儿子杨玄感为大将军，其余儿子都为上仪同。杨素在朝中宠贵无比，晋王杨广也卑躬与之结交。这样一来，杨素又深深卷入了争夺太子之位的宫廷斗争中了。

在独孤皇后和杨广的运作以及杨素等人的帮助下，开皇二十年（600），杨坚废黜太子杨勇，另立杨广为太子。仁寿元年（601），杨素取代高颎任尚书左仆射。同年，杨素又以宰相身份受命任云州道行军总管，率诸路军马北征，大破突厥，"自是突厥远遁，碛南无复寇抄"。杨坚进封其子杨玄感为柱国，杨玄纵为淮南郡公。杨素弟杨约及从父杨文思、杨文纪，族父杨异并为尚书、列卿，诸子无汗马之劳，位至柱国、刺史；"亲戚故吏，布列清显，（杨）素之贵盛，近古未闻"，一时间风光无限。

俗话说：功高震主。杨坚虽然信任和重用杨素，但也不愿意让他的权力过大，于是表面上照顾他，让他不必"躬亲细务"，"外示优崇，实夺之权"。杨素因此远离了政坛，不再过问朝政。

仁寿四年（604），杨素随杨坚去仁寿宫避暑。在杨坚病重之际，杨广在杨素的帮助下，策划了一场宫廷政变，谋害了杨坚，

《资治通鉴》中的政治谋略
（两晋—五代）

然后登基称帝。接着，杨广派人将废太子杨勇杀死，并将自己的弟弟汉王杨谅召回。杨谅不服，起兵反抗，他所管辖的地域广阔，而且"所居天下精兵处"，可谓兵强马壮。关键时刻，杨广委派杨素指挥军队平定了反叛。杨广论功行赏，将杨素的几个儿子和侄子封为仪同三司，并赐物五万段，绮罗千匹。次年，杨广又任命杨素为尚书令，"前后赏赐，不可胜计"。大业二年（606）又任命杨素为司徒。

杨素的政治生涯达到了顶点，但危机也从此开始。他为杨广立了大功，但杨广对他却更加猜忌，"外示殊礼，内情甚薄"。杨素也看出来了，当他病重之时，杨广派名医替他诊治，但他知自己名位已极，杨广肯定不会放过自己，因此不肯服药。他对弟弟杨约说："我岂须更活邪？"不久，杨素就去世了。杨素死后，杨广给予他高规格的封赠，可谓极尽哀荣。对杨素而言，能够善终也是一种幸运。他死后，杨广曾对亲近大臣说："如果杨素不死的话，终究是会被灭族的。"这并不是随口说的，就在杨素死后七年的大业九年（613），他的儿子杨玄感起兵反叛，结果兵败被杀。杨素的其他几个儿子也被杀，他的坟墓被刑部尚书卫玄发掘，"焚其骸骨"。

杨素作为隋朝的一代名将，为世所公认。唐建中三年（782），时任礼仪使的颜真卿向唐德宗建议，追封古代名将六十四人，并为他们设庙享奠，其中就包括杨素；宋宣和五年（1123），为古代72位名将设庙，杨素亦位列其中；北宋年间成书的《十七史百将传》中，杨素也榜上有名。可是，他虽精通文韬武略，但人品低下，卷入朝廷的政治斗争，为谋求功名不择手段。《隋书》评价他："专以智诈自立，不由仁义之道，阿谀时主，高下其心。营构离宫，陷君于奢侈；谋废冢嫡，致国于倾危。终使宗庙丘墟，市朝霜露，究其祸败之源，实乃素之由也。"

06 隋朝政坛不倒翁苏威

在隋朝的开国重臣中,苏威可谓比较特殊的一位。他深受杨坚的信任,在朝廷中担任要职,却又数次被罢官;而每次被罢官后,又能很快东山再起。即便是在政局混乱的隋朝末年,他依然混迹于官场且最终得以善终,不能不说是一个官场的奇迹。

苏威的父亲苏绰是西魏宇文泰手下的重要助手,深得宇文泰的信任。虽然由于父亲的关系,苏威得到当政者的信任,继承了美阳县公的爵位,并被任命为车骑大将军、仪同三司等职,但他似乎并不想卷入险恶的政坛,而似乎更乐意"屏居山寺,以讽读为娱"。

杨坚担任丞相,掌控了朝政大权后,高颎极力向他推荐苏威。杨坚召见了他,同他谈了一番后,对他极为欣赏。但苏威得知杨坚打算篡位后,"遁归田里",并不愿意参与其中。杨坚也没有勉强他,只是说了一句"此不欲预吾事耳,置之"。杨坚称帝后,并没有忘记苏威,任命他为太子太傅,追封苏绰为邳国公、食邑三千户,并由苏威袭爵。不久,又任命苏威为纳言、民部尚书。苏威上书推辞,杨坚对他说:"舟大者任重,马骏者远驰,以公有兼人之才，无辞多务也。"显然，杨坚对苏威的才干是极为看重的。苏威提出减赋役、务从轻简的建议，也被杨坚采纳。苏威同高颎共同执掌朝政，并兼任大理卿、京兆尹、御史大夫数职，可谓位高权重。

治书侍御史梁毗认为苏威身兼五职，贪恋于繁多的权位，上书弹劾他。杨坚对大臣说："苏威不值我，无以措其言；我不得苏威，何以行其道？"公开表示了对苏威的倚重。苏威与高颎同心辅政，"政刑大小，无不筹之，故革运数年，天下称治"。苏威的一项重要政绩，就是主持制定了《开皇律》。杨坚称帝后，于开皇元年（581）由高颎等人主持制定了新律。但苏威认为其中多有不妥之处，建议修改；内史令李德林不同意，说："今始颁行，且宜专守，自非大为民害，不可数更。"但杨坚在看了刑部上奏的案件后，也认为"律尚严密，故人多陷罪"，便委派苏威主持，"更定新律，除死罪八十一条，流罪一百五十四条，徒杖等千余条，唯定留五百条，凡十二卷"，"自是刑纲简要，疏而不失"。

开皇九年（589），杨坚又任命苏威为右仆射，同高颎等人并称为"四贵"，显赫无比。然而，苏威得势，自然有人看不顺眼；他经常为一些制度变革问题同人争论，也得罪了一些人。开皇十二年（592），国子博士何妥与他因事发生争论，何妥向杨坚控告苏威同朝廷大臣结成"朋党"，结果杨坚免去了苏威所有的官职。

好在杨坚只是想借此事警告一下苏威，并没有弃而不用的意思。一年多后，又恢复了他的爵位，任命他为纳言。次年，苏威随同杨坚祭祀泰山，又因"不敬"而被免官，不久又官复原职。杨坚对大臣们说的一番话，道出了个中缘由："世人言苏威诈清，家累千金，此妄言也。然其性狠戾，不切世要，求名太甚，从己则悦，违之必怒，此其大病耳！"说白了，就是性情过于耿直，

第三部 隋唐兴衰
06 隋朝政坛不倒翁苏威

太要面子,又不给别人留情面,自然得罪了不少人。其实,何止是对同僚和部下,苏威有时对杨坚也是如此。所以,杨坚既倚重他,但又不得不时刻敲打他。仁寿元年(601),苏威又被任命为右仆射。左仆射杨素经常带兵在外,实际上就是由苏威执掌朝政。杨坚离京去仁寿宫,就由苏威负责留守京城。

隋炀帝杨广即位后,加封苏威为上大将军;杨素去世,苏威又接任尚书左仆射。大业三年(607),高颎、贺若弼等以诽谤朝政的罪名被杀,苏威也受到牵连,被免除了官职。一年多后,苏威又被起用,任鲁郡太守;不久又被征召回京,参与朝政。鉴于苏威是前朝重臣,杨广还是对他予以重用,重新担任纳言,并与左翊卫大将军宇文述、黄门侍郎裴矩、御史大夫裴蕴、内史侍郎虞世基共同参掌朝政,被时人称为"五贵"。其余几人都是"以谄谀有宠",与这些人为伍,可见苏威已不复当年的耿直了。

隋朝末年,天下大乱,而杨广身边的近臣却依然对他欺瞒。苏威作为朝廷重臣,对此也很矛盾:不敢直说,但不说又憋不住。一次,杨广问身边的大臣近来盗贼的情况。宇文述回答说:越来越少了,已经不到原来的十分之一了。苏威见状,干脆躲到朝堂的柱子后面。但杨广偏偏问他,他只得回答说:我不知道具体情况,只是觉得盗贼越来越近了。杨广听后自然不高兴,而其他大臣也趁机打击苏威,诬陷他与突厥勾结,图谋不轨,结果苏威又一次被罢官,除名为民。

苏威虽然被罢免了官职,但大业十二年(616)杨广巡幸江都时,依然让苏威随行,并打算重新起用他。后因裴蕴、虞世基等人的阻止而作罢,但苏威也因祸得福。大业十四年(618),宇文化及在江都发动政变,杀死了杨广,"隋宗室、外戚,无少长皆死",裴蕴、虞世基等人也被杀,苏威则躲过了一劫,还被宇文化及任命为光禄大夫、开府仪同三司。不久,宇文化及率军进逼洛阳，被李密击败，苏威又随众投降了李密。李密看在他是隋朝元老的份上，对他很尊重；但苏威见到李密后，"唯再三舞蹈，称：不图今日复睹圣明！"不久，李密被隋将王世充击败。苏威回到了洛阳，被越王杨侗（隋皇泰帝）任命为上柱国、邳国公。唐武德二年（619），王世充逼迫杨侗将皇位"禅让"给自己，由苏威领头"劝进"。苏威觉得自己身为隋朝旧臣，生逢乱世，能保住性命就不错了，也就顾不得什么颜面了。王世充称帝后，拜苏威为太师。

武德四年（621），李世民击败王世充，攻占了洛阳。年届八旬的苏威又去觐见李世民，但又想摆摆架子，称自己老病不能拜。李世民让人传话说："公隋室宰相，危不能扶，使君弑国亡；见李密、王世充皆拜伏舞蹈，今既老病，无劳相见！"让他吃了闭门羹。苏威不死心，到了长安后再次求见，李世民依然拒不接见。苏威"既老且贫，无复官爵"，于武德六年（623）在贫病中去世，终年82岁。

王夫之在《读通鉴论》中，对苏威作过这样一番评价："盖苏威者，必不可容于清明之世，苟非斥正其为匪人，则风教蔑、廉耻丧、上下乱，而天下之祸不可息也。……媚于当世也似慎，藏于六艺也似正，随时迁流也似中，以老倨骄而肆志也似刚，杀之无名，远之不得，天下且以为道之莫尚可。而导世以偷污，为彝伦之大贼，是可容也，孰不可容也！"

07 隋朝的"立法"与"毁法"

中华法系的代表,是唐朝的《唐律》及《唐律疏议》;而《唐律》又是以《开皇律》为代表的隋朝法律为基础的。唐初制定法律时,"采《开皇律》宜于时者立之";最终确定的法典体例和内容,也是"因隋之旧"。因此,隋朝法律对于中国古代法律的发展,无论是基本原则,还是制度体系,都具有十分重要的奠基性的意义。然而,隋朝灭亡的原因之一,又恰恰是"禁网深刻",枉法滥刑。从"立法"到"毁法",可以说是隋朝法制留给后人的一个十分深刻的教训。

隋朝是隋文帝杨坚窃取北周政权而建立的,因而其政治、法律等一系列制度基本上都是以北周为基础的。而以《大律》为代表的北周法律虽然在篇章体例上沿袭了魏晋以来的法律,内容却多达一千五百多条,"烦而不当"。因此,隋朝于581年建立之初,就由宰相高颎和内史令李德林等主持修订法律,"采魏、晋旧律,下至齐、梁,沿革轻重,取其折衷",并于同年十月颁行。但由于时间较为仓促,法律内容上有许多疏漏之处,因而在法律颁行后,围绕修改问题展开了争论。纳言苏威认为其中多有不妥之处，多次建议修改；但李德林不同意，说："今始颁行，且宜专守，自非大为民害，不可数更。"杨坚开始也认同李德林的观点，但在看了刑部上奏的案件多达数万件后，也认为"律尚严密，故人多陷罪"，便委派苏威主持，"更定新律，除死罪八十一条，流罪一百五十四条，徒杖等千余条，唯定留五百条，凡十二卷"，于隋开皇三年（583）颁行，这就是《开皇律》。

需要指出的是，关于《开皇律》的蓝本，现今绝大多数法制史论著都认为是《北齐律》。陈寅恪在《隋唐制度渊源略论稿》中最先提出这一观点："隋受周禅，其刑律亦与礼仪、职官等皆不袭周而因齐。"其依据便是《隋书·刑法志》中所说的隋律"多采后齐之制，而颇有损益"。但从《开皇律》对旧律的删修来看：除死罪81条，流罪154条，徒杖罪千余条，共删去1200余条，加上保留的500条，有1700余条，《北齐律》不足1000条，在其基础上作这样的删修显然是不可能的。而北周《大律》有1537条，在此基础上进行删修，显然更符合实际情况。因此，《开皇律》是以北周《大律》为蓝本，参考和借鉴了魏晋以来尤其是北齐法律发展成果的集大成之作。也正因为如此，《开皇律》颁行后，"自是刑纲简要，疏而不失"。

为了保证法律的执行，解决"律令初行，人未知禁，犯法者众"，而"吏承苛政之后，务锻炼以致人罪"的问题，《开皇律》还专门规定了罪犯对判决不服的申诉制度。然而，隋朝的立法成果，并没有在司法实践中得以有效贯彻，而带头破坏者，恰恰是杨坚本人。史称杨坚晚年"喜怒不恒，不复依准科律"。他仅仅因为有下属不听从长官的命令，就下令："诸司论属官罪，有律轻情重者，听于律外斟酌决杖。"其结果是"上下相驱，迭行捶楚，以残暴为能干，以守法为懦弱"。法律规定盗窃罪的最高刑为流刑，但杨坚因为"盗贼繁多"，就"命盗一钱以上皆弃市，

第三部　隋唐兴衰
07　隋朝的"立法"与"毁法"

或三人共盗一瓜，事发即死"。杨坚甚至还规定：凡被人举报的盗贼，家财全部奖励给举报者，结果那些无赖之徒等富家子弟路过时，故意将财物丢在路上，一旦被捡起来，就将富家子弟扭送官府，而取其赏，"大抵被陷者甚众"。

关于是否应当依法定罪的问题，杨坚同司法大臣因此还不断发生争论。刑部侍郎辛亶穿红内裤避邪，被杨坚发现，竟然要以"厌蛊"的罪名将其处死。大理少卿赵绰认为辛亶"法不当死，臣不敢奉诏"。杨坚威胁他说，"卿惜辛亶而不自惜也"，坚持要处死辛亶。赵绰固执道："陛下宁杀臣，不可杀辛亶！"杨坚下令连赵绰一起杀，还问他"竟如何？"赵绰回答："执法一心，不敢惜死。"杨坚无奈，只得宽恕他们。当然，这只是个别现象，其他的人就没那么幸运了。

上行下效，地方官在执行法律时，往往也是为所欲为。《开皇律》对包括笞杖罪等轻罪在内的刑罚执行都作了明确的规定，但往往在实际上成了一纸具文。幽州总管燕荣不但随意鞭挞，"动至千数"（法律规定最多不超过二百），还别出心裁，见道旁的荆条"堪作杖，命取之，辄以试人，人或自陈无罪，（燕）荣曰：后有罪，当免汝。既而有犯，将杖之，（其）人曰：前日被杖，使君许以有罪宥之。（燕）荣曰：无罪尚尔，况有罪邪！杖之自若"，简直如同儿戏。

著名历史学家吕思勉认为杨坚是一个"贤主"，但"综帝生平，惟用刑失之严酷"。隋炀帝杨广即位后，为了改变"法令峻刻"的现象，顺应百姓"久厌严刻，喜于宽政"的心理，下令修订法律，于大业三年（607）颁布，史称《大业律》，"其五刑之内，降从轻典者二百余条，其枷杖决罚讯囚之制，并轻于旧"。但这种情形也没有维持多久，"其后征役繁兴，民不堪命，有司临时迫胁以求济事，不复用律令矣！"

隋朝"立法"与"毁法"的历史告诉我们：一部好的法律固然重要，但更重要的是法律要能够得到切实有效的贯彻执行。隋朝的《开皇律》作为中国古代法典和中华法系的奠基之作，其重要意义不容忽视；但我们更要看到，制定了法律却没有得到执行，成为隋朝"二世而亡"的一个重要因素，这是应当深刻汲取的教训。清末法学家沈家本说过："法立而不行，与无法等，世未有无法之国而长治久安也。"隋朝"立法"与"毁法"的历史，也充分证明了这一点。

08 隋朝为何重蹈"二世而亡"的覆辙

杨坚再度统一中国,建立了一个强大的隋朝,但最终却同秦朝一样,二世而亡。个中缘由,颇耐人寻味。

隋朝虽然是亡于隋炀帝杨广之手,但根源却是在隋文帝杨坚。杨坚虽然一统江山,建立了一个强盛的帝国,但他的晚年却如《隋书·高祖纪》中的评论所说:"听哲妇之言,惑邪臣之说,溺宠废嫡,托付失所。灭父子之道,开昆弟之隙,纵其寻斧,剪伐本枝。坟土未干,子孙继踵屠戮,松槚才列,天下已非隋有。"因此,"稽其乱亡之兆,起自高祖,成于炀帝,所由来远矣,非一朝一夕"。

隋炀帝杨广和秦二世胡亥颇有相似之处:都是以阴谋手段夺取太子之位;都是因横征暴敛、严刑峻法激化社会矛盾,引发了各地的暴乱;而且最终也都是被身边的亲信所杀。但两人根本的不同之处在于,胡亥是一个典型的昏君,而杨广在严格意义上说并不是一个"昏君",甚至可以说是一个"干才"。他不仅文武全才,而且文治武功在历代帝王中都堪称一流,甚至可与汉武帝刘彻和唐太宗李世民等雄才大略的君主相媲美。

杨广"美姿仪，少敏慧"，可谓秀外慧中，而且勤奋好学，写得一手好文章和诗歌，这也是他颇为自负之处。他做了皇帝之后，对于诗歌写得比他好的那些大臣，难免有些嫉妒。著名诗人、司隶大夫薛道衡的《昔昔盐》一诗中的"暗牖悬蛛网，空梁落燕泥"为时人所称道，后来他因言获罪，被处死时，杨广讥讽说："更能作'空梁落燕泥'否？"大臣王胄因参与杨玄感谋反而被处死，杨广依然念念不忘其佳句"庭草无意随人绿"，并说："复能作此语邪？"从这些"斤斤计较"中，可以看出杨广的确是"自负才学，每骄天下之士"，"不欲人出其右"。

杨广不仅文才很好，武略也很行。由于是皇子的关系，他13岁就被封为晋王，后又授武卫大将军、进位上柱国。开皇八年（588），杨坚大举征伐南陈，以杨广为行军元帅，统领八路大军近52万人马，三个月时间就攻占建康，俘虏南陈后主陈叔宝。灭南陈之后，他斩杀了南陈的著名奸臣，而且"封府库，资财无所取，天下称贤"，赢得了很高的声誉。后来在平定南方的叛乱以及北征突厥等战争中，也锻炼了他的军事指挥才能。就这一点而言，他的确是胜过了长期身处深宫的太子杨勇。

由于身份关系，决定了皇位的继承人是太子杨勇；而杨广要争夺帝位，首先必须夺得太子之位。而从两人的能力和性格而言，杨广无疑都是胜过杨勇的。杨勇性格直率，不善矫饰；而杨广性格沉深，善于伪饰。两相比较，高下立判。杨坚性节俭，不喜欢铺张，杨勇则喜欢搞排场。为此杨坚曾告诫他说："自古帝王未有好奢侈而能久长者。汝为储后，当以俭约为先，乃能奉承宗庙。"但杨勇似乎并没有将这话放在心上，依然我行我素。杨坚由此对他"恩宠始衰，渐生猜阻"。反观杨广，就很善于伪饰，杨坚和独孤皇后去他那里时，他"悉屏匿美姬于别室，唯留老丑

第三部 隋唐兴衰
08 隋朝为何重蹈"二世而亡"的覆辙

者，衣以缦彩（没有花纹图饰的衣服），给事左右；屏帐改用缣素；故绝乐器之弦，不令拂去尘埃"，从而赢得杨坚和独孤皇后的欢心。而且杨广非常善于笼络人心，包括杨素、宇文述在内的一些朝廷重臣都替他说话，加上独孤皇后的不断怂恿，使得杨坚在开皇二十年（600）下决心废掉了杨勇的太子之位，另立杨广为太子，从而埋下了覆亡的祸根。隋朝的监察御史房彦谦（唐初名相房玄龄之父）就曾私下对人说："主上（杨坚）忌刻而苛酷，太子卑弱，诸王擅权，天下虽安，方忧危乱。"房玄龄也私下对其父说："主上本无功德，以诈取天下，诸子皆骄奢不仁，必自相诛夷，今虽承平，其亡可翘足待。"

平心而论，正如前面说到的那样，若论治国理政的才能，杨广是远胜于杨勇的。他即位后做的三件大事，对后世产生了深远的影响：

一是修建运河。杨广于即位之初的大业元年（605），下令调征河南、淮北诸郡百多万人修通济渠，沟通了黄河和淮河水系。接着，又征发淮南民工十余万人开邗沟，沟通了长江水系；大业四年（608），再次征发河北民工百万开永济渠，北通涿郡（今北京一带）；大业六年（610），又沟通了自京口至余杭的八百里河道，从而形成了以洛阳为中心，南北蜿蜒五千多里，沟通黄河、淮河、长江、钱塘江、海河五大水系的大运河。尽管直到今天，人们对杨广修建大运河仍持有不同的评价，但客观上，这对于促进南北经济、文化交流，维护全国统一和中央集权制的加强，都起到了重要作用。

二是开创科举制。大业二年（606）增设进士科，通过考试选拔官员，奠定了后世科举制度的基础。虽然后人对杨广设进士科的内容和目的有不同看法，但科举考试制度是由杨广开创的这一点，应该成为定论，其意义也不容否认。唐玄宗李隆基时的礼部尚书沈既济就认为:"前代选用,皆州郡察举……至于齐隋,不胜其弊……是以置州府之权而归于吏部。自隋罢外选,招天下之人,聚于京师春还秋住,乌聚云合。"

三是开疆拓土。在隋朝的军事压力下,北方的劲敌突厥臣服于杨广,西方的强敌吐谷浑也被打得大败,都城被隋军攻占,君主落荒而逃。大业五年(609),杨广亲率大军西行,到达张掖郡,西域27国"谒于道左",并在西域设置西海、河源、鄯善、且末四郡。中国历史上君主到达西北这么远的地方,唯杨广一人。杨广开拓疆土,拓展了西北边疆,繁荣了丝绸之路的贸易,增强了隋朝的国力,弘扬了隋朝的国威,"是时天下凡有郡一百九十,县一千二百五十五,户八百九十万有奇。东西九千三百里,南北万四千八百一十五里。隋氏之盛,极于此矣!"也难怪唐太宗李世民曾感慨道:"大业之初,隋主入突厥界,兵马之强,自古已来不过一两代耳。"

然而,这些"丰功伟绩"的主要动力,无疑是杨广好大喜功的心态。作为一个雄才大略的君主,这种心态本来是很正常的,但也应当"取之有道"。而杨广为了达到目的,不顾国力和民生,大肆折腾。他开挖大运河、造龙舟,征发民役,"役丁死者什四五,所司以车载死丁,东至成皋,北至河阳,相望于道"。更有甚者,杨广为了满足自己的虚荣心,三次攻打高丽,不顾百姓死活,大肆征发劳役和兵役,从而激化了社会矛盾。这也成为压垮隋朝的最后一根稻草,直接导致了隋末大乱,造成了隋朝的覆亡。

大业七年(611),杨广下诏征讨高丽,大肆征用民夫,"往还在道常数十万人,填咽于道,昼夜不绝,死者相枕,臭秽盈路,天下骚动"。而离高丽较近的山东则首当其冲,使得民不聊生,"于是始相聚为群盗"。邹平县民王薄聚众起义就是以此为号

第三部　隋唐兴衰
08　隋朝为何重蹈"二世而亡"的覆辙

召，"自是所在群盗蜂起不可胜数"。大业八年（612），杨广亲率大军征讨高丽，虽然声势浩大，"近古出师之盛，未之有也"，但由于举措失误，招致惨败，"九军度辽，凡三十万五千，及还至辽东城，唯二千七百人，资储器械巨万计，失亡荡尽"。杨广不甘心失败，于次年再度出师征讨高丽，结果各路豪强"各聚众攻剽，多者十余万，少者数万人，山东苦之"。由于杨玄感起兵造反，攻占洛阳，杨广被迫回军，第二次征讨高丽又未能成功。大业十年（614），杨广再一次下令征讨高丽，但此时"天下已乱，所征兵多失期不至"。四年后，杨广在江都被部下杀害，隋朝也在各路群雄的打击下灭亡。唐公李渊趁势而起，扫平各路群雄，建立了唐朝。

魏征等主持编纂的《隋书》对杨广的功绩作过这样的评价："南平吴会，北却匈奴，昆弟之中，独著声绩"，对他的文治武功给予了肯定。而导致杨广失败的根本原因，也正是在于他恃才而失德。正如唐太宗李世民所说："隋炀帝纂祚之初，天下强盛，弃德穷兵，以取颠覆。"这也正应了司马光在《资治通鉴》开篇所说的那番话："才德全尽谓之圣人，才德兼亡谓之愚人，德胜才谓之君子，才胜德谓之小人。凡取人之术，苟不得圣人、君子而与之，与其得小人，不若得愚人。何则？君子挟才以为善，小人挟才以为恶。挟才以为善者，善无不至矣；挟才以为恶者，恶亦无不至矣。……自古昔以来，国之乱臣，家之败子，才有余而德不足，以至于颠覆者多矣！"

09 唐初为何会发生"玄武门之变"的悲剧

唐高祖李渊太原起兵,进而夺取江山,建立了唐朝,多少具有一些偶然性。因为在中国历史上所有的开国君主中,李渊可以说是最无能的一位。他之所以能登上开国君主的宝座,主要靠的是他的次子李世民,对此李渊自己也是很清楚的。但他不但未能处理好家庭内部的复杂关系,反而激化了几个儿子之间的矛盾,最终发生了"玄武门之变"的人伦悲剧。

李渊的祖父李虎,在西魏时官至太尉,是西魏八柱国之一,封爵唐国公,父亲李昞是北周的柱国大将军。李渊的母亲是北周大臣独孤信的女儿。独孤信的长女嫁给了北周明帝宇文毓,四女嫁给了李昞,七女嫁给了杨坚,因此李渊是杨坚的亲外甥,杨广嫡亲的表兄弟。也正是由于这层关系,父亲李昞去世后,7岁的李渊便袭封了唐国公的爵位,并累任谯州、陇州、岐州三州刺史。杨广即位后,又被任命为殿内少监、卫尉少卿等职。

隋大业十三年(617),李渊被任命为太原留守、晋阳宫监。这时,各地群雄蜂起,杨广困守江都。李世民见"隋室方乱,阴

第三部　隋唐兴衰
09　唐初为何会发生"玄武门之变"的悲剧

有安天下之志,倾身下士,散财结客",密谋起兵。他寻机建议李渊"顺民心,兴义兵"。而李渊听后大惊:"汝安得为此言,吾今执汝以告县官!"但在李世民的再三劝说下,李渊只得同意了,说:"今日破家亡躯亦由汝,化家为国亦由汝矣!"

李渊同意起兵后,李世民积极着手准备,控制了晋阳城,公开打出旗号。李渊自封为大将军,率军南下,并对李世民说:"吾之成败皆在尔,知复何言,唯尔所为。"可以说是把自己的身家性命都交给李世民了。李渊攻占长安后,拥立杨广之孙、代王杨侑为帝(隋恭帝),遥尊杨广为太上皇,李渊为唐王、大丞相、尚书令;以李建成为唐王世子,李世民为京兆尹,改封秦国公;四子李元吉为齐国公。次年,杨广被杀,李渊逼迫杨侑禅位于己,建立了唐朝,以李建成为皇太子。

李渊虽然称帝,但势力仅限于关中与河东一带。当时最强的几股势力是瓦岗军的李密、洛阳的王世充和河北的夏王窦建德等,而关中最强劲的对手就是薛举。唐军利用关东群雄厮杀之机,由李世民为元帅,率军征讨薛举。不到半年时间,薛举病亡,儿子薛仁杲被俘杀。

此时,瓦岗军的李密被王世充击败,率残部投奔了唐朝,他麾下的许多将领也都被李世民所网罗,唐军大大增强了实力。武德三年(620),李世民率军东征王世充。双方经过几番激烈的战斗,最终王世充不敌,被围困在洛阳城,被迫向夏王窦建德求救。武德四年(621),窦建德亲率大军救援,双方在虎牢关大战,窦建德兵败,被李世民擒杀;王世充被迫投降。这样,唐朝的主要对手基本上都被李世民消灭了。

李世民率军在前方苦战、血战,李渊则在长安花天酒地,做他的太平皇帝。他的故人、王世充的右仆射苏世长投降后,被任命为谏议大夫,对他沉湎于游猎的行为提出了劝谏:"陛下游猎,薄废万机，不满十旬，未足为乐"；对他大肆营建豪华宫殿的行为也提出了批评，认为"非兴王之所为"，"今因隋室之宫室，已极奢矣，而又增之，将何以矫其失乎！"

李世民征讨各地，立下大功，但又无官职可封，于是李渊专门设立了"天策上将"一职封给李世民，"位在王公上"。李世民利用这个机会，"开馆于宫西，延四方文学之士"，网罗了包括杜如晦、房玄龄在内的大批人才；而李渊那里也没闲着，把李世民的亲信府僚都分派到各地去做地方官。房玄龄提醒李世民说："余人不足惜，至于杜如晦，王佐之才，大王欲经营四方，非如晦不可。"这番话把李世民的心思说透了，也表明宫廷内斗已经开始了。

然而，一场突如其来的事变，将这场内斗延缓了。就在窦建德被杀不久，他的部属拥戴刘黑闼聚众起兵，一时间河北各地纷纷响应，刘黑闼兵势大振，自立为汉东王。李世民再度受命领兵讨伐，并于次年击败了刘黑闼，刘黑闼率残部投奔突厥，借兵卷土重来。这次李渊似乎不愿李世民再立功勋，改派四子李元吉率军征讨，结果被刘黑闼击败。这时东宫官员王珪、魏征等对太子李建成说："秦王功盖天下，中外归心，殿下但以年长位居东宫，无大功以镇服海内。今刘黑闼散亡之余，众不满万，资粮匮乏，以大军临之，势如拉朽。殿下宜自击之以取功名，因结纳山东豪杰，庶可自安。"于是，李建成主动请命，率军征讨刘黑闼。武德六年（623），刘黑闼被李建成俘杀。

随着各地被平定，围绕太子地位的争夺也日趋白热化。如前所述，李渊太原起兵，实际上是李世民的决策，所以当时李渊曾许诺说："若事成，则天下皆汝所致，当以汝为太子。"可李渊称帝后，却是立长子李建成为太子。史书中的说法是因李世民自己"固辞而止"，但若真是这样，就不会有后来的事变了。李渊要倚仗李世民，但似乎对李世民并不信任，史称其"每有寇盗，辄命

第三部 隋唐兴衰
09 唐初为何会发生"玄武门之变"的悲剧

(李)世民讨之;事平之后,猜嫌益甚"。他的这种态度,加速了矛盾的激化。李渊为了调和儿子们之间的矛盾,竟然想出了一个馊主意,对李世民说:"首建大谋,削平海内,皆汝之功。吾欲立汝为嗣,汝固辞;且建成年长,为嗣日久,吾不忍夺也。观汝兄弟似不相容,同处京邑,必有纷竞,当遣汝还行台,居洛阳,自陕以东皆王之。仍命汝建天子旌旗"。他把话说得很明白,不会改立太子,实际就是要李世民公开表态,放弃争夺太子之位。结果,这不但未能调和他们之间的矛盾,反而促使他们加速准备。

武德九年(626),李世民先发制人,利用上朝之机,在玄武门埋下伏兵,射杀了李建成和李元吉,并且斩草除根,将他们的儿子(自己的嫡亲侄儿)全部杀掉。李渊无奈,只得下令立李世民为太子,而且"军国庶事,无大小悉委太子处决,然后奏闻"。不久,李渊又退位为太上皇,传位于李世民。李世民终于登上了君主的宝座。

玄武门之变虽然是事出有因,但根子还是在于专制制度下的权力斗争。当然,作为父亲的李渊对这场人伦剧变要承担很大的责任。更为重要的是,它开启了唐朝通过武力政变争夺皇位的恶劣先例。对此,司马光在《资治通鉴》中作过精辟的评论:"立嫡以长,礼之正也。然高祖所以有天下,皆太宗之功;隐太子(李建成)以庸劣居其右,地嫌势逼,必不相容。使高祖有文王之明,隐太子有太伯之贤,太宗有子臧之节,则乱何自而生矣!既不能然,太宗始欲俟其先发,然后应之,如此,则事非获已,犹为愈也。既而为群下所迫,遂至蹀血禁门,推刃同气,贻讥千古,惜哉!夫创业垂统之君,子孙之所仪刑也,彼中、明、肃、代之传继,得非有所指拟以为口实乎!"

据说李世民自己也知皇位得来不正,担心兄弟的鬼魂前来索命,便派尉迟恭与秦琼担任宫门守卫,但后来两人年老,无法胜任了,只得绘制了两人的画像挂在门口,这就是"门神"的由来。

10 死囚犯中出来的第一名将

若论唐初的第一名将,大概非李靖莫属。这不仅因为他战功赫赫,更在于他文武兼备,长于谋略,有着很高的军事理论素养,在中国古代的名将榜上也是名列前茅。然而,这样一位声名显赫的将领,却是从死囚犯中"爬"出来的。

在《资治通鉴》中,李靖的初次亮相,就是在刑场上:"马邑郡丞三原李靖,素与(李)渊有隙,渊入(长安)城,将斩之。"是什么事,使得两人之间有着如此的深仇大恨呢?

李靖是隋将韩擒虎的外甥,青少年时就有文武才略,胸怀大志。韩擒虎同他谈论军事,也击节称赏,说:"可与言将帅之略者,独此子耳!"隋朝第一名将、宰相杨素对李靖也极为欣赏,甚至指着自己的座位说:"卿终当坐此。"

隋朝末年,李靖被任命为马邑郡丞。此时,各路群雄蜂起,时任太原留守的李渊也在暗中招兵买马,准备起兵。李靖觉察后,便打算赶赴江都举报告发。可李靖经过长安时,已经天下大乱,道路不通,只能滞留在城里。李渊太原起兵后,迅速攻占了长安城,李靖被俘。就在开刀问斩之际,李靖大呼:"公兴义兵,

第三部　隋唐兴衰
10　死囚犯中出来的第一名将

欲平暴乱，乃以私怨杀壮士乎！"李世民见状，也替他求情，终于免于一死，李世民趁机将李靖收入了自己的帐下。武德二年（619），李靖随李世民东征王世充，因功授开府。不久，又受命率军征讨梁王萧铣，可中途被阻，不能前进。李渊认为他是故意逗留不进，密令自己的女婿、硖州都督许绍将李靖处死。可许绍认为李靖人才难得，替他求情，李靖又一次逃过一死。

俗话说，事不过三，武德三年（620），李靖随夔州总管、赵郡王李孝恭征讨萧铣，开州蛮人首领冉肇则乘乱叛唐，率众进犯夔州，李孝恭出战失利。李靖则率八百奇兵突袭，反败为胜，接着又设伏斩杀冉肇则，俘获五千多人。李渊得知后，高兴地对大臣们说："朕闻使功不如使过，李靖果展其效。"李渊下诏慰劳李靖，还特别强调说："既往不咎，旧事吾久忘之矣。"李靖总算从阴影中走出来了。

李靖为李渊立的第一个大功，就是协助李孝恭平定了萧铣。萧铣是西梁宣帝萧詧的曾孙，于大业十三年（617）起兵，国号为梁，势力范围东至九江，西至三峡，南至交趾，北至汉水，拥有精兵四十万，雄踞南方。武德四年（621），李靖献上"取萧铣十策"，被李渊采纳。李渊任命李孝恭为夔州总管，李靖为行军总管，兼任李孝恭长史，"三军之任，一以委（李）靖"。不久，李渊又任命李孝恭为荆湘道行军总管，李靖为行军长史，统领十二总管，自夔州顺流东下，突袭江陵。萧铣猝不及防，开城出降。就在萧铣投降几天后，十几万梁军的援兵赶到，见江陵城已破，也纷纷解甲投降。李靖因功被任命为上柱国，封永康县公，领兵继续平定了岭南广大地区，"凡所怀辑九十六州，户六十余万"。

武德六年（623），淮南道行台仆射辅公祏据丹阳起兵反叛，李靖以副帅身份随李孝恭征讨。李靖率轻兵攻克丹阳，辅公祏在逃跑途中被杀，江南平定。李靖被任命为江南行台兵部尚书，留镇江南，稳定了江南的局面。

就在各路兵马节节胜利之际，唐朝内部祸起萧墙，李建成、李世民兄弟的争斗日趋白热化。李世民的心腹长孙无忌、侯君集等劝李世民先下手。李世民征询李靖的意见，但被李靖婉拒了。因此，李靖可以说是少有的几个没有参与玄武门之变的重要将领。但李世民对他这种不介入宫廷内斗的行为依然给予了很高的评价。

李世民继位后，任命李靖为刑部尚书，贞观三年（629），又转任兵部尚书。此时，唐朝北方的主要劲敌突厥发生内乱，李世民以李靖为定襄道行军总管，督率四路大军共十余万人征讨突厥。李靖率骁骑三千突袭定襄，突厥颉利可汗仓皇逃走。李世民对他的战功大为赞赏，说："昔李陵提步卒五千，不免身降匈奴，尚得书名竹帛；卿以三千轻骑深入虏庭，克复定襄，威震北狄，古今所未有"。李靖督率部队乘胜追击，颉利可汗猝不及防，再次溃逃，部众因而溃散。李靖杀敌万余人，俘获男女十余万，各种牲畜数十万。颉利可汗在逃亡吐谷浑的途中被唐军俘获，送回长安，东突厥灭亡。唐朝因此占领了大片土地，疆域从阴山以北一直延伸到了大漠。

李世民论功行赏，赐绢两千匹，任命李靖为尚书右仆射，官居宰相之职，这也正应了当年杨素的预言。出将入相，对李靖而言是一个很高的荣誉。但李靖深谙功成身退的道理，以足疾为由，恳请辞去宰相之职。李世民对此又给予了高度评价："公能识达大体，深足可嘉，朕今非直成公雅志，欲以公为一代楷模。"不仅给予他很高的待遇，还特许他"每三两日一至中书门下平章事"。后世以"中书门下平章事"作为宰相的称号，就是由此而来。

第三部　隋唐兴衰
10　死囚犯中出来的第一名将

然而，李靖的军事生涯并未就此结束。贞观八年（634），李世民下令大举出兵讨伐吐谷浑，李靖以六十多岁的高龄再度披挂上阵，任西海道行军大总管，督率侯君集等各路兵马征讨吐谷浑，大获全胜。吐谷浑可汗伏允率千余骑逃到沙漠中，被部下所杀，吐谷浑被平定。

李靖虽然深谙鸟尽弓藏、功成身退之道，但麻烦还是会不断找上门来。岷州都督、盐泽道行军总管高甑生因被李靖处罚，心怀不满，诬告李靖谋反。高甑生是李世民秦王府的旧人，因而不少人替他求情。但李世民说："（高）甑生违李靖节度，又诬其反，此而可宽，法将安施！且国家自起晋阳，功臣多矣，若甑生获免，则人人犯法，安可复禁乎！我于旧勋，未尝忘也，为此不敢赦耳。"于是，将他减死流放。李世民虽然惩治了高甑生，但也间接敲打了李靖。李靖因此"阖门杜绝宾客，虽亲戚不得妄见"。《资治通鉴》注文在论及此事时写道："以李靖事太宗，然犹如此，岂非功名之际难居哉！"

贞观十七年（643），李世民命画师阎立本绘二十四功臣像置于凌烟阁，李靖位列第八；上元元年（760），唐肃宗李亨把李靖列为历史上十大名将之一，并配享于武成王（姜太公）庙。李靖写有《李靖六军镜》等多部兵书，但大都已经失传，后人编辑了《唐太宗李卫公问对》一书，在北宋时期列入《武经七书》，成为古代兵学的经典著作。

11

从功臣到叛臣：
侯君集的悲剧人生

唐朝贞观十七年（643），唐太宗李世民为纪念和表彰当初一同打天下的诸多功臣，命阎立本在凌烟阁内描绘了二十四位功臣的画像，光禄大夫、吏部尚书、潞国公侯君集名列第十七位。但仅仅过了两个月，侯君集就因参与谋反而被杀，成为凌烟阁功臣榜上的第一位"叛臣"。

与凌烟阁功臣榜上的其他一些将领不同，侯君集属于李世民秦王府的旧人，从一开始就跟随李世民南征北战，逐渐得到提拔和重用，并且在讨伐吐谷浑和攻灭高昌国的战争中立下了赫赫战功，成为显赫一时的名将。

侯君集为李世民立下的第一个功劳，就是参与了玄武门之变，并且是建议李世民先下手诛杀李建成和李元吉的几个心腹之一，史称"（李）建成、（李）元吉之诛也，（侯）君集之策居多"。侯君集也因此升迁右卫将军，封为潞国公，食邑千户；不久又进封为右卫大将军。李世民继位后的一段时间，侯君集并无特殊功绩，但职位却不断提升。贞观四年（630），侯君集被任命

第三部 隋唐兴衰
11 从功臣到叛臣：侯君集的悲剧人生

为兵部尚书、参与朝政，可见李世民对他的信赖。

侯君集军事才干的第一次重要展示，是随同李靖征讨吐谷浑。吐谷浑可汗伏允曾被隋炀帝杨广击败，投奔党项，后趁隋末大乱之机，卷土重来，收复失地。唐朝曾一度同吐谷浑联合，并将伏允作为人质的儿子慕容顺送回吐谷浑，但吐谷浑却不断侵扰唐朝的边境地区。贞观八年（634），李世民命李靖为统帅，以侯君集和任城王李道宗为副帅，率各路将领大举征讨吐谷浑，并于次年进至鄯州。侯君集对李靖说："大军已至，贼虏尚未走险，宜简精锐，长驱疾进，彼不我虞，必有大利。若此策不行，潜遁必远，山障为阻，讨之实难。"李靖听从了他的建议，挑选精锐士卒，轻装深入，大破伏允。伏允焚烧野草，率轻兵逃进沙漠地带。这时，不少将领认为"马无草，疲瘦，未可深入"，但侯君集力排众议，建议乘胜追击。李靖再次听从了他的建议，兵分两路，李靖亲率北路军，侯君集和李道宗率南路军，翻山越岭，长途跋涉两千余里。时值盛夏，但"山多积雪"，沙漠中缺水，唐军"人龁冰，马噉雪"，甚至"将士刺马血饮之"。最终，大军追上伏允主力，斩首数千级，获杂畜二十余万。伏允率千余骑逃到沙漠中，被部下所杀，吐谷浑被平定。

侯君集身为战将，李世民却将他作为治国的大臣进行培养。贞观十二年（638），李世民任命侯君集为吏部尚书，掌管官员的选拔和考核。出为战将，入朝参政，一时享有很高的美誉。但关键时刻，李世民还是充分发挥了他的军事指挥才能。贞观十三年（639），高昌国王麴文泰勾结西突厥骚扰西域各国同唐朝的往来，李世民以侯君集为交河道行军大总管，率军征讨高昌。麴文泰听到这个消息后，满不在乎地对他的国人说道：唐距离高昌有七千余里，其中两千里是沙漠地带，地无水草，寒风如刀，大军无法行军，"今来伐我，发兵多则粮运不给；三万以下，吾力能制之。

当以逸待劳,坐收其弊。"

鞠文泰有此自信,正是看准了唐军的软肋。但侯君集却出奇兵,突击通过沙漠地带,兵临城下。鞠文泰得知后,忧惧不知所措,发病而亡。他的儿子鞠智盛继立为王,企图据城坚守。侯君集包围高昌国都城,发动猛攻。原先同鞠文泰勾结的西突厥可汗听说侯君集率大军前来,不顾之前的盟约,向西逃走。鞠智盛穷途末路,被迫投降。李世民在高昌国故地设置西州,以西突厥可汗浮图城为庭州,设置安西都护府于交河城进行管辖,"于是唐地东极于海,西至焉耆,南尽林邑,北抵大漠,皆为州县,凡东西九千五百一十里,南北一万九千一十八里",盛极一时。

侯君集灭高昌,立下大功,但他破高昌后,大肆掠夺珍宝,将士也争相仿效,因而在班师回朝后,被人举报。李世民将他下"诏狱"论罪。但念其功大,最终还是免于追究。但侯君集认为自己立下大功反被问罪,心生不满,竟然挑唆洛州都督张亮一同谋反。张亮向李世民举报了。但李世民认为侯君集"语时旁无他人,若下吏,君集必不服,如此,事未可知",因此要张亮不要声张,"遂寝其事,待君集如初"。

贞观十七年(643),李世民命画师阎立本绘二十四功臣像置于凌烟阁,侯君集位列第十七名,可见李世民还是念他的功绩。但侯君集心怀怨恨,卷入了太子李承乾的谋反事件中,最终以谋反的罪名被处死。

坦白说,侯君集是否真的有谋反行为还是有疑问的,所谓"谋反",很有可能就是牢骚话说过了头;但他自视甚高,桀骜不驯,加上深受李世民信任,自然会招来很多人不满,包括他的老上司李靖和同为李靖副帅的江夏王李道宗。李世民曾让李靖教侯君集兵法,但李靖却有所保留。侯君集不满,向李世民抱怨说:"李靖将反矣","靖独教臣以其粗而匿其精,以是知之"。而李靖

第三部　隋唐兴衰
11　从功臣到叛臣：侯君集的悲剧人生

却对李世民说："此乃君集欲反耳。今诸夏已定，臣之所教，足以制四夷，而君集固求尽臣之术，非反而何！"李道宗也对李世民说："（侯）君集志大而智小，自负微功，耻在房玄龄、李靖之下，虽为吏部尚书，未满其志。以臣观之，必将为乱。"上司和同僚都有相似的说法，看来侯君集的确是得罪了不少人。所以，侯君集临刑时，容色不改，对监刑将军说："君集岂反者乎，蹉跌至此！"

李世民对如何处理侯君集也很犹豫。他对大臣们说："往者家国未安，君集实展其力，不忍置之于法。我将乞其性命，公卿其许我乎？"可是，"群臣争进曰：君集之罪，天地所不容，请诛之以明大法。"李世民对侯君集说的最后一句话是："与公长诀矣，而今而后，但见公遗像耳！"并歔欷泪下。据说，他还说过"吾为卿，不复上凌烟阁矣"的话。《旧唐书》评论侯君集说："侯君集摧凶克敌，效用居多；恃宠矜功，粗率无检，弃前功而罹后患，贪愚之将明矣。"看来，侯君集的性格，是导致他自身悲剧的主要原因。

12 李世民何以能"从谏如流"

"纳谏"是中国古代"明君"的基本特征;而在这方面,最具代表性的,无疑是唐太宗李世民了。他作为一个雄才大略的君主,最为后人称道的,恐怕也是他的"从谏如流"。的确,这也是李世民开创"贞观之治"的重要原因。

李世民即位后,于贞观元年(627)发布的第一个诏令,就是关于"谏"的:"自今中书、门下及三品以上入阁议事,皆命谏官随之,有失辄谏。"第一个与纳谏相关的事例,就是一起大案:"上(李世民)以选人多诈冒资荫,敕令自首,不首者死。未几,有诈冒事觉者,上欲杀之。(大理少卿戴)胄奏:据法应流。上怒曰:卿欲守法而使朕失信乎?对曰:敕者出于一时之喜怒,法者国家所以布大信于天下也;陛下忿选人之多诈,故欲杀之,而既知其不可,复断之以法,此乃忍小忿而存大信也。上曰:卿能执法,朕复何忧!"对于候选官员资历造假的行为特事特办,似乎也并无不可;但戴胄坚持依法办事,李世民最终也认同了,看来的确是从谏如流的。

作为一个事实上的开国君主,《贞观政要》《资治通鉴》等史

第三部 隋唐兴衰
12 李世民何以能"从谏如流"

籍中有记载的李世民的纳谏事例多达数十百起,对进谏者的赏赐以数十万计,的确是不容易的。当然,李世民能够做到这一点,原因自然有多方面。

首先,李世民是一位励精图治的"明君",他也因此而自诩,纳谏就不能仅仅是说说而已。尤其是在他即位之初,对纳谏的确是真心实意的。贞观二年(628),李世民同魏征之间有过一段对话。李世民问魏征:"何谓为明君暗君"?魏征回答说:"君之所以明者,兼听也;其所以暗者,偏信也","是故人君兼听纳下,则贵臣不得壅蔽,而下情必得上通也"。这段对话,也道出了李世民纳谏的心理。他以明君自居,但要真正做到,则不得不时时虚心纳谏。十多年后的贞观十五年(641),李世民又同大臣讨论守天下难易的问题。时任宰相的魏征说:"甚难。"李世民不解地问:"任贤能、受谏诤,即可,何谓为难?"魏征说:"观自古帝王,在于忧危之间,则任贤受谏。及至安乐,必怀宽怠,言事者惟令兢惧,日陵月替,以至危亡。圣人所以居安思危,正为此也。安而能惧,岂不为难?"因此,这种居安思危的心态,成为促使李世民从谏如流的一个重要的主观原因。

其次,隋朝"二世而亡"的教训就在眼前,对李世民而言实在是太深刻了。不论是李世民自己,还是那些进谏的大臣,都经常拿隋朝的教训来说事。贞观初年,李世民在同大臣讨论纳谏的问题时就说,"隋炀帝暴虐,臣下钳口,卒令不闻其过,遂至灭亡",因此,"前事不远,公等每看事有不利于人,必须极言规谏"。魏征在上疏中也认为:"臣愿当今之动静,必思隋氏以为殷鉴,则存亡之治乱,可得而知。"

贞观四年(630),李世民修建洛阳宫殿"以备巡幸",给事中张玄素上书劝谏说:"陛下初平洛阳,凡隋氏宫室之宏侈者皆令毁之,曾未十年,复加营缮,何前日恶之而今日效之也!且以

《资治通鉴》中的政治谋略
（两晋—五代）

今日财力，何如隋世！陛下役疮痍之人，袭亡隋之弊，恐又甚于炀帝矣！"李世民大为光火，说："卿谓我不如炀帝，何如桀、纣？"张玄素也不示弱，说："若此役不息，亦同归于乱耳。"李世民无奈，只得说："吾思之不熟，乃至于是！"并对宰相房玄龄说："今玄素所言诚有理，宜即为之罢役。后日或以事至洛阳，虽露居亦无伤也。"于是，李世民下令停止了对洛阳宫殿的修建。贞观十一年（637），李世民又打算在洛阳营建飞山宫作为行宫。魏征上疏劝谏："炀帝恃其富强，不虞后患，穷奢极欲，使百姓困穷，以至身死人手，社稷为墟。陛下拨乱反正，宜思隋之所以失，我之所以得，撤其峻宇，安于卑宫；若因基而增广，袭旧而加饰，此则以乱易乱，殃咎必至，难得易失，可不念哉！"

　　李世民之所以对隋朝教训的印象如此深刻，有一个非常重要的原因——他同隋炀帝杨广实在是太相似了。两人都具有雄才大略，拥有平定天下、开疆拓土的武功；而更为重要的是，他们都是通过"不正当"的手段夺得太子之位，登基称帝。这也成为李世民的一块心病。为了消除不利影响，他不得不努力表现出他与杨广的不同。杨广自认为比所有人都高明，他曾对虞世南说："我性不喜人谏，若位望通显而谏以求名，弥所不耐。"拒谏成为导致杨广败亡的一个重要原因。也正因为如此，李世民时刻以此为鉴，提醒自己。

　　大臣们进谏时，也注意把握分寸，讲究"策略"，客观上促使了李世民的"从谏如流"。人都喜欢听好话，善于"纳谏"的李世民当然也不会例外。因此，一些大臣在进谏时，顺带给李世民戴上高帽子，让他听着顺耳，自然也就"纳谏"了。在这方面，魏征可谓一个"高手"。贞观五年（631），李世民同近臣讨论治国之道时说："治国如治病，病虽愈，尤宜将护，倘遽自放纵，病复作，则不可救矣。今中国幸安，四夷俱服，诚自古所希，然朕日慎一日，唯惧不终，故欲数闻卿辈谏争也。"魏征回

第三部 隋唐兴衰
12 李世民何以能"从谏如流"

答说:"内外治安,臣不以为喜,唯喜陛下居安思危耳。"次年,李世民当着大臣们的面表扬魏征敢于直谏,魏征立即回答说:"陛下开臣使言,故臣得尽其愚;若陛下拒而不受,臣何敢数犯颜色乎!"李世民听闻此言,自然是心花怒放了。

当然,作为一个具有雄才大略的君主,经常被大臣批评,尤其是在大庭广众之下被批评,内心肯定是不好受的。特别是随着地位的稳定,"拒谏"的情形也经常发生。魏征在贞观十二年(638)回答李世民的提问时,就直言不讳地说:"陛下贞观之初,恐人不谏,常导之使言,中间悦而从之。今则不然,虽勉从之,犹有难色。"就拿李世民对魏征的态度来说,虽然他多次公开表扬魏征,但私下里却耿耿于怀。一次退朝后,他对长孙皇后说:"会须杀此田舍翁。"长孙皇后惊问他要杀谁。李世民说:"魏征每廷辱我。"长孙皇后说:"妾闻主明臣直;今魏征直,由陛下明之故也。"李世民这才转怒为喜。但从后来他对魏征的态度来看,对魏征其实是不满的。魏征临终前,李世民带着太子去看望他,并当面许诺将女儿嫁给魏征的儿子;魏征去世后,他还亲自撰写碑文。后听说魏征将劝谏李世民的奏章都交给了起居郎褚遂良,非常不高兴,借故解除了婚约,并将亲自撰写碑文的墓碑也砸了。后来征讨高丽失败,为缓和朝廷的不满情绪,又"复立所制碑",但婚事不再提起了。

因此,李世民的晚年,基本上已经是听不进劝谏了。贞观十八年(644),李世民发兵征讨高丽,群臣纷纷进谏,但都被拒绝。贞观二十二年(648),李世民打算再度征讨高丽。此时房玄龄已病入膏肓,他临终前对自己的儿子们说:"吾受主上厚恩,今天下无事,唯东征未已,群臣莫敢谏,吾知而不言,死有余责。"房玄龄硬着头皮给李世民上表劝谏。李世民见到后,感叹说:"此人危笃如此,尚能忧我国家。"但结果他还是"虽谏不从"。开国元老尚且如此,其他人就可想而知了。

13 李世民是如何处理权与法关系的

作为"贞观之治"的重要内容之一,法制建设无疑是唐太宗李世民执政时期富有成效的举措。李世民继位后,曾两次对《唐律》进行修订。一次是贞观元年(627),由长孙无忌等"与学士、法官更议定律令",这次修订主要是对一些刑罚制度进行修改;另一次是贞观十一年(637),由房玄龄等"定律五百条,立刑名二十等,比《隋律》减大辟九十二条,减流入徒者七十一条,凡削烦去蠹、变重为轻者,不可胜纪"。经此番修订,《唐律》的基本体例和内容得以确立。因此,作为中华法系代表的《唐律》,是在李世民执政时期正式定型的。

当然,作为一个雄才大略的君主,在注重法制建设的同时,自然也难免有权力任性的一面,尤其是当权与法发生冲突的时候。但这种一时的权力任性并没有从根本上影响当时的法制环境,破坏法律制度,关键在于李世民能较好地认识并处理权与法的关系。

首先,在对于权与法的关系问题上,李世民应该说是有着比

第三部　隋唐兴衰
13　李世民是如何处理权与法关系的

较清醒的认识，因而在一些具体案件的处理上，支持依法办事，不讲私情，遏制权力的任性与冲动。他在贞观元年处理自己的大舅子长孙无忌带佩刀进宫一案时就说过："法者，非朕一人之法，乃天下之法。"贞观五年（631），他对房玄龄等人也说："自古帝王多任情喜怒，喜则滥赏无功，怒则滥杀无罪，是以天下丧乱，莫不由此，朕今夙夜未尝不以此为心。"上文中谈到的"选人诈冒资荫"一案的处理上，李世民最终也是认同了戴胄的处理意见，任性的权力服从了既定的法律。

其次，贞观初年以来形成的谏议制度和纳谏风气，也较好地防止了李世民对权力的任性。他曾对大臣说："朕比来决事或不能皆如律令，公辈以为事小，不复执奏。夫事无不由小致大，此危亡之端也。"因此，他要求大臣们尽心劝谏。而在很长一段时间内，李世民对于大臣们的劝谏，基本上能够做到"从谏如流"。正如魏征所说："贞观之初，志存公道，人有所犯，一一于法。纵临时处断或有轻重，但见臣下执论，无不忻然受纳。"在不少案件的处理上，李世民都是听从了大臣的劝谏而改变了自己的观点。

最后，通过制度的完善来补救权力任性的过失。最典型的就是"五复奏"制度的建立。贞观二年（628），交州都督李寿因贪腐被撤职查办，李世民以瀛洲刺史卢祖尚"才兼文武，廉平公直"，打算委任他为交州都督。卢祖尚一开始答应了，但事后又后悔了，便以身体有病为由推辞。李世民很不高兴，反复做他的工作，但卢祖尚坚决不同意。李世民大怒，说："我使人不行，何以为政！"他在朝堂上将卢祖尚斩首，但事后对自己的任性也感到后悔，说："卢祖尚虽失人臣之义，朕杀之亦为太暴。"贞观五年（631），又发生了张蕴古"泄密"案。相州人李好德患有精神病，胡言乱语，以"妖言"罪下狱。大理丞张蕴古认为李好德

"颠病有征,法不当坐",李世民也同意了。因张蕴古同李好德原本相识,便将案件的处理意见私下告诉了李好德,结果被御史发现并弹劾。李世民大怒,下令将张蕴古处斩。但他事后也后悔了。为了防止类似情形再度发生,规定了"覆奏"制:"自今有死罪,虽令即决,仍三覆奏乃行刑"。不久,在同房玄龄等谈到此案时又说:张蕴古"若据常律,未至极刑。朕当时盛怒,即令处置,公等竟无一言,所司又不覆奏,遂即决之,岂是道理",于是又规定"凡有死刑,虽令即决,皆须五覆奏","自是全活者甚众"。

李世民在对待权与法的关系方面,固然有其清醒认识的一面,但有时也很难抗拒权力的任性。对此,魏征就尖锐地指出:"取舍在于爱憎,轻重由乎喜怒。爱之者,罪虽重而强为之辞;恶之者,过虽小而深探其意。法无定科,任情以轻重。"特别是到了李世民晚年,往往是固执己见,听不进不同意见,使得"群臣莫敢谏",或者是"虽谏不从"。一个典型的事例就是对大将张亮案的处理。张亮是李世民麾下的著名将领,在凌烟阁二十四功臣榜上列第十六位。贞观二十年(646),时任刑部尚书的张亮因收养了五百个义子,被人告发蓄意谋反。李世民认为张亮"养此辈何为?正欲反耳!"参与讨论此案的官员都顺从李世民的旨意,坐实张亮谋反的罪名,唯独将作少匠李道裕不同意,认为张亮"反形未具,罪不当死"。可李世民还是坚持将张亮处死了。但事后又承认,李道裕说的张亮"反形未具,此言当矣,朕虽不从,至今悔之"。李世民对此案的处理是否有政治上的考虑,不得而知;但以个人意志凌驾于法律之上,一定程度上也反映了李世民晚年在权与法关系上态度的变化。这也充分说明,在处理权与法的关系方面,执政者个人的政治法律素养固然重要,但关键还在于制度建设。离开了制度的约束与保障,再好的个人都是靠不住的。

14 保境安民的冼夫人和冯氏家族

自南北朝陷入分裂以来，一些地方的少数民族据地自守，成为地方割据势力争相笼络的对象。而南梁时岭南的冼氏家族出了一位女中豪杰，她辅佐冯氏三代拥护中央政权，保境安民，历经梁、陈、隋、唐四朝，为维护国家统一和地方稳定，对岭南尤其是海南岛的开发与繁荣做出了卓越的贡献。苏东坡晚年被贬至海南岛时所写的《和陶拟古九首》之《咏冼庙》，就是专门为冼夫人而作：

> 冯冼古烈妇，翁媪国于兹。
> 策勋梁武后，开府隋文时。
> 三世更险易，一心无磷缁。
> 锦伞平积乱，犀渠破余疑。
> 庙貌空复存，碑版漫无辞。
> 我欲作铭志，慰此父老思。
> 遗民不可问，僝句莫余欺。
> 爆牲菌鸡卜，我尝一访之。

《资治通鉴》中的政治谋略
（两晋—五代）

铜鼓葫芦笙，歌此迎送诗。

岭南冼氏是高凉郡（今广东阳江）的土著部落，史称其"世为南越首领，跨据山洞，部落十余万家"。冼夫人虽然身为女儿家，但"幼贤明，多筹略，在父母家，抚循部众，能行军用师，压服诸越。每劝亲族为善，由是信义结于本乡"。南梁罗州刺史冯融为安抚地方，结好冼氏，替其子高凉太守冯宝聘冼夫人为妻。冼夫人嫁到冯家后，凭借其在部落中的威望，自觉约束部落族人的行为，"首领有犯法者，虽是亲族，无所舍纵。自此政令有序，人莫敢违"。

梁大宝元年（550），高州刺史李迁仕起兵反叛，召冯宝前往，被冼夫人劝阻。不久，交州刺史陈霸先派大将周文育征讨，冼夫人带兵化装前往，趁李迁仕不备，发起突击，大破李迁仕，协助陈霸先平定了岭南。

陈霸先建立南陈后，继续委派冯宝为高凉太守。陈永定二年（558），冯宝去世，岭南沿海一带发生骚乱。冼夫人安抚各州部落，稳定了地方，并派自己年仅9岁的儿子冯仆带领各部落的酋长入朝参拜陈武帝陈霸先。陈霸先很高兴，任命冯仆为阳春郡（原高凉郡阳春县）太守。陈太建元年（569），广州刺史欧阳纥起兵反叛，陈宣帝陈顼派车骑将军章昭达率军征讨。欧阳纥将冯仆召到南海，引诱他一同起兵，并将他扣留。冯仆将消息告诉冼夫人，冼夫人对他说："我为忠贞，经今两世，不能惜汝负国家。"毅然发兵抵御，并带领诸部酋长迎接章昭达，协助陈军平定了反叛。冯仆因此被封为信都侯，迁石龙太守；冼夫人被册封为石龙太夫人，享受刺史的礼仪。

南陈末年，冯仆去世，岭南数郡奉冼夫人为"圣母"，保境自守。隋开皇九年（589），隋灭南陈后，派柱国韦洸等安抚岭

第三部　隋唐兴衰
14　保境安民的冼夫人和冯氏家族

南，但被陈旧将徐璒所阻。晋王杨广让陈后主陈叔宝写信给冼夫人，告诉她南陈已被隋所灭，要冼夫人也归顺隋朝，并以冼夫人当年所献的犀杖为凭证。冼夫人见信及犀杖后，确知南陈已亡，于是"集首领数千，尽日恸哭"，然后派其孙冯魂率部迎韦洸入广州，岭南地区再度回归中央政府管辖。隋任命冯魂为仪同三司，冼夫人被册封为宋康郡夫人。

次年，番禺的少数民族部落首领王仲宣举兵反隋，岭南很多部落首领起兵响应，包围了广州，韦洸中箭阵亡。在此紧急关头，冼夫人派遣其孙冯暄率军救援广州。但冯暄因与王仲宣的部将陈佛智关系亲密，因而逗留不进。冼夫人大怒，将冯暄投入大牢，另派孙子冯盎率军征讨，斩杀了陈佛智，然后与隋军将领裴矩联合击败了王仲宣。反叛平息后，冼夫人又"亲被甲，乘介马，张锦伞，领彀骑，卫诏使裴矩巡抚诸州"，稳定了岭南的局势。

隋文帝杨坚对冼夫人的行为极为赞赏，亲自颁发诏书对冼夫人进行表彰，任命冯盎为高州刺史，追赠冯宝为广州总管、谯国公，册封冼夫人为谯国夫人，并开设谯国夫人幕府，设置长史以下官属，"听发部落六州兵马，若有机急，便宜行事"。独孤皇后也"以首饰及宴服一袭赐之"。冼夫人把梁、陈、隋三朝所赠礼品，分别保管，每逢过年过节，都要取出展示，告诫子孙说："我事三代主，惟用一忠顺之心，今赐物具存，此其报也。汝曹皆念之，尽赤心于天子。"

隋王朝依靠冼夫人和冯氏家族控制了岭南和海南岛地区，而冼夫人和冯氏家族也尽忠朝廷，维护了地方的平安。冼夫人以91岁高龄去世后，她的孙子冯盎继承她的遗志，继续效忠朝廷。隋仁寿元年（601），潮州、成州等五州少数民族发动叛乱。冯盎赶到京师，请求朝廷发兵平叛。杨坚命左仆射杨素和冯盎讨论平叛计划。杨素同冯盎探讨后，惊叹道："不意蛮夷中有如是人！"派冯盎领江南和岭南军队平定了反叛，冯盎也因功被授予金紫光禄大夫、汉阳太守。

隋朝末年，天下大乱，各地群雄纷纷割据一方，岭南也不例外；唐朝虽定鼎北方，但对岭南一带鞭长莫及。而冯盎秉持初心，平定叛乱，保境安民。当时有人劝冯盎说："唐始定中原，未能及远，公所领二十余州地，已广于赵佗，宜自称南越王。"但冯盎回答说："吾家居此五世矣，为牧伯者不出吾门，富贵极矣。常惧不克负荷，为先人羞，敢效赵佗自王一方乎！"断然拒绝了。唐武德五年（622），李靖领兵平定岭南，冯盎率众归顺，被任命为上柱国，高、罗总管，封为越国公。

贞观二年（627），冯盎被人控告据地谋反。李世民派将军蔺謩等率领江南和岭南数十州的兵征讨。魏征劝谏说："中国初定，岭南瘴疠险远，不可以宿大兵。且盎反状未成，未宜动众。"李世民说："告者道路不绝，何云反状未成？"魏征认为："（冯）盎若反，必分兵据险，攻掠州县。今告者已数年，而兵不出境，此不反明矣。……若遣信臣示以至诚，彼喜于免祸，可不烦兵而服。"李世民于是派遣员外散骑侍郎李公掩持节慰谕之，冯盎派遣其子智戴随使者入朝。贞观五年（631），冯盎又亲自入朝觐见，并受命为先锋，领兵协助唐军平定了岭南部落的叛乱。冯盎"所居地方二千余里"，维护了国家统一和地方稳定。

冯盎的孙辈开始衰落，但他的曾孙辈中出了一个名人，就是唐朝著名的宦官高力士。

15

命世之才房玄龄

现今人们对房玄龄的了解,大概多是通过"吃醋"的典故。诚然,这是小说家之言。历史上的房玄龄堪称一代贤相,在中国古代的宰相榜上足以名列前茅。唐太宗李世民之所以能够开创以"贞观之治"为代表的大唐盛世,一个重要原因就是得到了房玄龄的辅佐;并且他是唐初的三个著名宰相——房玄龄、杜如晦、魏征——中,活的时间最长的,基本上经历了"贞观之治"的始终。

《资治通鉴》中记载了贞观十二年(638)李世民同房玄龄、魏征之间一段著名的对话:

> 上问侍臣:"帝王创业与守成孰难?"房玄龄曰:"草昧之初,与群雄并起角力而后臣之,创业难矣。"魏征曰:"自古帝王,莫不得之于艰难,失之于安逸,守成难矣。"上曰:"玄龄与吾共取天下,出百死,得一生,故知创业之难。征与吾共安天下,常恐骄奢生于富贵,祸乱生于所忽,故知守成之难。然创业之难,既已往矣,守成之难,方当与诸公

慎之。"

李世民对两人的评价,其实只说对了一半。因为房玄龄不仅与李世民"共取天下",而且在与李世民"共安天下"的过程中,同样也是功不可没。

先看"取天下"。李世民曾将房玄龄比作西汉的萧何与东汉的邓禹,这两人是分别协助汉高祖刘邦和东汉光武帝刘秀夺取天下的头号功臣,邓禹更是名列"云台二十八将"首位。房玄龄的经历同邓禹颇有几分相似。邓禹是刘秀经略河北时前去投靠的,不光有政治远见,而且慧眼识人,替刘秀网罗了一批人才。刘秀任用将领都要先征求邓禹的意见;而邓禹推荐的人,也都"皆当其才"。后人对邓禹位列云台二十八将之首颇有微词,其实邓禹主要的贡献不在他的战功,而在他的政治远见。对此,胡三省注《资治通鉴》时说得很清楚:"邓禹为中兴元功,实本诸此。"刘秀称帝后,拜邓禹为大司徒,封酂侯,食邑万户。酂侯是当年刘邦给萧何的封号,由此可见邓禹在刘秀心目中的地位。

房玄龄是在隋大业十三年(617)李世民率军入关时前往投奔的,李世民同他"一见如旧识,署记室参军,引为谋主;(房)玄龄亦自以为遇知己,罄竭心力"。他随李世民征战各地,每当"破军克城,诸将佐争取宝货,(房)玄龄独收采人物,致之幕府;又将佐有勇略者,玄龄必与之深相结,使为(李)世民尽死力"。杜如晦、张亮、李大亮等都是经房玄龄举荐以后受到李世民重用,位至将相的。李世民即位后论功行赏,房玄龄功居前列,也引起了李世民的堂叔、淮安王李神通的不服。李世民对他说:"(房)玄龄等运筹帷幄,坐安社稷,论功行赏,固宜居叔父之先。"

当然,房玄龄对李世民最大的功劳,就是定计发动玄武门之

第三部 隋唐兴衰
15 命世之才房玄龄

变,夺取了皇位。唐武德九年(626),李世民与李建成之间对于太子地位的争夺已达到白热化。李建成、李元吉以及后宫嫔妃不断在李渊面前说李世民的坏话,李渊都相信了,"将罪世民",而"秦府僚属皆忧惧不知所出"。在这种情形之下,房玄龄对李世民的大舅子长孙无忌说:"今嫌隙已成,一旦祸机窃发,岂惟府朝涂地,乃实社稷之忧;莫若劝王行周公之事以安家国。存亡之机,间不容发,正在今日!"长孙无忌将房玄龄的话转告了李世民,李世民便找他来商量。他对李世民说:"大王功盖天地,当承大业;今日忧危,乃天赞也,愿大王勿疑!"他与杜如晦等人劝李世民早下决心,除掉李建成和李元吉。而李建成也知道"秦府智略之士,可惮者独房玄龄、杜如晦耳",找借口将他们调离了秦王府。结果李世民秘密召回了房玄龄,定下决策,以突然袭击的方式发动玄武门之变,射杀了李建成和李元吉,逼迫李渊将皇位传给了自己。房玄龄也因此成为五大功臣(房玄龄、长孙无忌、杜如晦、尉迟敬德、侯君集)之一,并被任命为中书令。

再看"安天下"。房玄龄从贞观元年(627)开始任中书令,担任宰相之职15年,后虽任三公之职,"仍总朝政",执掌朝政二十余年。在直言敢谏方面,他的确不如魏征。对此,李世民在张蕴古一案时也曾当面批评过他,说他"食人之禄,须忧人之忧,事无巨细,咸当留意。今则不问不言,见事都不谏诤,何所辅弼?"但房玄龄的特点是说的少,做的多。

首先,兢兢业业,以"贤相"的标准要求自己。史称其"明达吏事,辅以文学,夙夜尽心,惟恐一物失所;用法宽平,闻人有善,若己有之,不以求备取人,不以己长格物"。特别是能与同为宰相的杜如晦精诚合作,并且能虚心谦让:"与杜如晦引拔士类,常如不及。至于台阁规模,皆二人所定。上每与玄龄谋事,必曰:非如晦不能决。及如晦至,卒用玄龄之策。盖玄龄善

237

谋，如晦能断故也。二人深相得，同心徇国，故唐世称贤相者，推房、杜焉。"

其次，励精图治，推进官员的员额改革。房玄龄作为宰相，很好地贯彻了李世民整顿吏治的要求。李世民在贞观元年时对房玄龄说，"致治之本，惟在于审。量才授职，务省官员"，要求他"并省官员，使得各当其所任"。在房玄龄的主持下，对官员的员额进行了精简，朝廷文武官员总额为640员，成为中国历史上机构改革的典范。

最后，完善典章制度。这方面最突出的成就，就是主持修订了《贞观律》。贞观十一年（637），由房玄龄主持，对《唐律》进行了大规模的修订，"定律五百条，立刑名二十等，比《隋律》减大辟九十二条，减流入徒者七十一条，凡削烦去蠹、变重为轻者，不可胜纪"。其中一项重要的修改，就是废除了兄弟连坐死刑的规定。房玄龄认为："旧法，兄弟异居，荫不相及，而谋反连坐皆死；祖孙有荫，而止应配流。据礼论情，深为未惬。今定律，祖孙与兄弟缘坐者俱配役。"经此修改后，"自是比古死刑，除其太半，天下称赖焉。"

房玄龄作为李世民的"股肱之臣"，不论是"取天下"还是"安天下"，都发挥了极其重要的作用。《资治通鉴》引唐人柳芳的话说："房玄龄佐太宗定天下，及终相位，凡三十二年，天下号为贤相"，可谓一个恰当的评价。

16 长孙无忌炮制的惊天大案

在中国法制史上,长孙无忌无疑具有十分重要的地位。他在唐贞观和永徽年间两度主持了对《唐律》的修订;作为中华法系代表的《唐律疏议》也是在他的主持下制定的。然而,就是这样一位法律大家,在他作为宰相执政的时期,炮制了一起惊天大案,大开杀戒,许多亲王、公主和驸马被牵连进去。而案件的起因,仅仅是因为高阳公主的刁蛮任性。

高阳公主是李世民的爱女,嫁给了房玄龄的次子房遗爱。房玄龄去世后,他的长子房遗直继承了他的爵位。高阳公主大小姐脾气,骄横惯了,自然非常不满,便挑唆房遗爱同兄长分家,还闹到了李世民那里。房遗直很害怕,表示愿意把爵位让给房遗爱。李世民得知事情的原委后,很生气,怒斥了高阳公主,此事便没有再闹下去。不久,御史审讯盗贼时,发现赃物里有一个宝枕,乃皇家之物,盗贼供认是从和尚辩机那里偷来的。在御史的追查下,辩机供出宝枕为高阳公主所赠。原来,辩机和尚容貌俊秀英飒,气宇不凡,精通佛教经书,被选入玄奘译场,成为九名缀文大德之一,帮助玄奘翻译经文,并撰成《大唐西域记》一书。高阳公主倾慕他的才华，与他私通，并"饷遗亿计"。李世民得知后大怒，下令将辩机腰斩。这一事件的内情究竟如何，后人有不少疑问，但对性格孤傲的高阳公主而言，打击无疑是非常大的，这也成为后来闹出惊天大案的一个重要原因。

李世民于贞观二十三年（649）去世，唐高宗李治继位。高阳公主又挑唆房遗爱同房遗直打官司。李治无奈，只得将这两兄弟调开，命房遗爱为房州刺史，房遗直为隰州刺史。

然而，事情并未就此了结，反而越闹越大，还将另外几位驸马和公主——薛万彻和丹阳公主、柴令武和巴陵公主以及左骁卫大将军执失思力也卷了进来。

薛万彻是李世民麾下著名将领，他在征讨突厥、吐谷浑、薛延陀以及高丽的战争中，几乎是无役不与，屡立战功。李世民曾说，"当今名将，唯李勣、（李）道宗、（薛）万彻三人而已"，对他给予了很高的评价。他娶了唐太宗的妹妹丹阳公主为妻，加封为驸马都尉，官拜右卫大将军。但由于他恃才傲物，盛气凌人，得罪了军中不少人，结果因副将告发其心怀怨恨，被撤职除名，后虽改任宁州刺史，但薛万彻对此依然耿耿于怀。他同房遗爱打得火热，两人经常一起发牢骚。薛万彻还口出狂言："我虽病足，坐置京师，诸辈犹不敢动。"由于房遗爱的弟弟房遗则娶了李世民的弟弟荆王李元景的女儿，房遗爱同李元景也经常往来，为此薛万彻和房遗爱还说起过"若国家有变，当奉司徒荆王（李）元景为主"的话（估计也是喝醉酒之后胡说）。柴令武是唐高祖李渊的驸马柴绍（凌烟阁功臣榜上列第十四位）的儿子，他娶了李世民的女儿巴陵公主；执失思力原是东突厥执失部酋长，东突厥灭亡后，归降唐朝，娶了李渊之女、李世民之妹九江公主为妻，他们同房遗爱的关系也很好，经常往来。这样一来，就形成了一个"驸马"团伙。

第三部　隋唐兴衰
16　长孙无忌炮制的惊天大案

这些人聚在一起，本来也是人之常情；但高阳公主的不安分，将自己和这些人都送上了绝路。本来在闹分家之事上，唐高宗李治各打五十大板，算是处理了，但高阳公主不甘心，派人向李治诬告房遗直对自己非礼，想以此剥夺房遗直的爵位，将他从家族中赶出去，一了百了。房遗直不甘心坐以待毙，也向李治控告房遗爱同高阳公主勾结，图谋不轨，说他们"罪盈恶稔，恐累臣私门"。因为事关重大，李治便委派自己的舅舅兼托孤大臣、当朝宰相长孙无忌来处理此案，却没曾想长孙无忌借此掀起了一场惊天大案。

长孙无忌自贞观元年起便与房玄龄同为当朝宰相，共事二十余年。两人在"立嫡"问题上政见不同，长孙无忌支持太子李承乾，而房玄龄似乎更看重嫡次子李泰，这在房遗爱同李泰的关系上也得到反映。所以，当太子李承乾因"谋反"被废后，长孙无忌坚决主张跳过李泰，拥立地位并不靠前且性格懦弱的李治为太子。现在李治虽然当了皇帝，但这些政治势力依然还在，长孙无忌便利用这一案件，用法律手段开展政治清洗，坐实了房遗爱同高阳公主"谋反"的罪名。而房遗爱情急之下，竟然想通过举报吴王李恪的方法洗脱自己的罪名，没想到又正中了长孙无忌的下怀。

李恪是李世民第三子，母亲是隋炀帝杨广的女儿。他文武全才，深得李世民的喜爱，"常称其类己。既名望素高，甚为物情所向"。太子李承乾被废后，李世民曾打算立李恪为太子，但遭到了长孙无忌的强烈反对。李世民无奈，立李治为太子，但后来又觉得李治太懦弱，"恐不能守社稷"，因而对长孙无忌说："吴王（李）恪英果类我，我欲立之，如何？"但长孙无忌"固争，以为不可"，李世民也只得作罢。因此，长孙无忌对李恪一直是心存芥蒂。他见房遗爱供出李恪，便趁机对他下手了。

《资治通鉴》中的政治谋略
（两晋—五代）

永徽四年（653），长孙无忌以"谋反"的罪名，将房遗爱、薛万彻和柴令武三位驸马处斩，荆王李元景、吴王李恪以及高阳公主和巴陵公主被赐自尽，房遗爱的儿子流放岭南，房遗直除名为庶人；执失思力侥幸逃过一死，被流放岭南；江夏王李道宗由于素来同长孙无忌不和，长孙无忌借机将他也牵连进去，流放岭南。李恪临死前大骂长孙无忌："窃弄威权，构害良善，宗社有灵，当族灭不久！"

长孙无忌通过此案，将李泰和李恪的势力一网打尽，彻底清除了房玄龄的政治影响。但他没有想到的是，仅仅过了六年，也就是显庆四年（659），他自己也被武则天的党羽控告谋反，流放黔州，被逼自尽，家产被抄没。不知长孙无忌临死前，是否想起了李恪对他的咒骂。

17 国舅爷的跌宕人生

俗话说,举贤不避亲,这在凌烟阁功臣榜上得到了很好的诠释。凌烟阁功臣榜上排第一位的,正是李世民的大舅子长孙无忌。他作为开国功臣,又是长孙皇后之兄,身为外戚,执掌朝政三十余年,辅佐了两代帝王,但最终却死于非命,不免令人唏嘘。

长孙无忌作为李世民的首席功臣,主要做了两件对唐朝历史产生重要影响同时也影响了他自己一生的大事:

一件是倡议发动玄武门之变,将李世民推上了皇帝的宝座。我们在《命世之才房玄龄》中说过,是房玄龄率先提出先发制人、发动政变的倡议的。但这个倡议他不是直接同李世民说的,而是先同长孙无忌说,取得长孙无忌的赞同后,再由长孙无忌转告李世民。当时李世民身边的亲信都被调走了,心腹幕僚只剩下长孙无忌。正是在长孙无忌坚定不移的支持下,李世民才决定发动玄武门之变,一举诛杀了太子李建成和李元吉。李世民登基,长孙无忌功劳第一,因此李世民对他"委以腹心,其礼遇群臣莫及",并且一开始就打算任命他为宰相,只是遭到长孙皇后的反对，才改任为吏部尚书。可不久后还是任命他为右仆射，官居宰相之职。长孙无忌从贞观元年（627）开始担任宰相，一直到他显庆四年（659）去世，执掌朝政长达32年。贞观十七年（643），李世民将二十四位功臣的画像挂入凌烟阁，长孙无忌位列第一。

另一件事是拥立李治为太子并继位。这件事最终导致了他的悲剧结局。长孙皇后有三个儿子：太子李承乾、魏王李泰和晋王李治。太子李承乾性格有些叛逆，放浪不羁，同李世民的关系有些隔阂。魏王李泰则才华横溢，聪敏绝伦，深得李世民的宠爱，但有很强的政治野心。他见有机可乘，便努力在李世民面前表现自己，图谋夺取太子之位。李承乾为保住太子之位，网络了大将侯君集、驸马都尉杜荷（杜如晦之子）等一批人，图谋不轨。贞观十七年（643），李承乾被人告发，李世民命长孙无忌和房玄龄等审理此案，侯君集等被处死，李承乾被废为庶人，徙居黔州，并于次年去世。

李承乾被废后，群臣围绕立谁为太子的问题又展开了激烈的争论。李世民曾当面许诺立李泰为太子，但遭到了长孙无忌的激烈反对。最终，李世民听从了长孙无忌的建议，立李治为太子，并任命长孙无忌为太子太师。但李世民还是觉得李治过于仁慈懦弱，曾对长孙无忌说："公劝我立雉奴（李治小名），雉奴懦，恐不能守社稷，奈何！吴王（李）恪英果类我，我欲立之，何如？"但长孙无忌坚决反对。李世民说："公以（李）恪非己之甥邪？"可长孙无忌说："太子仁厚，真守文良主；储副至重，岂可数易？愿陛下熟思之。"李世民无奈，只得作罢。但长孙无忌对此却耿耿于怀。李世民去世后，他借审理高阳公主谋反案之机，将李恪杀掉了。贞观二十三年（649），李世民病重，临终前，他对长孙无忌和褚遂良说："朕今悉以后事付公辈，太子仁孝，公辈所知，

第三部　隋唐兴衰
17　国舅爷的跌宕人生

善辅导之!"又对太子李治说:"(长孙)无忌、(褚)遂良在,汝勿忧天下!"并特别关照褚遂良说:"(长孙)无忌尽忠于我,我有天下,多其力也,我死,勿令谗人间之。"

唐高宗李治继位后,任命长孙无忌以太尉的身份担任宰相,与褚遂良共同主持朝政。李治"尊礼二人,恭己以听之,故永徽之政,百姓阜安,有贞观之遗风"。然而,当李治纳武则天入宫后,一切都开始发生了变化。

武则天原为李世民的妃子,被封为五品才人,赐号"武媚"。李治对她一见钟情。李世民去世后,武则天同其他妃子一起到感业寺出家为尼姑。李治的王皇后没有儿子,为了不让萧淑妃得宠,得知李治喜欢武则天后,便让她蓄发还俗,并鼓动李治将她纳入后宫。武则天非常聪明,"多权术",入宫之后,"卑辞屈体以事后,后爱之,数称其美于上"。李治顺水推舟,册封武则天为昭仪,结果"后及淑妃宠皆衰"。王皇后引狼入室,悔之莫及;而武则天得寸进尺,挑唆李治废掉王皇后。李治担心长孙无忌不同意,便同武则天一同亲赴长孙无忌府上,"酣饮极欢",并"席上拜(长孙)无忌宠姬子三人皆为朝散大夫(从五品文官),仍载金宝缯锦十车以赐(长孙)无忌"。送上重礼之后,李治暗示长孙无忌废后的意思,希望得到他的赞同。但长孙无忌却"对以他语,竟不顺旨",李治和武则天只得"不悦而罢"。武则天不甘心,又让自己的母亲多次到长孙无忌家中请求;礼部尚书许敬宗也多次劝说,但都被长孙无忌严词拒绝了。

然而,李治是铁了心要立武则天为皇后。永徽六年(655),他下诏将王皇后废为庶人,改立武则天为皇后。武则天做了皇后依然对长孙无忌怀恨在心。显庆四年(659),中书令许敬宗按照武则天的意思,命人上书控告长孙无忌谋反。李治下诏削去长孙无忌的官爵,流放黔州,长孙无忌被逼自缢,家产被抄没,儿子也被除名流放岭南。

　　长孙无忌作为外戚和开国功臣，对唐朝皇室忠心耿耿，尽智尽力；但出于一己之私，为拥立李治为太子，可谓无所不用其极，最终却因李治听从武则天的话，被逼得家破人亡，多少也有些咎由自取。王夫之在《读通鉴论》中对此也评论说："长孙无忌之决于诛杀，固非挟私以争权，盖亦卫高宗而使安其位尔。乃卫高宗而不恤唐之宗社，则私于其出，无忌之恶也。……无忌之固请立高宗，情之私也。挟私而终之以戕杀，无忌之恶稔，而太宗不灼见而早防之，不保其子，不亦宜乎！"

18 五起五落的名臣魏元忠

武则天当政时,重用酷吏,大肆废黜杀戮朝臣,虽宰辅大臣亦不能幸免,死于非命的宰相就多达十数人,堪称中国历史之最。曾两度出任宰相的魏元忠五起五落的经历,可以说是武则天及其之后朝政的一个缩影。

魏元忠原是一个普通的太学生,他虽然熟读兵书,对军事颇有研究,但因"跌荡少检",一直未能进入仕途。不甘寂寞之下,他给唐高宗李治上书,大谈用兵之道,竟然得到了李治的赏识,任命他为秘书省正字,后又提拔为御史。

光宅元年(684),徐敬业起兵反抗武则天,大将李孝逸奉命率军征讨。魏元忠以殿中侍御史的身份担任监军。在此战中,他的军事才干得到了很好的发挥,协助李孝逸平定了反叛。魏元忠也因功被提拔为洛阳令。可好景不长,武则天重用酷吏周兴、来俊臣和索元礼等人,大兴冤狱,魏元忠不幸被卷了进去。好在武则天看在他征讨徐敬业有功的份上,将他减死流放。一年多后,又将他赦免召回。

永昌元年(689),来俊臣又借徐敬业之弟徐敬真一案大做文章,大肆牵连朝廷大臣,魏元忠也被诬与其通谋,被处死刑,押赴刑场。就在即将行刑之际,武则天派使者下令赦免他们。而在此之前已有三十多个宗室子弟被杀,"尸相枕藉于前",魏元忠依然"神色不动";听到被赦免的诏令后,"亦不改容"。最终,魏元忠又被减死流放岭南。

此次流放的时间亦不长,魏元忠又被召回,担任御史中丞。可仅仅过了一年多,长寿元年(692)来俊臣又罗织罪名,指控魏元忠同当朝宰相任知古、狄仁杰、裴行本等人谋反。魏元忠面对侍御史侯思止的审讯,"辞气不屈",侯思止"怒而倒曳(魏)元忠"。魏元忠拒不认罪,结果再次被流放岭南。

神功元年(697),来俊臣因谋反被武则天诛杀,不少官员替魏元忠讼冤,武则天又将其召回,任肃政中丞(即御史中丞)。魏元忠先后三次被流放,武则天也感到不解,问他说:"卿累负谤铄,何邪?"魏元忠回答说:"臣犹鹿也,罗织之吏如猎者,苟须臣肉为之羹耳,彼将杀臣以求进,臣顾何辜?"

然而,魏元忠的厄运似乎并未终止。圣历二年(699),魏元忠升任宰相,不久又任天兵营大总管、陇右诸军大使、萧关道大总管、灵武道行军大总管等职,统率军队同突厥和吐蕃作战。此时,张易之、张昌宗兄弟把持朝政、专权跋扈,魏元忠身为宰相,对他们的不法行为进行压制。他对武则天说:"臣承先帝之顾,且受陛下厚恩,不能徇忠,使小人在君侧,臣之罪也。"而张氏兄弟对他怀恨在心,在武则天面前捏造事实,说他挟太子图谋不轨。武则天大怒,将他投入大牢,幸得一些大臣的大力营救。长安三年(703),魏元忠被贬为高要县尉,又一次被流放岭南。临行前,魏元忠对武则天说:"臣老矣,今向岭南,十死一生。陛下他日必有思臣之时。"并指着一旁的张易之兄弟说:"此二小儿,终为乱阶。"武则天无奈,只得对他说:"元忠去矣!"

第三部　隋唐兴衰
18　五起五落的名臣魏元忠

神龙元年（705），宰相张柬之等趁武则天病重之际发动政变，诛杀了张易之兄弟，拥立中宗李显复位。李显召回了魏元忠，恢复了他的宰相职位。不久武则天去世，李显居丧期间，不能处理政务，由魏元忠担任了三天首相，军国政事都委托他处理。后又任命他为中书令，封齐国公。由于魏元忠"素负忠直之望，中外赖之"，宰相武三思为拉拢魏元忠，伪造了武则天的遗诏，慰谕魏元忠，并赐实封百户。魏元忠捧着伪造的遗诏"感咽涕泗"。一些大臣见状，知道他不会再干涉武氏乱政了，不由感慨道："事去矣！"

魏元忠再度拜相后，深受李显的信赖和重用，并给予了他很高的礼遇，"当朝用事，群臣莫敢望。谒告上冢，诏宰相诸司长官祖道上东门，赐锦袍，给千骑四人侍，赐银千两。元忠到家，于亲戚无所赈施。及还，帝为幸白马寺迎劳之。"而朝野因为他在武则天时当宰相就"有清正名，至是辅政，天下倾望，冀干正王室"。但此时的魏元忠已全无当年的气概，"惟与时俯仰，中外失望"。酸枣县尉袁楚客写信给他，要求他能够匡正朝政："君侯不正，谁正之哉！"魏元忠看后，也感到很惭愧，特别是见武三思专权，也想除掉他。

景龙元年（707），太子李重俊起兵诛杀了武三思，后兵败被杀。魏元忠的儿子太仆少卿魏升也被胁迫参与，结果被乱兵所杀。武三思的死党、兵部尚书宗楚客等人认为魏元忠参与叛乱，要求将他问罪。但李显没有同意，只是批准魏元忠致仕。宗楚客等不肯罢休，不断向李显挑唆。最终李显将魏元忠贬为务川县尉，以七十多岁的高龄，再一次被流放，行至涪陵时去世。

魏元忠的一生，经历了武则天时期严酷的政治。虽然屡遭贬斥流放，但依然刚直不阿；但到了晚年，却晚节不保，委曲求全，最终未能幸免。王夫之在《读通鉴论》中为此批评魏元忠等"当武氏之世，折酷吏之威，斥宣淫之魂，制凶竖之顽，怀兴复之志，张挞伐之功，皆自命为伟人，而为天下所属望者也。及其暮年，潦倒于韦氏淫昏之世，与宵小旅进旅退，尸三事之位，濡需于豢养，殆无异于鄙夫。"

19
武则天为什么鼓励告密

告密是专制制度之下的一个"副产品"。武则天当政时,将告密上升到制度化的高度,恐怕只有后来明朝的特务政治能够与之相提并论。武则天鼓励告密,当然是出于她的政治考量;但告密制度盛行,不仅破坏了初唐以来确立的法律制度,也败坏了官场和社会风气。

告密制度始于唐中宗嗣圣元年、武则天光宅元年(684),武则天发动政变,废黜了唐中宗李显,另立李旦为帝。事后,十余个参与政变的羽林军士兵在酒馆喝酒,一人喝醉酒发牢骚,结果被人悄悄去告发了。酒席还未散,这些士兵就全部被逮捕,发牢骚的人被处斩,其余知情不报的都被处绞刑,告密的人则被授予了五品官,"告密之端由此兴矣"。不久,徐敬业起兵讨伐武则天,一些朝廷大臣暗中支持。宰相裴炎就对武则天说:"皇帝年长,不亲政事,故竖子得以为辞;若太后返政,则不讨自平矣。"为了打击朝廷中的反对势力,武则天拿裴炎开刀,以谋反的罪名将他处死,并籍没其家。在这个过程中,发生了这样一件事:郎将姜嗣宗出使长安,对留守长安的宰相刘仁轨说,自己早就觉察到裴炎要谋反了。刘仁轨听后，让他带一份奏折给武则天，里面附了一封告密信，上面写着"（姜）嗣宗知裴炎反不言"，武则天当场下令将姜嗣宗绞死，姜嗣宗成为告密（不告密）的又一个牺牲品。

裴炎被逮捕下狱后，驻守北方的单于道安抚大使、左武卫大将军程务挺上书替裴炎辩解，结果被人告密，说他"与裴炎、徐敬业通谋"。武则天派使者于军中将其斩杀，程务挺成为因告密而被杀的第一个大将军。而自从徐敬业反叛事件之后，武则天"疑天下人多图己，又自以久专国事，且内行不正，知宗室大臣怨望，心不服，欲大诛杀以威之，乃盛开告密之门"。武则天鼓励告密，显然是源于自己的不自信，企图以这种方式来进行威慑，巩固自身的权力。她于垂拱二年（686）下令铸铜为匦，有告密者，将告密信投入铜匦。

这种铜匦的设计者是一个叫鱼保家的人，他的父亲是侍御史鱼承晔。鱼保家曾帮助徐敬业打造兵器战车，徐敬业失败后，他侥幸逃脱。当他得知武则天"欲周知人间事"后，上书"请铸铜为匦以受天下密奏。其器共为一室，中有四隔，上各有窍，以受表疏。可入不可出"。其目的自然是为了掩盖追责，逃脱追究。武则天采纳了他的建议。铜匦造出来后，第一个被告密的，竟然是鱼保家自己。原来他的怨家将告密信投入铜匦，告他曾为徐敬业打造兵器，杀伤官军甚众。结果鱼保家因此被诛杀。

武则天不仅制造铜匦受理告密，而且还规定："有告密者，臣下不得问，皆给驿马，供五品食，使诣行在。虽农夫樵人，皆得召见，廪于客馆，所言或称旨，则不次除官，无实者不问。"于是，"四方告密者蜂起，人皆重足屏息"。

为了将告密制度落到实处，武则天大肆提拔和任用了一大批酷吏，其中最为著名的就是索元礼、周兴和来俊臣等。索元礼因

第三部 隋唐兴衰
19 武则天为什么鼓励告密

告密得到武则天召见,提升为游击将军,周兴因告密被提拔为秋官侍郎(即刑部侍郎),来俊臣被提拔为御史中丞,他们"专以告密为事"。酷吏侯思止原为卖饼的小贩,后为游击将军高元礼的仆人,他"素诡谲无赖",因受人之托诬告舒王李元名谋反,被直接授予五品游击将军,但侯思止却要求做御史。武则天对他说:"卿不识字,岂堪御史?"他回答说:"獬豸何尝识字,但能触邪耳!"武则天大为赞赏,当场任命他为朝散大夫、侍御史。

来俊臣等还专门撰写了一篇《罗织经》,"教其徒网罗无辜,织成反状,构造布置,皆有支节"。武则天将告密案件交由他们去审理。他们发明了各种酷刑刑具,"作大枷,有定百脉、突地吼、死猪愁、求破家、反是实等名号,或以椽关手足而转之,谓之凤皇晒翅;或以物绊其腰,引枷向前,谓之驴驹拔撅;或使跪捧枷,累甓其上,谓之仙人献果;或使立高木之上,引枷尾向后,谓之玉女登梯;或倒悬石缒其首,或以醋灌鼻,或以铁圈毂其首而加楔,至有脑裂髓出者。""每得囚,辄先陈其械具以示之,皆战栗流汗,望风自诬。"

酷吏以告密博取武则天的欢心,武则天则通过告密大施淫威,宰辅大臣也不能幸免。宰相刘祎之私下对凤阁舍人(即中书舍人)贾大隐说:"太后既废昏立明,安用临朝称制!不如返政,以安天下之心。"贾大隐转身就向武则天告密,结果刘祎之被赐死。宰相骞味道被人告密,结果连同他的儿子一起被诛杀。宰相魏玄同被周兴告密,被赐死于家。武则天派去监刑的御史房济对他说:"丈人何不告密,冀得召见,可以自直。"但被魏玄同拒绝,说:"人杀鬼杀,亦复何殊,岂能作告密人邪!"除了大臣外,武则天更是用告密作为清除李唐宗室的借口:"使人告密,尽收宗室,诛之无遗"。

武则天重用酷吏、鼓励告密的行为,受到了一些正直大臣的反对。麟台正字陈子昂上疏中就说:"伏见诸方告密,囚累百千辈,乃其究竟,百无一实。"御史中丞知大夫事李嗣真也在上疏中指出:"今告事纷纭,虚多实少,恐有凶慝阴谋离间陛下君臣。"武则天对这些建议都没有理会,但也没有对他们进行处罚。当然,武则天有时也会戏弄告密者一下。长寿元年(692),右拾遗张德喜得贵子,违反禁令,私下宰杀了一只羊宴请同僚,结果被前来赴宴的杜肃告发。武则天在朝堂上当着大臣的面,将告密信交给张德,对他说:"朕禁屠宰,吉凶不预。然卿自今召客,亦须择人。"当众羞辱了杜肃。

因此,武则天鼓励告密,无疑是出于她的政治谋略,是一种玩弄权力的手段。通过告密,打击那些反对她的大臣,清洗李唐宗室。当她的目的达到后,又反过来收拾那些以告密起家而飞黄腾达的酷吏,如索元礼、周兴、来俊臣等,企图以此来推卸责任,为自己博取舆论的认同。但诚如有论者所说:"无论武则天是出于何种动机奖励告密,无论这些动机如何被说成是迫不得已或冠冕堂皇,也无论武则天登基后做了多少好事,有过多少贡献,为她奖励告密而作的任何辩解都是最无耻的谰言。我们可以不苛求武则天这个人,但不能不谴责告密。"

20
开元盛世的法制建设

同"贞观之治"一样,开元盛世之所以取得成功,注重法制建设无疑是一个重要的原因。开元年间不仅进行过几次重要的立法活动,而且在法律的实施方面,也能够做到依法办事,特别是在对于一些影响较大的案件的处理上。因此,一个较好的法制环境,不仅有效保障了开元盛世的实现,而且也成为开元盛世的重要内容。

开元年间,对《唐律》进行了两次重要修订。一次是开元六年(718),由吏部侍郎兼侍中宋璟、中书侍郎苏颋等人主持,删定律令格式,至次年完成。另一次是开元二十二年(734),由中书令李林甫主持,删定律令格式及敕,编成律十二卷,律疏三十卷,令三十卷,式二十卷,开元新格十卷。又撰格式律令事类四十卷,以类相从,便于省览。修订工作于开元二十五年(737)完成。这次修订法律过程中对后世产生重要影响的一项工作,就是重新"刊定"了《唐律疏议》。

《唐律疏议》是对《唐律》条文进行的解释和阐释,是永徽年间由长孙无忌等主持编纂的,于永徽四年(653)同修订后的律文一同颁行。由于时代变迁，一些典章制度和名称等都发生了变化，因此，在修订律令时，对《疏议》也一并作了相应的修改。这些修改主要集中在文字方面，但这次修改的文本被后世所沿用。我们今天看到的《唐律疏议》的文本，主要是以开元年间修订的版本为准的。20世纪30年代，日本法制史学者仁井田陞和牧野巽撰写了《故唐律疏议制作年代考》，提出了《唐律疏议》是开元年间制定而非永徽年间制定的观点，在学术界引起很大的反响。尽管这一观点是误读了"撰定"与"刊定"，用开元年间对《唐律疏议》的修改否定了永徽年间制定《唐律疏议》的事实，但由此也可见开元年间修订《唐律疏议》的重要影响。

开元年间在立法方面的另一个重要成就，就是编纂了《大唐六典》。《大唐六典》是唐朝典章制度及相关法律规范的汇编。开元十年（721），唐玄宗李隆基命宰相张说主持修撰《六典》。张说把这项任务委派给了集贤院学士徐坚。但徐坚"历年措思，未知所从"。不得已，张说又令学士毋婴等"检前史职官，以今式分入六司，以今朝六典，象《周官》之制。然用功艰难，绵历数载"。其后，又由宰相张九龄、李林甫等先后主持修撰工作，直到开元二十六年（738）方才完成。它按照唐朝各部门机关分卷分篇，内容包括中央政府和地方政府管理体制、机构组织、职权、官员品级、编制员额、考课以及相关制度等方面的典章制度和规范，因此被认为是一部保存至今最早的、完整的国家行政法典性质的文献，并对唐以后历代会典的编纂具有深远影响。

徒法不能以自行。开元年间法制建设的成就，不仅体现在立法上，在司法和执法方面也能够做到依法办事，树立法律权威，有效保障了法律的实施。而在这方面，作为君主的李隆基也作出了比较好的表率。

首先，注意维护法律和法官的权威。御史大夫李杰素以断案

第三部　隋唐兴衰
20　开元盛世的法制建设

既精又勤、秉公执法著称，自然也得罪了不少人。京兆尹崔日知贪暴不法，李杰准备对他进行弹劾。崔日知却反咬一口，诬陷李杰，还对李杰进行威胁。按规定，在这种情形下，对李杰也要停职调查。侍御史杨玚廷对李隆基说："若纠弹之司，使奸人得而恐惧，则御史台可废矣。"李隆基听从了他的建议，命李杰继续履行职权，并依法惩治了崔日知。皇后的妹夫长孙昕同李杰不和，依仗皇家权势，纠集他人殴打李杰。李隆基下令于朝堂上杖杀长孙昕，并抚慰李杰说："（长孙）昕等朕之密戚，不能训导，使陵犯衣冠，虽置以极刑，未足谢罪。卿宜以刚肠疾恶，勿以凶人介意。"

其次，在对于一些具体案件的处理上，也能听从不同意见，依法办事。在对武强令裴景仙一案的处理上就反映了这一点。裴景仙受贿达到五千匹，事发后又逃亡。被捕获后，李隆基下令将其当众处斩。但大理卿李朝隐认为，裴景仙所受赃物属于"乞取"，按照《唐律》规定：受所监临财物，满五十匹流二千里；乞取者加一等，最高刑仍然是流刑，罪不至死。但李隆基坚持要将裴景仙杖杀。李朝隐说："生杀之柄，人主得专；轻重有条，臣下当守。今若乞取得罪，便处斩刑；后有枉法当科，欲加何辟？所以为国惜法，期守律文；非敢以法随人，曲矜（裴景）仙命。"最终，李隆基接受了他的建议，将裴景仙杖一百，流放岭南恶处。

最后，对于一些争议较大的案件，在处理上也能够做到坚持法制原则，不以情理而废法。开元年间曾发生过一起影响很大的复仇案件。开元十九年（731），巂州都督张审素被人举报贪污，监察御史杨汪奉命前往调查处理。张审素部下总管董元礼竟然率兵劫持杨汪，并将举报者杀死。救兵赶到后，才斩杀董元礼等，救出杨汪。于是，杨汪便指控张审素谋反，张审素因此被处斩，家人被流放岭南。四年后，张审素的两个儿子张瑝、张琇从流放地逃回，伺机复仇，杀死了已经更名为杨万顷的杨汪，并追杀其他官员，结果于途中被捕获。当时，包括宰相张九龄在内的不少人都对张瑝、张琇的"复仇"行为非常同情，建议从轻发落，但李隆基不同意。他对张九龄说："孝子之情，义不顾死；然杀人而赦之，此涂不可启也。"并下敕令："国家设法，期于止杀。各伸为子之志，谁非徇孝之人？展转相仇，何有限极！咎繇作士，法在必行。曾参杀人，亦不可恕。宜付河南府杖杀。"

开元年间的法制建设，为开元盛世营造了一个良好的法制环境。但遗憾的是，这种情形没有能够持续下去。到了李隆基晚年，"渐肆奢欲，怠于政事"，信任并重用奸相李林甫，屡兴大狱，开元盛世所营造的法制环境遭到破坏，唐朝也由此走向了衰落。《旧唐书·玄宗本纪》对此也惋惜评论道："开元之有天下也，纠之以典刑，明之以礼乐，爱之以慈俭，律之以轨仪"；但最后却"前功并弃。惜哉！"

21 李隆基何以将一手好牌打烂

唐朝历史上有两个"盛世":一个是贞观之治,另一个是开元盛世。前者是唐太宗李世民打造的,后者则是唐玄宗李隆基开创的。他们两个人有一点是相同的,那就是:都是通过非常手段登上皇位的。如果说李世民的上位多少还有点"篡位"的意思,那么李隆基的上位,则完全是"拨乱反正"。史学家们通常将李世民当政时期称为"初唐",李隆基当政时期称为"盛唐",由此可见,到了李隆基当政时,才真正开创了"盛世"。然而,也正是这位李隆基,在他当政的后期,出现了"天宝之乱",自己丢了皇位不说,一个好端端的大唐也被折腾得支离破碎。

唐中宗李显复位后,皇后韦氏勾结武三思等人祸乱朝政,并于景龙四年(710)毒死了李显,企图仿效武则天临朝称制。在此关键时刻,相王李旦的儿子李隆基联合他的姑姑太平公主发动政变,诛杀了韦皇后,清除了她的势力,拥立李旦即位,是为唐睿宗,李隆基也被立为太子。

然而,太平公主同样有着很强的政治野心,她也想仿效武则天临朝称制,而李隆基英武果敢,显然成为她的绊脚石。太平公

《资治通鉴》中的政治谋略
（两晋—五代）

主将自己的亲信都安排在重要职位上，并向李旦暗示要更换太子。这样一来，两人之间的矛盾不可避免地激化了。李旦无奈，将皇位传给了李隆基，自己成为太上皇，但太平公主倚仗权势，擅权用事，朝中宰相七人，五个出自她的门下，而且"文武大臣，太半附之"。在这种情形下，李隆基于开元元年（713）同亲信大臣定计，诛杀了太平公主的党羽，并将太平公主赐死于家中，一举夺回了朝廷大权，开启了开元盛世之门。

李隆基即位之初，励精图治，先后以姚崇、宋璟、张说等人为宰相。姚崇向李隆基提出以"十事"为施政要点，包括抑权倖、爱爵赏、纳谏诤、却贡献、不与群臣亵狎等，都得到了采纳。姚崇于开元四年（716）罢相，推荐宋璟代替自己任宰相。宋璟"务在择人，随材授任，使百官各称其职；刑赏无私，敢犯颜正谏。上甚敬惮之，虽不合意，亦曲从之。"在姚崇和宋璟二人的主持下，朝廷气象一新。正如《资治通鉴》中所评论的那样："姚、宋相继为相，崇善应变成务，璟善守法持正；二人志操不同，然协心辅佐，使赋役宽平，刑罚清省，百姓富庶。唐世贤相，前称房、杜，后称姚、宋，他人莫得比焉。"李隆基对二人也非常尊敬，"二人每进见，上辄为之起，去则临轩送之"。其他几位宰相也各有所长，"上即位以来，所用之相，姚崇尚通，宋璟尚法，张嘉贞尚吏，张说尚文，李元纮、杜暹尚俭，韩休、张九龄尚直，各其所长也"，并且尽忠职守，使得朝政充满朝气。

李隆基励精图治二十余年，开创了一个开元盛世。天宝十三年（754）据户部统计："天下郡三百二十一，县千五百三十八，乡万六千八百二十九，户九百六万九千一百五十四，口五千二百八十八万四百八十八。"正如史家所说："有唐户口之盛，极于此。"

第三部　隋唐兴衰
21　李隆基何以将一手好牌打烂

李隆基当政初期，在生活上也自奉廉俭。开元二年（714）为改变"风俗奢靡"的现状，他下令："乘舆服御、金银器玩，宜令有司销毁，以供军国之用；其珠玉、锦绣，焚于殿前；后妃以下，皆毋得服珠玉锦绣。"司马光在《资治通鉴》中对此评论说："明皇之始欲为治，能自刻厉节俭如此，晚节犹以奢败。甚哉！奢靡之易以溺人也！《诗》云：靡不有初，鲜克有终。可不慎哉！"

正如司马光所言，在开创了盛世之后，李隆基开始懈怠了。"上在位岁久，渐肆奢欲，怠于政事"，听不进不同意见。而时任宰相的张九龄则"遇事无细大皆力争"。李隆基非常不满，曾当面斥责说："事皆由卿邪？"而善于奉承拍马的宰相李林甫抓住这个机会，挑拨离间，诋毁中伤张九龄，"日夜短（张）九龄于上，上寖疏之"。开元二十四年（736），李隆基找借口罢免了张九龄，"自是朝廷之士，皆容身保位，无复直言。"

随着张九龄的罢相，开元盛世也走到了尽头。李林甫摸透了李隆基安于享乐的心态，通过蒙蔽甚至是蒙骗的手段，达到专权的目的。他对谏官们说："今明主在上，群臣将顺之不暇，毋用多言！诸君不见立仗马乎？食三品料，一鸣辄斥去，悔之何及！"不仅如此，李林甫还大肆排斥异己，"凡才望功业出己右及为上所厚、势位将逼己者，必百计去之；尤忌文学之士，或阳与之善，啖以甘言而阴陷之。世谓李林甫口有蜜，腹有剑。"对于李林甫的这些做法，李隆基感觉非常享受，他甚至对亲信宦官高力士说："朕欲高居无为，悉以政事委（李）林甫。"

因此，李隆基到了晚年，"以为天下无复可忧，遂深居禁中，专以声色自娱，悉委政事于林甫。林甫媚事左右，迎合上意，以固其宠；杜绝言路，掩蔽聪明，以成其奸；妒贤疾能，排抑胜己，以保其位；屡起大狱，诛逐贵臣，以张其势。自皇太子以下,畏之侧足。凡在相位十九年,养成天下之乱",终于酿成了"安史之乱"。大唐王朝由此一蹶不振,走向了衰亡。

《新唐书·玄宗本纪》对于李隆基把一手好牌打烂的原因作过这样的分析:"方其励精政事,开元之际,几致太平,何其盛也!及侈心一动,穷天下之欲不足为其乐,而溺其所甚爱,忘其所可戒,至于窜身失国而不悔。考其始终之异,其性习之相远也至于如此。可不慎哉!可不慎哉!"

22

从李白"谋反案"看唐朝的"长流"刑

> 朝辞白帝彩云间,千里江陵一日还。
> 两岸猿声啼不住,轻舟已过万重山。

这首脍炙人口的《早发白帝城》,在今天可以说是家喻户晓。但它的写作背景,却是李白卷入并险些让他丧命的一桩"谋反案"。

天宝十五年(756),安禄山的叛军攻入长安,唐玄宗李隆基仓皇出逃,在马嵬坡发生兵变,杨国忠和杨贵妃被杀,太子李亨被军民留下,领导抵抗安禄山叛军的战争。李隆基到汉中后,发布了一道诏令:以太子李亨为天下兵马元帅,领朔方、河东、河北、平卢节度都使,南取长安、洛阳;永王李璘为山南东道、岭南、黔中、江南西道节度都使;盛王李琦为广陵大都督,领江南东路及淮南、河南等路节度都使;丰王李珙为武威都督,仍领河西、陇右、安西、北庭等路节度都使。其中,李琦和李珙只是挂名,并未到任。因此,实际上是由太子李亨和永王李璘分别负责北方和南方的讨逆战争。但李隆基不知道的是，就在他发布这道诏令的前几天，李亨已经在灵武即位，并尊他为太上皇了。

李璘接到诏书后，立即动身前往江陵，招募将士数万人，囤积了大量军需物资，网罗人才，并派谋士韦子春游说在庐山隐居的李白。李白欣然答应出山。在《赠韦秘书子春》一诗中，就表达了这种心情：

……
气同万里合，访我来琼都。
披云睹青天，扪虱话良图。
留侯将绮里，出处未云殊。
终与安社稷，功成去五湖。

诗中，李白以西汉张良和前秦王猛自比，满怀建功立业的期望。在离家赴李璘幕府时给妻子的《别内赴征三首》诗中，也充满了对美好前景的憧憬：

……
出门妻子强牵衣，问我西行几日归？
归时倘佩黄金印，莫学苏秦不下机。
……

到了李璘的帐下后，李白又满怀激情地写下了气势豪迈的歌颂李璘的《永王东巡歌十一首》。其中最后一首这样写道：

试借君王玉马鞭，指挥戎虏坐琼筵。
南风一扫胡尘静，西入长安到日边。

然而，就在李白春风得意之时，一个严重的危机已经向他袭

第三部　隋唐兴衰
22　从李白"谋反案"看唐朝的"长流"刑

来。李隆基任命李璘镇守南方时，李白的好友、时任谏议大夫的高适就坚决反对；已经即位称帝的唐肃宗李亨也撤销了对李璘的任命，要他回到四川去，但被李璘拒绝了。这样一来，李璘的行为无疑就是"谋反"了。于是，李亨任命高适为淮南节度使，与江东节度使韦陟、淮南西道节度使来瑱等一同负责讨伐永王李璘，李白和高适这对诗友成为敌对的双方。

然而，幼稚的李璘并没有感到危机的来临，相反，他的谋士薛镠等也天真地认为，"今天下大乱，惟南方完富，（李）璘握四道兵，封疆数千里，宜据金陵，保有江表，如东晋故事。"结果，在唐朝大军的围攻下，李璘于次年兵败被杀，李白也被俘下狱。就凭李白写的《永王东巡歌十一首》，说他是李璘集团的核心成员也不为过。而根据《唐律》的规定："诸谋反大逆者，皆斩"；而所谓"皆"，就是"罪无首从"。李白尽管是从犯，依法也难逃一死。

这时，李白首先想到的可能是他那位位高权重又是平定李璘谋反案功臣的朋友高适。他在浔阳监狱中托人给高适带去了一首《送张秀才谒高中丞》诗，但高适并没有任何反应。幸运的是，李白声名在外，自然有不少人替他说情。而其中有一个重量级的人物——时任天下兵马副元帅郭子仪。说起李白同郭子仪的关系，也颇有戏剧色彩。据《新唐书》记载：李白在并州时，见一个获罪的下级军官气度不凡，便设法替他开脱了罪责，这个军官就是郭子仪。此时郭子仪已是抵御安禄山叛军的主要将领，他向李亨提出愿意用自己的官爵替李白赎罪，李亨自然不能驳他的面子。当然，也有人对这种说法提出质疑。但无论如何，李白最终免于一死，被长流夜郎。

在《唐律》中，并无"长流"的刑名。《唐律》的流刑分为三等：两千里至三千里三等，每等递增五百里，称为"三流"，一般都要服一年劳役；此外，还有加役流，即将服劳役期增加到三年，同反逆缘坐流、子孙犯过失（杀）流、不孝流、会赦犹流合称"五流"。"长流"作为一种特别刑，应当是在长孙无忌制定《唐律疏议》之后。据《朝野佥载》记载："唐赵公长孙无忌奏别敕长流，以为永例。后赵公犯事，敕长流岭南，至死不复回，此亦为法之弊。"由此可见，虽然之后长流曾被普遍适用，但并不是一种"法定"的刑罚，而是一种对特定对象的处理方式。而"长流"的适用对象，据开元二十四年（736）四月减降囚徒诏令："天下见禁囚，犯十恶死罪及造伪头首、劫杀人，先决六十，长流岭南远恶处"。同年十月颁布恩诏："两京城内及京兆府诸县囚徒，反逆缘坐，及十恶、故杀人、造伪头首死罪，特宜免罪，长流岭南恶处"。因此，"长流"主要适用于犯十恶死罪减轻处罚的人，属于一种法外开恩。李白长流夜郎，也属于这种情形。

此外，与"三流"和"加役流"不同的是，长流没有固定的期限，需要特别恩赦才能放回。同时，根据《唐律疏议》的规定："犯五流之人，有官爵者，除名，流配，免居作。"也就是说，有官员身份的人被流放的，不用服劳役，李白自然也不例外。因此，李白到夜郎后，即遇赦蒙恩放回，路过三峡时，写下了那首充满着喜悦之情的《早发白帝城》。

23 唐朝的奸相何以能够为"奸"

在唐朝历史上,有过不少名臣良相,如房玄龄、杜如晦、姚崇等;也出过不少"奸相",如唐肃宗时的李林甫、唐代宗时的元载、唐德宗时的卢杞等。这些奸相不仅连续任职时间较长,而且为祸尤烈,陷害忠良,败坏朝廷政治。对于这些奸相,君主们的态度也不一样:有的不识其奸,反而以奸为忠;有的明知其奸,却放任甚至纵容。这些奸相为奸的经历,反映了唐朝政治的另一面。

要论唐朝的第一奸相,当数以"口蜜腹剑"著称的李林甫。他自开元二十二年(734)拜相,直到天宝十一年(752)去世,连续担任宰相一职近二十年,这不仅在唐朝,在中国历史上也是罕见的,大概只有南宋的奸相秦桧能够与之相"媲美"。李林甫之所以能够做到这一点,靠的是施展三种手段。

一是拉关系。李林甫是靠拉关系上台的。《资治通鉴》中称其"柔佞多狡数,深结宦官及妃嫔家"。当时李隆基最为宠幸的妃子是武惠妃,因为她"宠幸倾后宫",她的儿子寿王李清(后改名李瑁,杨玉环的丈夫)也深受李隆基的喜爱。李林甫通过宦官向武惠妃表示愿意尽力保护寿王；而武惠妃也帮助他登上了宰相之位。后来武惠妃为了帮助寿王李瑁夺取太子之位，向李隆基诬告太子李瑛"阴结党羽，将害妾母子，亦指斥至尊"。李隆基大怒，同宰相商量废太子，遭到了张九龄的坚决反对；而李林甫当面不说，背后却对李隆基的亲信宦官说："此主上家事，何必问外人。"但由于张九龄的反对，暂时保住了太子的位子。

不久，张九龄被罢免了宰相之职，卫尉杨洄又诬告太子李瑛和鄂王李瑶、光王李琚等"潜构异谋"，李隆基再召集宰相们商量。李林甫依然说："此陛下家事，非臣等所宜豫。"一句话，使李隆基下了决心，将三人都赐死。李林甫则趁机建议立寿王李瑁为太子，但李隆基最终还是听从了亲信宦官高力士的建议，立李玙（后改名李亨，即唐肃宗）为太子。虽然拥立李瑁为太子的目的没能达到，但李林甫借此事排挤了张九龄，达到了掌控朝政的目的。

二是"揣摩上意"，将李隆基玩弄于股掌之中。李林甫时刻揣摩李隆基的心思。他通过结交"宦官及妃嫔家，侍候上动静，无不知之。由是每奏对，常称旨，上悦之"。他利用李隆基"在位岁久，渐肆奢欲，怠于政事"，安于享乐的心理，事事顺着李隆基；而宰相张九龄则"遇事无细大皆力争"，引起了李隆基的不满。李林甫抓住这个机会，"日夜短（张）九龄于上"，挑唆李隆基罢免了张九龄。而李隆基对李林甫事事顺着自己非常满意，甚至对亲信宦官高力士说："朕欲高居无为，悉以政事委（李）林甫"。由此，李林甫实现了对朝政的完全操控。

三是打击政敌，排斥异己，巩固自己的地位。李林甫为人"城府深密，人莫窥其际。好以甘言啖人，而阴中伤之，不露辞色。凡为上所厚者，始则亲结之，及位势稍逼，辄以计去之。虽老奸巨猾，无能逃于其术者"。他为了能够长期把持宰相之位，

第三部　隋唐兴衰
23　唐朝的奸相何以能够为"奸"

"凡才望功业出己右及为上所厚、势位将逼己者，必百计去之"。自唐初以来，驻守边疆的将领一般都是"忠厚名臣"，功名卓著的往往会被任命为宰相。李林甫为了堵塞"出将入相"之路，向李隆基建议任用那些不识汉字的胡人为将，安禄山就是在这种情形之下得到李隆基重用的。李林甫为了一己之私利，酿成了"安史之乱"，起因仅仅是"专宠固位之谋也"。

元载也是通过"揣摩上意"，并通过宦官李辅国的帮助登上宰相之位的。唐代宗李豫即位后，李辅国又"称（元）载于上前"；而元载也"能伺上意，颇承恩遇"。李辅国死后，他又巴结上了宦官董秀，"多与之金帛，委主书卓英倩潜通密旨。以是上有所属，载必先知之，承意探微，言必玄合，上益信任之"。当时宦官鱼朝恩专权，权倾朝野。元载发现李豫对鱼朝恩不满，趁机向他建议除掉鱼朝恩。李豫便令元载进行谋划。元载收买了鱼朝恩的亲信将领，一举将鱼朝恩擒杀。

除掉了鱼朝恩，李豫对元载"宠任益厚"；而元载也"志气骄溢"，"弄权舞智，政以贿成，奢侈无度"。他怕官员对他的专权行为进行弹劾，向李豫建议："百官凡欲论事，皆先白长官，长官白宰相，然后奏闻。"并假传圣旨："比日诸司奏事烦多，所言多谗毁，故委长官、宰相先定其可否。"刑部尚书颜真卿上疏，对他这种行为进行指责，说"昔（李）林甫虽擅权，群臣有不咨宰相辄奏事者，则托以他事阴中伤之，犹不敢明令百司奏事皆先白宰相也。陛下倘不早寤，渐成孤立，后虽悔之，亦无及矣！"元载则给颜真卿加上了"诽谤"的罪名，将他贬为峡州别驾。"由是道路以目，不敢议（元）载之短。门庭之内，非其党与不接，平素交友，涉于道义者悉疏弃之。"

对于元载的这种行为，李豫虽然非常不满，但又下不了手。他打算重用亲信李泌，但遭到元载的反对，不得已只能将李泌外放为江西观察判官,并对李泌说:"俟朕决意除(元)载,当有信报卿,可束装来。"但这一等却等了整整八年,他们再次见面,李豫对李泌说:"与卿别八年,乃能诛此贼。"李泌回答说:"陛下知群臣有不善,则去之;含容太过,故至于此。"一语道破了元载得以恃宠专权的原因。

而卢杞似乎又是另一种类型。与李林甫的"口蜜腹剑"不同,他的阴险狡诈是外露的,众人皆知,但唯独君主不知。大将郭子仪每见宾客,姬妾不离左右;但卢杞去看他时,却"悉屏侍妾,独隐几待之"。家人不解,郭子仪说:"(卢)杞貌陋而心险,妇人辈见之必笑,他日杞得志,吾族无类矣!"卢杞得势的一个重要原因,就是利用了唐德宗李适猜忌多疑的心态,挑拨离间。他利用阴谋手段,排挤、陷害他认为有威胁的大臣,甚至将他们置于死地。正如后来大臣们对他的弹劾所说:"(卢)杞作相三年,矫诬阴贼,排斥忠良,朋附者欸唾立至青云,睚眦者顾盼已挤沟壑。傲很背德,反乱天常,播越銮舆,疮痍天下,皆杞之为也。"

卢杞如此奸邪,但唐德宗李适却并不这样认为。他所信任的翰林学士李赞曾极言卢杞"奸邪致乱",但他却颇不以为然。在大臣们讨论如何处理卢杞时,他不满地对宰相李勉说:"众人论杞奸邪,朕何不知?"李勉回答说:"卢杞奸邪,天下人皆知;唯陛下不知,此所以为奸邪也!"

当然,所谓恶有恶报,这些奸相的结局都很惨。李林甫虽得善终,但他死后,杨国忠为报复他,诬告他谋反,将其剥夺官职,抄没家产,他的子孙也被流放;元载本人及妻子和儿子都被赐死;卢杞则被贬为澧州别驾,死于贬所,相比之下结局是最好的了。

24 大唐宰相遇刺案

唐朝自安史之乱后,形成了藩镇割据的局面。各地节度使拥兵自重,控制了地方的军政、财政和司法大权,朝廷权力日益削弱。唐宪宗李纯即位后,为了改变这种局面,开始了遏制藩镇势力膨胀的削藩战争。地方藩镇竟悍然以武力相对抗,并发生了刺杀当朝宰相武元衡的案件。这一案件促使唐宪宗下决心彻底削弱了一些强藩的势力,并最终将凶手绳之以法,维护了中央政府的权威,打造了"元和中兴"的局面。

引发宰相遇刺案的直接原因,是淮西吴元济的反叛。唐宪宗即位后,先后平定了西川节度使刘辟、夏绥银节度使杨惠琳以及镇海节度使李琦的反叛,并由于田兴(后改名田弘正)的归顺而收复了强藩魏博镇。在这种情形之下,一些强藩迫于朝廷的威势,也纷纷表示愿意归顺。于是唐宪宗便将下一个目标对准了一贯反叛朝廷的淮西。

元和九年(814),割据淮西的彰义节度使吴少阳病死,其子吴元济自领军务,企图继续割据一方。朝廷派使者去吊祭吴少阳，吴元济不仅拒绝迎接使者，还派兵四处劫掠，甚至逼近东都洛阳。在这种情形之下，唐宪宗决定发兵平定淮西。吴元济则向成德节度使王承宗、平卢淄青节度使李师道求救。王承宗和李师道上表要求赦免吴元济，遭到了唐宪宗的断然拒绝。为了策应吴元济，李师道派遣刺客焚烧唐军粮草，并招募洛阳的地痞流氓杀人放火，骚扰地方；王承宗则直接上书诋毁负责对淮西用兵的宰相武元衡。此时，李师道的幕僚建议他派刺客去刺杀武元衡："天子所以锐意诛蔡者，（武）元衡赞之也，请密往刺之。元衡死，则他相不敢主其谋，争劝天子罢兵矣。"李师道认为有理，真的派出了刺客。

元和十年（815）六月三日清晨，武元衡出门上朝，埋伏在暗中的刺客射箭，随从吓得四散而逃。刺客趁机将武元衡杀死，并取走了他的头颅。然后又去袭击了另一位主战的御史中丞裴度，幸亏裴度的帽子厚，刺客只是砍伤了他的头部。刺客行凶后，还在金吾府（禁军衙门）以及长安府、县各衙门留下威胁字条："毋急捕我，我先杀汝。"

凶杀案发生后，舆论大哗。兵部侍郎许孟容对唐宪宗说："自古未有宰相横尸路隅而盗不获者，此朝廷之辱也！"唐宪宗也极为震怒，下令搜捕刺客，获贼者赏钱万缗，官五品；敢庇匿者，举族诛之。于是，在京城长安开展了大搜捕，"公卿家有复壁、重橑者皆索之"。

由于成德节度使王承宗上表替吴元济求情，还诋毁、威胁武元衡，所以他的嫌疑很大；正巧他在长安府邸中的士卒张晏等人举止反常，神策将军王士则向朝廷控告是王承宗派张晏等人刺杀武元衡，于是逮捕了张晏等，交由京兆尹和御史审讯。严刑审讯下，张晏等供认了刺杀武元衡的罪行。但宰相张弘靖

> 第三部　隋唐兴衰
> 24　大唐宰相遇刺案

认为案情有疑，建议再深入调查。可唐宪宗不听，下令将张晏等人都处死，并下令讨伐王承宗。李师道派遣的刺客则趁机逃走了。

这时，负责审理洛阳骚乱案件的留守吕元膺有了重大发现，罪犯供认刺客是由李师道派遣的。吕元膺立刻向唐宪宗报告，认为："近日藩镇跋扈不臣，有可容贷者。至于（李）师道谋屠都城，烧宫阙，悖逆尤甚，不可不诛。"但唐宪宗已经发兵征讨王承宗，不想再节外生枝，无暇处理李师道了。

武元衡被刺，裴度负伤，这对朝廷官员的心理也造成了恐慌。有人建议罢免裴度，安抚王承宗和李师道。唐宪宗大怒，说："若罢（裴）度官，是奸谋得成，朝廷无复纲纪。吾用度一人，足破二贼。"唐宪宗任命裴度为宰相，主持对淮西的战事。裴度也认为"淮西，腹心之疾，不得不除。且朝廷业已讨之，两河藩镇跋扈者，将视此为高下，不可中止。"

然而，征讨吴元济的战争打了两年，双方互有胜败，进展并不大，因而一些大臣建议罢兵休战。但唐宪宗不同意，坚持要将战争进行到底，并任命李愬为唐邓节度使，参与对吴元济的战争。同时，又任命裴度以宰相身份赴淮西前线督师。元和十二年（817）冬，李愬率军于雪夜突袭蔡州，吴元济猝不及防，兵败被擒，押送长安处斩。

淮西被平定，极大地震慑了王承宗和李师道。虽然之前对王承宗的讨伐战争并不顺利，但吴元济被擒之后，王承宗请魏博节度使田弘正向朝廷求情，表示愿意归顺朝廷，"输租税，请官吏"。唐宪宗也顺水推舟答应了。而李师道一开始也表示愿意归顺，但后来反悔了。于是，唐宪宗于元和十三年（818）又发动了讨伐李师道的战争。结果，在大军围困之下，李师道的部将刘悟将其杀死，投降了朝廷。

在搜检李师道的文档时，发现了收买刺杀武元衡的刺客王士元以及放走王士元的潼关等地官吏的记录。田弘正将涉嫌刺杀武元衡的王士元等16人交给朝廷，由京兆府和御史台审讯。在审讯过程中才得知，当时王承宗和李师道都派了刺客，但王承宗派出的张晏等人先到，动手杀了武元衡；而王士元等人赶到时，武元衡已死，他们便谎称是自己杀了武元衡，回去向李师道邀功请赏。但鉴于几路藩镇都已平定，唐宪宗不愿再深究，下令将王士元等人处死，了结了此案。

25 牛李党争背景下的吴湘贪赃案

唐武宗会昌年间，发生了一起县令盗用程粮钱的案件。这本是一起普通的刑事案件，但由于当朝宰相李德裕夹杂个人恩怨插手此案的处理，使得案件的处理偏离了法制的轨道，最终成为政治斗争的工具，并对当时的政治局势产生了重大影响，成为导致李德裕个人悲剧结局的重要因素。

"牛李党争"是唐朝中后期出现的以李宗闵、牛僧孺为代表的"牛党"和以李德裕为代表的"李党"两派政治势力之间的争斗。两"党"之间本是普通的派系之争，但发展到后来，双方各从派系私利出发，互相排斥，成为不同政治见解、政治立场乃至政治利益之间的你死我活的斗争。在唐穆宗、唐敬宗、唐文宗三朝，两党交替进退，一党在朝，便排斥对方为外任，以至于唐文宗李昂曾发出了"去河北贼易，去朝廷朋党难"的感慨。

开成五年（840），唐文宗去世，在选择继承人的问题上，官僚集团和宦官集团发生了冲突。最终宦官集团取得了胜利，立李昂的弟弟李炎（原名李瀍）为帝，是为唐武宗。李炎继位后，立即召回了受到牛党排挤的李德裕。李德裕回朝担任宰相后，大力

> 《资治通鉴》中的政治谋略
> （两晋—五代）

整顿朝政，对外大破回纥，稳定了西部边疆；对内遏制宦官势力的膨胀。特别是在用武力削藩、维护朝廷权威方面，力排众议，发动了讨伐泽潞镇的战争。

会昌三年（843），盘踞泽潞镇的昭义节度使刘从谏病逝，其侄刘稹要求袭任节度使。包括其他宰相在内的大臣们多认为讨伐刘稹"国力不支"，建议答应刘稹的要求。唯独李德裕坚决主张出兵征讨。经过一年多的战斗，刘稹被部下杀死，泽潞镇的反叛被平定。这一胜利，极大震慑了各地藩镇势力，增强了朝廷的权威，营造了"会昌中兴"的局面。

然而，李德裕担任宰相，从某种意义上说，依然是当时朋党斗争的延续。因此，他回朝担任宰相后同李炎第一次谈话，就是关于"朋党"的。李德裕说："致理之要，在于辩群臣之邪正"，"正人一心事君，而邪人竞为朋党"。因此，不能让朋党操纵朝政，"先帝深知朋党之患，然所用卒皆朋党之人，良由执心不定，故奸邪得乘间而入也"。但他执掌朝政后，依然延续了这种朋党斗争。此前，牛僧孺已经以宰相的身份被外放为淮南节度使，李德裕任宰相后，继续对他进行政治追杀，将他改任太子少师这个虚职。李宗闵被罢免宰相后，以太子宾客分司东都。但李德裕指控他与前昭义节度使刘从谏来往，不宜再在东都洛阳任职，将他贬为湖州刺史。同时，由于对回纥和藩镇战争的胜利，大大提升了李德裕的威望，增强了李炎对他的信任，他个人也开始独断专行。正是在这种情形之下，发生了吴湘盗用程粮钱案处理的争议。

吴湘是江都县令。当时，为了鼓励外国客商通商往来，根据他们回国路程的长短，由政府给予路程补贴，称为"程粮钱"，东南水路的为"入海程粮"，西北陆路的为"度碛程粮"。而官吏因公出差，根据路程远近给予相应的补贴，也属于"程粮钱"。

第三部 隋唐兴衰
25 牛李党争背景下的吴湘贪赃案

吴湘利用职权,贪污、盗用了不少程粮钱,还强娶所部百姓颜悦的女儿。时任淮南节度使的李绅(唐诗《悯农》的作者)巡按江都时,发现了这一案件,经过审理,将吴湘判处死刑。

按照《唐律》规定:诸监临主守自盗及盗所监临财物者,加凡盗二等,满三十匹绞;此外,诸监临之官,娶所监临女为妾者,杖一百。两罪并发,以重者论,因此,李绅判处吴湘死刑,也有法律依据。但由于李绅在政治上属于李德裕一党,而吴湘的叔父吴武陵当年曾得罪过李德裕的父亲李吉甫,李德裕对此事一直耿耿于怀。因此,李绅判处吴湘死刑,似乎也有取悦李德裕的意思。为此,不少人认为此案判得过重了,因此谏官要求对案件的审理进行审查。

于是,朝廷派监察御史崔元藻和李稠两人进行复审。崔元藻等经审查后认为:吴湘盗用程粮钱的罪行属实,但数额没有达到判处死刑的标准;而强娶颜悦之女的行为同事实有差异。按理此案应由大理寺进行详断,但李德裕却强行干预此案,不交大理寺,直接按照李绅的意见,判处吴湘死刑,并将崔元藻贬为端州司户,李稠贬为汀州司户。李德裕这种以个人权力干预司法的行为引起了众怒,谏议大夫柳仲郢、敬晦等人上疏力争,但唐武宗李炎还是支持李德裕,将吴湘处死了。

好景不长,李炎做了六年皇帝,因服用道士配制的"仙丹"而暴亡,宦官拥立皇太叔李怡(后改名李忱)为帝,是为唐宣宗。李忱对李德裕专权非常厌恶,继位后就让他以宰相身份出任荆南节度使,免去了他的宰相职务。不久,又免去了他的宰相身份,改任东都留守,并任命属于牛党的白敏中为宰相,"凡(李)德裕所薄者,皆不次用之";李德裕提拔任用的官员也都遭到贬斥。正是在这种情形之下,吴湘一案又一次被提了出来。

唐宣宗大中元年(847),即吴湘案发生两年后,吴湘的哥哥、原永宁县尉吴汝纳上书朝廷为弟弟申冤,称"李绅与李德裕相表里,期罔武宗,枉杀臣弟,乞召江州司户崔元藻等对辨"。朝廷将此案交御史台"鞫实以闻"。御史台根据当年崔元藻所查证的事实和结论,认定吴汝纳所说属实。于是,牛党借此案开始了对李德裕及其同党的政治清算和清洗。李德裕被贬为潮州司马,次年又追贬为崖州司户;李绅虽已去世,也被追夺三任告身。不久,李德裕在崖州病逝。

　　随着李德裕被贬斥,延续数十年的"牛李党争"宣告结束,短暂的"会昌中兴"的局面也就此终结。虽然此后唐宣宗李忱也曾励精图治,努力打造一个"大中之治",但唐朝不可避免地走向了衰亡。

26
唐朝的宦官专权是如何成气候的

唐朝是中国历史上继东汉之后又一个宦官专权的朝代。宋人刘克庄在其《后村诗话》中说："汉唐皆有宦官之祸，而唐之为祸尤烈"，而且这种状况一直延续到唐朝灭亡。

宦官是君主专制制度下的一个怪胎。同东汉一样，唐朝的宦官之祸，也是君主利用、纵容的结果。唐朝初期对宦官限制还是非常严厉的，"太宗定制，内侍省不置三品官，黄衣廪食，守门传命而已。天后虽女主，宦官亦不用事。中宗时，嬖幸猥多，宦官七品以上至千余人，然衣绯者尚寡。"这对防止宦官弄权还是有所警醒的。唐睿宗李旦就曾在诏书中说："宦官遇宽柔之代，必弄威权。"

宦官势力真正得到发展，始作俑者是唐玄宗李隆基。在他登上皇位的过程中，亲信太监高力士立下了功劳，"自是宦官势益盛。高力士尤为上所宠信"，而"四方表奏，皆先呈（高）力士，然后奏御；事小者力士即决之，势倾内外"。从此拉开了宦官干政的序幕。

《资治通鉴》中的政治谋略
（两晋—五代）

"安史之乱"爆发后，李隆基逃出长安，发生了马嵬兵变，太子李亨即位，是为唐肃宗。在这个过程中，李亨的亲信宦官李辅国发挥了很大作用，因此被李亨视为左膀右臂，操控了朝政大权，并软禁了回到长安的太上皇李隆基。李亨对李辅国的专权非常不满，甚至动了诛杀他的念头，但"畏其握兵，竟犹豫不能决"。李辅国得寸进尺，竟然要李亨任命自己为宰相，因遭到宰相萧华的激烈反对而未能得逞。张皇后开始时同李辅国相互勾结，但后来两人之间在立太子的问题上发生了矛盾。宝应元年（762）李亨病重之际，张皇后打算除掉李辅国，结果被李辅国先下手，发动政变，诛杀了张皇后，拥立太子李俶（后改名李豫）为帝，是为唐代宗。

李豫即位后，因李辅国的拥立之功，以李辅国为司空兼中书令，圆了他的宰相梦，并尊称他为"尚父"。李辅国则恃功骄横，甚至对李豫说："大家（指皇帝）但居禁中，外事听老奴处分。"朝廷"事无大小皆咨之，群臣出入皆先诣（李辅国）"。李豫非常不满，但因李辅国手握重兵，只能"外尊礼之"，暗中等待时机。宦官程元振因处处受到李辅国的压制和排挤，也有除掉李辅国的念头。李豫在程元振帮助下，解除了李辅国的职务，将其逐出了朝廷，不久李辅国被刺客暗杀。

李辅国死后，程元振取而代之，接替李辅国统率全部禁军。他"专权自恣，人畏之甚于李辅国。诸将有大功者，元振皆忌疾欲害之"。广德元年（763），吐蕃入寇，由于程元振封锁消息，导致李豫狼狈逃出长安，引起了公愤，被李豫流放，后被仇家杀死。李豫逃出长安时，诸军离散，监军陕州的太监鱼朝恩率神策军迎驾，救了李豫的急。鱼朝恩因此被任命为天下观军容处置宣慰使，总管禁军，由此权倾朝野，骄横无比，对朝廷事务公然声称："天下事有不由我者邪！"结果李豫在宰相元载的帮助下，将

第三部　隋唐兴衰
26　唐朝的宦官专权是如何成气候的

鱼朝恩缢杀。这些宦官的下场说明，这一时期，宦官权势虽然膨胀，但君主至少还能够对其加以控制。

宦官专权的局面真正发展到不可收拾，始于唐德宗李适当政时期。李适继位之初，"疏斥宦官，亲任朝士"，宦官势力受到了压制。但一些不争气的文官"以文雅登朝，继以赃败"，宦官趁机以此为借口进行反击，使得李适"心始疑，不知所依仗矣"。唐代宗李豫诛杀鱼朝恩后，收回了宦官掌握的军权。李适继位后，委任神策军使白志贞掌管禁军，结果白志贞招了一批市井无赖充数，挂名吃空饷。建中四年（783），泾原镇士卒发生兵变，攻陷了长安，李适仓皇出逃，禁军竟然无一人护卫抵抗，反倒是李适身边的宦官窦文场、霍仙鸣率领众人跟随护卫。这样一来，李适觉得还是宦官可靠，回到长安后，命窦文场等统率神策军，从此宦官完全掌握了禁军的军权，从而"藩镇将帅多出神策军，台省清要亦有出其门者矣"。

永贞元年（805），李适去世，唐顺宗李诵即位，重用翰林学士王叔文等进行改革，史称"永贞革新"。因改革触及了宦官的利益，宦官俱文珍等联合朝中的反对势力，利用李诵身患重病之机，逼迫他将皇位"内禅"给了太子李纯，是为唐宪宗，开创了由宦官拥立皇帝的先例。元和十五年（820），李纯暴亡，据说是给宦官谋害的。李纯死后，宦官梁守谦、王守澄等拥立太子李恒即位，是为唐穆宗。从此，"宦官益横，建置天子，在其掌握，威权出人主之右，人莫敢言"。

长庆四年（824），李恒去世，王守澄拥立其子李湛即位，是为唐敬宗。李湛年仅15岁，只知道玩乐，"游幸无常，昵比群小，视朝月不再三，大臣罕得进见"，朝廷政务都由权臣把持和宦官操纵。三年后，李湛被身边宦官谋杀，王守澄又迎立李湛的弟弟李涵（后改名李昂）即位，是为唐文宗。王守澄凭借三朝拥立之功，朝廷大权完全被他操控。李昂不甘心做傀儡皇帝，同亲信大臣密谋，利用了王守澄和仇士良两个宦官之间的矛盾，用仇士良取代王守澄掌握了神策军的军权，然后将王守澄毒死。但就在他准备一举清除宦官势力时，被仇士良发觉，发动了"甘露事变"，仇士良完全掌握了朝廷大权。

开成五年（840），李昂去世，仇士良又拥立他的弟弟李瀍（后改名李炎），是为唐武宗。至此之后，唐宣宗李忱、唐懿宗李漼、唐僖宗李儇，以及唐昭宗李晔都是由宦官所拥立。李晔即位后，虽然中央政权已名存实亡，但他还想依靠藩镇势力的帮助来清除宦官，夺回权力。光化三年（900），宦官刘季述等发动兵变，幽禁了李晔。宰相崔胤联合了朱温等藩镇势力，迎李晔复位。天复三年（903），崔胤和朱温将全部宦官杀死，"冤号之声，彻于内外"。随着宦官势力的消亡，唐王朝也走到了尽头。

司马光在《资治通鉴》中，对唐朝宦官专权的原因作过分析，认为关键是让宦官掌握了军权，"自是太阿之柄，落其掌握矣"。唐朝的宦者之祸"始于明皇，盛于肃、代，成于德宗，极于昭宗。《易》曰：履霜坚冰至。为国家者，防微杜渐，可不慎其始哉！"

27 "盛世"的背后：大唐君主的逃亡路

说起中国历史上的"盛世",人们可能首先会想到唐朝。的确,唐朝曾打造过两个著名的盛世——贞观之治和开元盛世。但具有讽刺意味的是,除了这两个盛世的四十多年时间,唐朝大部分时间都可以说是处于"乱世"之中:前期是宫廷内斗,后期是地方藩镇割据,战乱不断。在战乱中,唐朝的君主中共有五人七次自京城长安逃亡,这在中国历史上也是绝无仅有的。

第一次是唐玄宗李隆基于天宝十五年(756)逃离长安。"安史之乱"发生后,双方展开了激战,而能否守住潼关,保障长安,成为战争的关键。李隆基起用病废在家的陇右节度使哥舒翰为兵马副元帅,率领二十万大军镇守潼关。安禄山命其子安庆绪率兵攻潼关,被哥舒翰击退。叛军主力被阻于潼关不能西进。安禄山命大将崔乾佑率老弱病残士卒诱使唐军出战,前线作战的唐军将领郭子仪、李光弼等都认为"潼关大军,唯应固守以弊之,不可轻出"。但杨国忠不放心哥舒翰手握重兵,唆使李隆基不断派宦官催促他出关作战。哥舒翰无奈,只得引兵出关,结果被崔

《资治通鉴》中的政治谋略
（两晋—五代）

乾佑伏兵击败，全军覆没，二十万大军逃回关内的只有八千人，哥舒翰本人也做了俘虏。叛军乘胜攻陷了长安，李隆基仓皇出逃，到马嵬坡时随行的禁军发生哗变，逼迫李隆基杀死杨国忠和杨贵妃。李隆基逃到了成都，太子李亨继位。李隆基于至德二年（757）回到长安，被奉为太上皇，在郁郁寡欢中去世。

第二次是唐代宗李豫于广德元年（763）逃离长安。唐朝在平定安史之乱的过程中，将防守西部的军队都调往东方作战，吐蕃乘虚深入，大举进攻。边将告急，但宦官程元振却隐匿不报，等吐蕃军队逼近长安时，朝廷才发觉，仓促中起用郭子仪出镇咸阳抵御。而此时郭子仪已"闲废日久，部曲离散，至是召募，得二十骑而行"。吐蕃率吐谷浑、党项等部落二十余万大军兵临长安城下，郭子仪要求派兵增援，又被程元振所阻。结果李豫逃出长安，前往陕州避难。长安城"官吏藏窜，六军逃散"，"六军散者所在剽掠，士民避乱，皆入山谷"。吐蕃攻占长安后，立唐宗室广武王李承宏为帝，大肆劫掠。郭子仪用疑兵之计吓退了吐蕃，使其不战而逃，全部退出了长安。郭子仪收复长安，迎回李豫。但李豫对程元振仅仅是削去官爵，放归田里。

第三次是唐德宗李适于建中四年（783）逃离长安。安史之乱后，各地藩镇势力膨胀，拥兵自重，割据一方。李适即位后，试图改变这种状况，用武力进行削藩。各地藩镇勾结起来进行对抗。淮西节度使李希烈甚至自称天下都元帅、太尉、建兴王。建中四年（783），泾原节度使姚令言奉命率五千士卒途经长安。将士因对待遇不满，发生哗变。李适仓皇逃离长安，逃往奉天（陕西乾县），"后宫诸王、公主不及从者什七八"。叛军拥立原凤翔陇右节度使朱泚为帝，国号大秦。朱泚派兵进攻奉天，朔方节度使李怀光、神策军行营节度使李晟等赶来救援，朱泚被迫退回长安。但李适听信奸相卢杞的谗言，激怒了李怀光，李怀光联合朱

第三部 隋唐兴衰
27 "盛世"的背后：大唐君主的逃亡路

泚反叛，李适又仓皇跑到了梁州（陕西汉中）。后李晟率军收复长安，朱泚和李怀光被部下所杀。

第四次是唐僖宗李儇于广明元年（880）逃离长安。黄巢起义军攻占洛阳后，又西进攻下潼关，进逼长安。李儇在宦官田令孜率领的五百神策军的护卫下，仅带少数宗室亲王仓皇出逃，"百官皆莫知之。上奔驰昼夜不息，从官多不能及。车驾既去，军士及坊市民竞入府库盗金帛。"他们一路逃往四川，在四川整整躲了四年，于光启元年（885）回到长安。

第五次是唐僖宗李儇于光启元年（885）逃离长安。李儇回长安后，他的亲信宦官田令孜为从河中节度使王重荣手中夺取池盐，联合邠宁节度使朱玫和凤翔节度使李昌符向王重荣开战。王重荣向河东节度使李克用求救。李克用对朝廷袒护朱温不满，而朱玫和李昌符又依附朱全忠，于是李克用联合王重荣击败了朱玫和李昌符，进逼长安。田令孜再次带着李儇逃到了凤翔（今陕西宝鸡）。光启四年（888）二月，李儇拖着病体回到长安，一个月后就因病去世了。

第六次是唐昭宗李晔于乾宁二年（895）逃离长安。李儇去世后，宦官杨复恭拥立其弟李晔为帝。李晔即位后，随即清除了杨复恭，并着手解决藩镇势力；无奈心有余而力不足，只得借助藩镇的力量去对抗藩镇，其结果无疑是饮鸩止渴。乾宁二年（895），邠宁节度使王行瑜，凤翔、陇右节度使李茂贞和镇国军节度使韩建率军入长安，李克用则兴师问罪，进逼长安。李晔仓皇出逃，"士民追从车驾者数十万人，比至谷口，喝死者三之一，夜，复为盗所掠，哭声震山谷。时百官多扈从不及"。不久李克用迎李晔回长安。次年，李茂贞又率军进逼长安，李晔打算逃亡太原依附李克用，但走到半道被韩建拦下带去了华州。李茂贞攻进长安，大肆烧杀劫掠，"宫室、市肆，燔烧俱尽"。李晔被韩建

在华州扣了将近三年,期间写下了著名的《菩萨蛮·登华州城楼》:

> 登楼遥望秦宫殿,茫茫只见双飞燕。渭水一条流,千山与万丘。
>
> 野烟笼碧树,陌上行人去。安得有英雄,迎归大内中。

乾宁五年(898),李晔回到长安。

第七次是唐昭宗于天复元年(901)逃离长安。李晔回长安后,又被以刘季述为首的宦官废黜,后在朱温的拥立下复位。此时朱温和李茂贞都有挟天子以令诸侯之意,宦官韩全诲胁迫李晔逃到凤翔。天复三年(903),在朱温的武力胁迫之下,李茂贞诛杀了韩全诲等,将李晔送回了长安,但此时唐王朝已名存实亡了。

第四部 五代纷争

01 五代纷争的格局是如何形成的

同三国鼎立的格局是在东汉末年逐步形成相似,五代纷争的格局,也是在唐朝后期军阀混战的基础上形成的。而导致这一局面形成的直接原因是黄巢起义。黄巢于广明元年(880)攻占长安,建立大齐政权后,即陷入了军阀的四面围攻之中。中和三年(883),黄巢兵败撤出长安,次年被部下叛将杀死。但此时唐王朝只是形式上的存在了,而黄巢起义所造成的三个方面的重要影响,直接导致了唐王朝的覆亡和五代纷争局面的形成。

一是黄巢叛将朱温势力的坐大。五代纷争的局面从形式上说是以朱温篡唐建立后梁为标志的。朱温原是黄巢部下偏将,黄巢任命他为同州防御使,让他自行率军攻取了同州。在唐河中节度使王重荣的进攻面前,朱温选择了投降。由于他是黄巢部下第一个投降的重要将领,朝廷对他很重视。唐僖宗李儇看到朱温投降的奏章后,高兴地说:"是天赐予也!"当即任命他为左金吾卫大将军、河中行营副招讨使,并赐名朱全忠。从此,朱温便反戈一击,开始了对黄巢残部的追杀,屡立战功,并被任命为汴州刺史、宣武军节度使。从此,朱温以汴州(宣武军)为根据地,不断扩展势力。黄巢败亡后,朱温又参与了同各地军阀的混战,势力不断壮大。在十年左右的时间里,朱温吞并了河北、河南和山东等地的各路藩镇,成为当时最强大的一股势力,并将唐末的小朝廷控制在自己的掌握之下。

二是沙陀李克用部力量的壮大。唐懿宗咸通九年(868),戍守桂林的士卒回徐州时发动兵变,推庞勋为领袖。朝廷借助沙陀部李国昌、李克用父子的力量平定了叛乱。李国昌、李克用父子趁势发展自己的势力,但被唐军所遏制。黄巢攻占长安后,朝廷又重新借助沙陀的力量,任命李克用为代州刺史、雁门以北行营节度使,率军征讨黄巢。在击败黄巢、收复长安的战斗中,李克用当居首功。唐僖宗李儇因此任命李克用为检校司空、同中书门下平章事、河东节度使,任命李国昌为雁门以北行营节度使,并封为"陇西郡王"。从此,李克用便以河东为根据地,不断扩展势力,成为当时真正能同朱温抗衡的军事力量。

三是在各地藩镇相互厮杀的过程中,逐步形成了地方割据势力,即后来"十国"割据的局面。神策军将领王建从陈敬瑄手中夺得西川,后又占有两川、三峡,取得山南西道。天复三年(903),王建被唐昭宗封为蜀王。唐朝灭亡后,王建自立为帝,国号大蜀。淮南节度使高骈的部将杨行密在淮南一带不断壮大势力,于天复二年(902)进封吴王。后其子杨溥称帝,建立吴国。吴国权臣徐温去世后,他的养子徐知诰(后改名李昪)掌控了朝政,并最终篡位,建立南唐。原杭州刺史董昌的部将钱镠在同各路割据势力的战争中不断壮大力量,最终控制了两浙地区。后梁开平元年(907),朱温册封钱镠为吴越国王。此外,蔡州节度使秦宗权的部将马殷占领湖南后,被封为楚王;威武军节度使王潮及其弟王审知割据福建,朱温篡唐后,王审知被册封为闽王;清海军节度使刘崇龟的部将刘隐占领岭南,奠定了南汉;朱温部将

第四部　五代纷争
01　五代纷争的格局是如何形成的

高季兴占据荆南，朱温称帝后，被任命为荆南节度使，后唐建立后，又被册封为南平王。

因此，黄巢败亡后，唐王朝只剩下了一个空架子；而当时的君主唐僖宗李儇完全被宦官田令孜操控，成为一个傀儡。文德元年（888），李儇去世，宦官拥立他的弟弟李杰（后改名李晔）为帝，是为唐昭宗。李晔"神气雄俊"，继位之后，"以先朝威武不振，国命寖微，而尊礼大臣，详延道术，意在恢张旧业，号令天下"，朝野对他也寄予了很大的期望。

面对内有权宦、外有强藩的局面，李晔也想励精图治，改变"内受制于家奴，外受制于藩镇"的局面，恢复大唐的盛世，但最终却事与愿违。

李晔虽然为宦官杨复恭等人所拥立，但继位后，即着手清除宦官势力，最终借助藩镇的力量，击败了杨复恭，将其擒杀。但宦官势力依然存在，因此他依靠朝臣的力量去制衡宦官。这样一来，朝臣和宦官"各结藩镇为援以相倾夺"。宦官刘季述等甚至发动兵变，幽禁了李晔。在宰相崔胤和神策军将领孙德昭等人的策动下，擒杀了刘季述等，迎李晔复位。但不久李晔又被宦官韩全诲胁迫出逃凤翔，后来在朱温的帮助下才彻底清除了宦官势力。

如果说李晔同宦官的斗争最终结果是"胜利"的话，对藩镇用兵，企图改变藩镇拥兵自重、对抗朝廷的努力，则是完全失败了。李晔依靠藩镇势力去削藩，结果只是加剧了藩镇之间的兼并战争；而且讨伐藩镇战争的失败，不仅使朝廷丢尽了脸面，使自己沦为藩镇随意掳掠的对象，遭受了藩镇的欺辱，而且在客观上壮大了朱温的势力。

天复三年（903），朱温逼迫凤翔节度使李茂贞诛杀了韩全诲等，将李晔迎回了长安。为了达到挟天子以令诸侯的目的，又于次年逼迫李晔迁都洛阳。途经华州时，百姓夹道高呼万岁。但李晔流着泪对他们说："勿呼万岁，朕不复为汝主矣！"不久，朱温派人杀死李晔，立他的儿子李柷为帝，是为唐昭宣帝。同时，朱温将李晔的其他儿子全部杀死。梁开平元年（907），朱温以"禅让"的形式篡唐，建立梁朝，次年将李柷毒死。

李晔离开长安迁往洛阳的途中，何皇后在陕州生下了一个儿子。李晔将这个孩子托付给了亲信胡三，让他将孩子带回了自己的故乡徽州，并改姓胡。这就是徽州"李改胡"（也称"明经胡"）的由来。

02 朱温的"雄"与"奸"

中国历史上的开国君主中,后人评价最差的,恐怕莫过于梁太祖朱温了。这不仅在于他荒淫无耻,更在于他凶残狡诈,用下三烂的手段夺取了唐朝的江山,连著名的奸雄曹操恐怕都难望其项背。

然而,如果拨开后人对朱温妖魔化的迷雾,我们可以发现,朱温堪称中国历史上真正的"奸雄",这也是他得以成功的关键所在。

先看朱温的"雄"。朱温青年时就"以雄勇自负",作为黄巢部下的一员偏将,最终扫平各路群雄,建立了大梁王朝,无疑称得上是一代英雄。他投降唐朝后,奋勇作战,"所向无不克捷"。中和三年(883),黄巢退出长安向东方突围,"多遗珍宝于路,官军争取之,不急追,贼遂逸去",朱温则率部下一旅之众东下追击,趁势向东发展自己的势力。毛泽东读史至此,写下了"才数百人"的批语,显然是对这种英雄气概的赞美之词。不久,朱温攻取汴州(今河南开封),从此便以此为根据地,在十多年的时间里,夺取了河南、河北、山东和淮北的大片土地,成为雄踞中原的第一霸主。907年，又以"禅让"的方式取代唐王朝，建立了梁朝，史称后梁，成为名副其实的开国君主。

再看朱温的"奸"。作为一代奸雄，朱温的奸，首先是一种军事和政治谋略。对此，毛泽东在读《旧五代史》的批语中就说得很清楚："朱温处四战之地，与曹操略同，而狡猾过之。"当然，这也与他个人的品质有关。在群雄环视、四面强敌的军事格局面前，朱温得以纵横捭阖，最终各个击破、吞并对手，靠的就是这种以"奸"所表现出来的谋略与手段。而这种谋略与手段的背后，也折射出了朱温卑劣的人品，具体表现在他最典型的三次"忘恩负义"。

一次是对他的恩人王重荣。朱温作为黄巢的部将，其主要作战对手就是时任河中节度使的王重荣。朱温屡战屡败，又见黄巢将校离心，便投降了王重荣。而王重荣对朱温的投降非常重视，"即日飞章上奏"；因朱温的母亲也姓王，所以朱温就拜王重荣为舅父。此后，率部跟随王重荣同黄巢作战，收复长安。可以说，朱温是通过王重荣才得以起家打下江山的。王重荣没有儿子，将兄长王重简的儿子王珂过继给自己。王重荣死后，他的侄子同王珂争夺河中地盘。王珂得到李克用的帮助，朱温则趁势派兵攻打王珂，包围了河中。王珂势穷力竭，被迫向朱温投降。朱温赶到河中，"先哭于（王）重荣之墓，尽哀"。王珂欲面缚牵羊出迎，也被朱温阻止，说："太师舅（王重荣）之恩何可忘！若郎君如此，使仆异日何以见舅于九泉！"朱温以常礼同王珂相见，"握手晞嘘，联辔入城"，将王珂全家迁到大梁。就在王珂以为平安无事之时，朱温派人在半路将王珂刺杀。对于朱温这种忘恩负义的行为，胡三省在《资治通鉴》注文中愤愤不平地写道："朱温因王重荣以归唐，而（王）重荣之后夷于朱温之手。"

另一次是对他的盟友兼盟兄朱瑄。朱瑄时为占据山东河南一

第四部 五代纷争
02 朱温的"雄"与"奸"

带的天平军节度使。中和四年（884），蔡州节度使秦宗权攻打朱温，朱温抵挡不住，向朱瑄求救。朱瑄派堂弟朱瑾前去救援，击败了秦宗权。朱温非常感激，同朱瑄结为兄弟。秦宗权自认为兵力十倍于朱温，而数次败于他，深感耻辱，于光启三年（887）倾全力攻打朱温。朱温再次向朱瑄求救，联合朱瑄等四镇兵马大败秦宗权。然而，朱温在朱瑄的帮助下击败秦宗权后，反过来觊觎朱瑄的地盘了。因为朱瑄有恩于己，不好公然攻打，朱温便找借口去激怒朱瑄，并趁势向朱瑄发起进攻。朱瑄猝不及防，大败，"仅以身免"。双方打了十年，朱瑄"民失耕稼，财力俱疲"，于乾宁四年（897）兵败被俘。朱温并未念所谓的"兄弟之情"，而是将朱瑄斩杀，吞并了他的地盘。《资治通鉴》注文中对朱温这种背信弃义的行为进行了抨击，称"朱全忠反复小人也，兵势单弱，则与朱瑄为兄弟；兵势既强，则反眼仇敌，必诛屠以快其志而后已，如斯人可与共功名哉！"

再一次是对他的合作者李克用。在攻克长安的战斗中，李克用率领的沙陀军队立了头功。黄巢退出长安后，依然有很强的战斗力。中和四年（884），朱温在自己的领地汴州一带同黄巢军队大战，向李克用告急求援。李克用率军大败黄巢，俘获了黄巢的幼子以及大批部属及乘舆、器服、符印等。朱温请李克用入汴州城，置酒款待，"礼貌甚恭"，但暗地里却布置人马准备暗害李克用。李克用在部属的帮助下，拼死逃出了汴州城。从此，两人便成为死对头。但直到李克用去世，都未能战胜朱温。

当然，朱温作为一代奸雄，他的成功，同有一个"贤内助"也有一定的关系。朱温同他夫人张氏的结合颇有传奇色彩。张氏家为砀山富室，父亲做过宋州刺史。朱温在家时就听闻张氏非常漂亮，但两人地位差距太大，只能是"私心倾慕，有（张）丽华之叹"，对张氏一直念念不忘。后来，朱温在同州时，于乱军之中同张氏相遇，同她结为夫妻。张氏"贤明有礼"且"多智略"，朱温对她既尊敬又有几分畏惧，军机大事都同她商量；只要张氏说不行，朱温也不再坚持。基于对张氏的敬惮，朱温在私生活方面也不敢乱来。张氏的去世，对朱温的打击很大，从此便纵情声色，"大纵朋淫"，甚至要求自己的儿媳妇陪宿。当然，是否真有其事，后人有不同看法，但朱温最终还是于乾化二年（912）被儿子朱友珪谋杀。

03 一代英雄为何三年就败亡

五代时期战乱不断,因此君王们大都是马上得天下,后唐庄宗李存勖(小名亚子)无疑是其中非常杰出的一位。毛泽东在《读通鉴纪事本末》的批语中,也对李存勖的军事成就给予了很高的评价。然而,就是这样一位一代英雄,在登上皇位之后仅仅三年就败亡了,留给后人太多的思索。

李存勖是晋王李克用之子。李克用自唐末同朱温争霸二十多年,最终被朱温压制在河东一带,壮志未酬,于梁开平二年(908)去世。据说李克用临终前交给李存勖三支箭,"一矢讨刘仁恭,一矢击契丹,一矢灭朱温",并对他说:"汝能成善志,死无恨矣!"虽然后人对这一记载存疑,但李存勖最终平定了刘仁恭的燕国,抵御了契丹的南侵,消灭了梁朝,的确是实现了李克用的遗愿。

李存勖继承晋王时,年方24岁。当时的局势非常不稳定:内有李克用的养子李存颢、李存实等强大的反对势力,他们自恃手握军权,不服李存勖,甚至打算劫持他投降后梁;外有强大的后梁军队威胁。面对这种情形,李存勖在监军张承业、大将李存璋等人的支持下,擒杀了李存颢等人,稳定了内部局势,然后开展了对后梁的军事进攻。

李存勖继任晋王后同朱温的第一仗,就是潞州保卫战。当时上党地区的重镇潞州被后梁军队围困,因李克用去世,增援潞州的晋军大将周德威也被召回。朱温认为潞州已唾手可得,因此也未加防备。李存勖决定亲自率军救援,他对诸将说:"上党,河东之藩蔽,无上党亦无河东也。且朱温所惮者独先王耳,闻吾新立,以为童子未闲军旅,必有骄怠之心。若简精兵倍道趣之,出其不意,破之必矣。取威定霸,在此一举,不可失也!"于是,李存勖亲率大军,利用大雾天进军,直抵梁军大营。梁军猝不及防,大败,"失亡将校士卒以万计,委弃资粮、器械山积"。朱温听说后大惊,哀叹道:"生子当如李亚子,(李)克用为不亡矣!至如吾儿,豚犬耳!"

此战之后,李存勖声威大震。他并未乘胜进攻,而是回到晋阳,休兵行赏,整顿内政,"命州县举贤才,黜贪残,宽租赋,抚孤穷,伸冤滥,禁奸盗,境内大治"。两年后,朱温进攻成德、义武两镇,成德节度使王镕、义武节度使王处直向李存勖求援。李存勖亲率晋军东进,柏乡一战,再次大败梁军,斩首二万余级,梁军委弃粮食、资财、器械不可胜计。

朱温不甘心失败,亲率大军抵御李存勖,尚未接战,军中传言李存勖来了,结果"士卒恟惧,多逃亡",朱温被迫撤兵。次年,朱温再次亲率大军北上,但军士只要一听说晋军来了,就惊骇奔逃,溃不成军。朱温不胜惭愤,抑郁成疾,对大臣说:"我经营天下三十年,不意太原余孽更昌炽如此!吾观其志不小,天复夺我年,我死,诸儿非彼敌也,吾无葬地矣!"

乾化二年(912),朱温被儿子朱友珪谋杀。次年,他的另一个儿子朱友贞又诛杀朱友珪,夺取帝位,史称梁末帝。而李存勖

第四部　五代纷争
03　一代英雄为何三年就败亡

在平定了幽州、处死刘仁恭父子后，于梁贞明元年（915）开始了同后梁的战争。梁军在刘鄩、王彦章等将领的统率下，进行了顽强的抵抗，但在李存勖率领的晋军的攻击下，不断丧师失地。

后唐同光元年（923），李存勖接受诸镇的劝进，在魏州称帝，并沿用"唐"为国号，史称后唐。李存勖称帝后，再次发起了对后梁的进攻。他利用梁军内部矛盾，擒杀梁军大将王彦章，挥师直抵后梁都城大梁。梁末帝朱友贞自杀，后梁灭亡。李存勖最终实现了李克用的遗愿，而他所建立的后唐，也是整个五代时期疆域最为广阔的王朝，李存勖自己当然也为之踌躇满志。然而，就在他功成名就之时，败象也开始显露出来，连他的敌国也看出来了。

李存勖攻后梁时，曾要求南方的吴国出兵相助。吴国的执政者徐温打算出兵，被谋士严可求阻止了。当得知后梁灭亡的消息后，徐温埋怨严可求说："公前沮吾计，今将奈何？"严可求笑着回答说："闻唐主始得中原，志气骄满，御下无法，不出数年，将有内变，吾但当卑辞厚礼，保境安民以待之耳。"荆南节度使高季兴入朝觐见李存勖，结果差点被扣留，逃回荆南后，对身边将佐说："新朝（后唐）百战方得河南，乃对功臣举手云：吾于十指上得天下，矜伐如此，则他人皆无功矣，其谁不解体！又荒于禽色，何能久长！吾无忧矣。"南汉主刘龑听到李存勖灭后梁的消息后也很畏惧，派宫苑使何词出使后唐，窥探虚实。何词回去后对刘龑说：李存勖"骄淫无政，不足畏也"。

果然，李存勖灭后梁后，内部矛盾便暴露出来。李存勖自幼喜好音律，因此对身边的伶人（戏子）极为宠幸。而这些伶人倚仗权势，出入宫禁，侮弄缙绅，以至于群臣愤嫉，但敢怒不敢言；一些小人趁机通过巴结伶人谋取高位，从而败坏了朝政；作为一国之君，李存勖竟然大肆聚敛财物，贪得无厌，赏罚不明，使得将士们怨声载道，而李存勖却不以为然。

　　李存勖虽然骁勇善战，但能够击败后梁、夺取江山，有赖于郭崇韬和李嗣源等一批宿将的帮助。李嗣源攻占大梁后迎接李存勖进城时，李存勖拉着李嗣源的衣服，头顶在他怀里说："吾有天下，卿父子之功也，天下与尔共之！"但坐稳江山后，李存勖又听信伶人和宦官的谗言，对这些功臣宿将百般猜忌。同光三年（925），郭崇韬率军灭前蜀，结果被宦官谋害，还被扣上了谋反的罪名。当听到李存勖灭蜀的消息，南平王高季兴的谋士梁震就对他说："唐主（李存勖）得蜀益骄，亡无日矣！"果然，次年，魏博戍卒发生哗变，李嗣源率军征讨，被叛军劫持，拥立他为主，向洛阳进发；此时李存勖部下亲军也发生叛乱，李存勖死于乱箭之下。李嗣源进入洛阳，在李存勖灵前称帝，是为后唐明宗。

　　《旧五代史·庄宗纪》在总结李存勖"失之何速"的原因时写道："岂不以骄于骤胜，逸于居安，忘栉沐之艰难，徇色禽之荒乐。外则伶人乱政，内则牝鸡司晨。靳吝货财，激六师之愤怨；征搜舆赋，竭万姓之脂膏。大臣无罪以获诛，众口吞声而避祸。夫有一于此，未或不亡，矧咸有之，不亡何待！静而思之，足以为万代之炯诫也。"

04 "铁券"真的能够免死吗

说起"铁券",人们可能立刻会联想到《水浒传》中的小旋风柴进,其中对他的描写就是"累代金枝玉叶,先朝凤子龙孙。丹书铁券护家门",并说他"祖上有陈桥让位之功,先朝曾敕赐丹书铁券"。铁券是古代君主颁发给功臣的誓约和凭证,铁制丹书,所以也称"丹书铁券"。

铁券始于汉初,据《汉书》记载:"天下既定,(刘邦)命萧何次律令,韩信申军法,张苍定章程,叔孙通制礼仪,陆贾造《新语》。又与功臣剖符作誓,丹书铁契,金匮石室,藏之宗庙。"这时的丹书铁券是一种给予功臣的荣誉象征,并不具有"免死"的功能。到了南北朝以后,铁券被赋予了免死的功能。如宇文泰曾赐李穆铁券,恕其十死。到了唐朝,丹砂书写改成了金粉书写,后世的"免死金牌"便由此而来。唐末五代时期,军阀割据混战,朝廷为了笼络一些将领,大量颁发铁券。现存最早的铁券实物,就是唐乾宁四年(897)由唐昭宗李晔颁发给镇海镇东等军节度钱镠的,其中就说到"卿恕九死,子孙三死,或犯常刑,有司不得加责"。

《资治通鉴》中的政治谋略
(两晋—五代)

那么,持有了铁券,真的就能够免死了吗?我们不妨看看五代后唐庄宗李存勖时三位铁券的拥有者——枢密使郭崇韬、河中节度使朱友谦和中书令李嗣源的命运。

郭崇韬是李存勖身边的亲信重臣,李存勖称帝后,被任命为兵部尚书、枢密使。在同后梁的决战中,他准确判断局势,不仅出谋划策,而且临阵指挥,身先士卒,对于击溃后梁军队、取得最终胜利发挥了决定性的作用。李存勖正是听从了他的建议,在战争的关键时刻挥师直取后梁都城汴州,一举灭亡后梁。郭崇韬在灭后梁中立了首功,被任命为侍中兼枢密使,兼领镇州和冀州节度使,进封为赵国公,并"赐铁券,恕十死"。郭崇韬虽然"位极人臣,权倾内外",但因此得罪了不少人。他的政敌同李存勖身边的宦官、伶人相勾结,最终将他送上了绝路。

后唐同光三年(925),李存勖命儿子魏王李继岌为西川四面行营都统,郭崇韬为都招讨制置使,率六万大军征讨蜀国(前蜀)。李继岌虽然是名义上的统帅,但实际军事指挥权都由郭崇韬掌握。郭崇韬指挥军队很快击溃了蜀军,蜀主王衍投降,从出师到灭蜀,仅仅用了70天时间,可谓大获全胜。进入成都后,郭崇韬同李继岌身边亲信宦官的矛盾也不断激化。这些人在皇后的支持下,假借议事之名,杀死了郭崇韬和他的两个儿子。李存勖得知后,将错就错,将郭崇韬的其余几个儿子也杀死,并籍没他的家产。而当初颁发给郭崇韬的那张铁券,根本就没能救得了他的性命。

朱友谦原为朱温的部将,被朱温收为养子。朱温建立后梁,朱友谦被任命为河中节度使、中书令,封为冀王。郢王朱友珪谋害朱温后即位,朱友谦不服,同朱友珪发生冲突。朱友谦向时为晋王的李存勖求援。李存勖派兵救援,大败后梁军队。朱友谦就此归顺了李存勖,并在李存勖灭后梁的战争中,成功牵制了后梁

第四部 五代纷争
04 "铁券"真的能够免死吗

的军队。李存勖灭后梁后,朱友谦又亲赴洛阳朝觐。李存勖大为高兴,设宴款待,对他说:"成吾大业者,公之力也。"李存勖加封他为太师、尚书令,后又赐姓名李继麟,"编入属籍,赐之铁券,恕死罪。以其子令德为遂州节度使,令锡为许州节度使。一门三镇,诸子为刺史者六七人,将校剖竹者又五六人,恩宠之盛,时无与比"。

然而,朱友谦同郭崇韬一样,也得罪了宦官和伶人。这些人向朱友谦索要贿赂,开始朱友谦还尽量满足他们,可这些人欲壑难填,当朱友谦无法满足他们时,就开始对他进行诬陷,说他和郭崇韬串通谋反。朱友谦亲自入朝觐见李存勖,为自己洗白。可李存勖还是听信了谗言,将他杀死,同时将他的几个儿子也杀了,并派使者去河中,将他满门抄斩。朱友谦的妻子率宗族二百余人赴死,临刑前,她拿出铁券对使者说:"皇帝所赐也!"行刑时,"百口涂地,冤酷之声,行路流涕"。

李嗣源是李克用的养子,在随李存勖同后梁的征战中,屡立战功。后唐同光元年(923),李存勖称帝,李嗣源进拜检校太傅,兼任侍中。在同后梁军队决战的关键时刻,李嗣源率军为前锋,大败后梁军队,擒杀骁将王彦章,并亲率大军为前军,攻克汴州,迎接李存勖入城。李存勖对李嗣源说:"吾有天下,卿父子之功也,天下与尔共之。"李存勖加封李嗣源为中书令。次年,李存勖在南郊祭天,赐李嗣源铁券,进位为太尉。

李嗣源率军镇守北方,击败契丹,但李存勖对他的猜忌却不断加深。特别是郭崇韬和朱友谦被杀后,李存勖专门派诸军马步都虞侯朱守殷去监视李嗣源。但朱守殷却私下警告李嗣源说:"德业震主者身危,功盖天下者不赏,公可谓震主矣,宜自图之,无与祸会。"后唐同光四年(926),魏博戍卒发生叛乱,李存勖命李嗣源率军平叛。但军队发生哗变,拥立李嗣源为帝,回师攻入洛阳，李存勖被乱军杀死。李嗣源躲过一死，登基做了皇帝。

　　如果不是发生兵变，李嗣源的结局可能同郭崇韬和朱友谦一样。郭崇韬、朱友谦和李嗣源为后唐的建立立下了盖世功劳，但郭崇韬和朱友谦都以莫须有的罪名被杀，所谓的铁券也并没有能够让他们"免死"。李嗣源做了皇帝后，曾专门就此问翰林学士赵凤："帝王赐人铁券，何也？"赵凤说："与之立誓，令其子孙长享爵禄耳。"李嗣源说："先朝受此赐者止三人，（郭）崇韬、（李）继麟（即朱友谦）寻皆族灭，朕得脱如毫厘耳。"说完后长久叹息。由此可见，所谓免死铁券不过是一种权术，在专制君主的绝对权力面前，一切法律特权都是虚幻的。

05 五代法制的"滥"与"治"(上)

说起五代时期的法制,几乎所有的法制史论著的评价都是"酷"与"滥";而这一说法的首创者,应该是南宋的洪迈。他在《容斋随笔》中专列了"五代滥刑"一条,称"五代之际,时君以杀为嬉,视人命如草芥"。其实,洪迈写此条的真实用意,是想说明后唐明宗李嗣源"颇有仁心,独能斟酌悛救",平反冤案,但"滥刑"却从此成为五代法制的一个标签。清代学者赵翼在《廿二史札记》中,也专列了"五代滥刑"一条,说"五代乱世,本无刑章,视人命如草芥",并罗列了一些案例,称"民之生于是时,不知如何措手足也"。

洪迈和赵翼说的都是事实,所举案例也都是"正史"中的记载,但把五代法制完全说成是"本无刑章",一无是处,则有失偏颇了。其实,刑罚酷滥可以说是中国古代历朝历代都普遍存在的一个现象,五代时期只不过是将这种现象放大了而已。同中国历史上其他朝代一样,五代时期把法制作为建政的一项重要内容和施政的一个重要方面,因此可以说是"滥"中有"治",治滥

《资治通鉴》中的政治谋略
（两晋—五代）

并存。同样，正因为他们重视法律的作用，注重运用法律手段来维护社会秩序，所以在法律制度方面也有一定的建树，而且这些成就大都被后来的宋朝继承，对宋朝的法制尤其是立法产生了直接的影响。

五代时期法制的"治"，首先体现在立法方面。除了后汉立国时间短暂，没有进行系统的立法活动外，后梁、后唐、后晋和后周都进行过法典编纂活动。后梁建立后，为了使政权合法化，仿前朝先例，于开平三年（909）下诏删定律令格式，于次年完成，共有令三十卷，式二十卷，格十卷，律并目录十三卷，律疏三十卷，总计一百三卷。从内容来看，基本上就是根据原唐代的令、格、式删辑而成，并沿袭了《唐律》及"疏议"。为了同旧政权切割，在新法颁布后，下令将唐朝的律令格式等全部焚毁。后唐在立法时就曾指责后梁的立法"删改事条，或重货财，轻人人命；或自徇枉过，滥加刑罚"，并且"下诸道追取本朝（指唐朝）法书焚毁"。也正因为如此，后梁灭亡后，这些法律也被后唐全盘否定了。

后唐以唐王朝的继承者自居，在立法上也力图恢复唐朝中期以来的法律制度。由于唐朝的法律文本焚毁佚失，最终在定州衙门找到了比较完整的唐朝法律文本，抄录了唐律令格式二百八十六卷奏上，在此基础上删定为十三卷，于同光二年（924）颁布，是为《同光刑律统类》。它实际上就是唐《大中刑法统类》的翻版。后唐明宗李嗣源即位后，又以唐朝律令格式为基础，对通行的法律进行了修订，并"详订"《大中刑法统类》。同时，鉴于通行的法律规范繁多且前后不一的情形，对适用的标准进行了清理。如当时曾对唐玄宗开元年间的《开元格》和唐文宗开成年间的《开成格》一同适用，但两者相隔了七位君主，近百年时间，既有"重叠舛误"的问题，也因为"年代既深，法制多异，且有

第四部　五代纷争
05　五代法制的"滥"与"治"（上）

重轻"，如果并行适用，"实难检举"。因此，确定了统一的适用标准，沿用时间上相距较近的《开成格》。

后唐另一个重要的立法活动，就是对君主的"敕令"进行汇编，称为"编敕"。后唐明宗李嗣源天成年间有《天成杂敕》三卷，后唐末帝李从珂于清泰二年（935）又将可以永久适用的394道编为《清泰制敕》三十卷。这种立法形式也被后晋所沿袭。

后晋基本上是沿用了后唐的立法，尤其是详定后的《大中刑法统类》。从《五代会要》等史籍的记载来看，有不少适用《刑法统类》定罪量刑的事例，由此也可见后唐详定的《大中刑法统类》是后晋时期所适用的一部主要法典。后晋最主要的立法活动，就是在后唐的《清泰制敕》的基础上，对旧敕重新进行详定，编纂《天福编敕》三十一卷。

后周延续了"编敕"的立法形式，将后晋、后汉及后周初年发布的有关刑法的敕条26件分为二卷，附于法书之后，称为《大周续编敕》。同时，鉴于通行的法律"律令则文辞古质，看览者难以详明，格敕则条目繁多，检阅者或有疑误；加之边远之地，贪猾之徒，缘此为奸，寖以成弊"的现状，以前朝律令及《刑法统类》和《编敕》为基础，编纂新的法典，于显德五年（958）完成，共二十一卷，名为《大周刑统》（又称《显德刑统》）。

从五代时期的立法看，对当时及后世影响最大的，就是确立了《刑法统类》（简称《刑统》）这一法典编纂形式。这一法典编纂形式源于唐宣宗大中七年（853）制定的《大中刑法统类》。与《唐律》相比，《大中刑法统类》在体例及内容上的一个重要变化，就是在《唐律》律文的基础上，分类为门，并附以唐高宗以后各朝颁布的敕令格式之可用者汇编而成。从史籍的有关记载看，《大中刑法统类》在律文之后并没有附"律疏"（即《唐律疏议》），律疏三十卷是单独被适用的。

由于"刑统"这一形式与"律"相比，具有注重实用，便于随时增补、灵活援用的特点，因而也成为五代时期主要的法律形式。尤其是后周的《显德刑统》在《大中刑法统类》的基础上，参以律疏及五代时期的敕条，重加详定，"律令之有难解者，就文训释；格敕之有繁杂者，随事删除。止要谐理省文，兼且直书易会。其中轻重未当，便于古而不便于今，矛盾相违，可于此而不可于彼，尽宜改正，无或牵拘"，在体例及内容方面作了较大修改："其所编集者，用律为正；辞旨之有难解者，释以疏意，义理之有易了者，略其疏文。式令之有附近者次之，格敕之有废置者又次之。事有不便与该说未尽者，别立新条与本条之下；其有文理深古，虑人疑惑者，别以朱字训释。至于朝廷之禁令，州县之常科，各以类分，悉令编附。"

后周《显德刑统》与唐《大中刑律统类》相比，在内容上有两个重要变化：一是除了律文及令格式敕条外，还补入了《唐律疏议》的内容，并根据各条的具体情况，或全录，或节录；二是增加了五代时期颁布的一些敕条，"刑名之要，尽统于兹"。从现本《宋刑统》所收录的五代时期颁布的敕条看，尚有后唐13条，后晋2条，后周38条。

由于"刑统"这种形式在体例及内容上继承、发展了前朝律典，并注重了法律的实用性，不仅成为五代时期主要的法典编纂形式，而且对后来北宋的立法产生了直接的影响。作为北宋主要法典的《宋刑统》，就是直接以《显德刑统》为蓝本的。

06
五代法制的"滥"与"治"(中)

五代时期法制的"滥"与"酷"是联系在一起的,主要体现在法律适用方面。从某种意义上说,这也是传统法制"乱世用重典"的法律观的具体体现。对此,清人赵翼在《廿二史札记》"五代滥刑"一文中,也表达了这种看法。他举了后汉史弘肇滥刑的两个例子:

一个是"史弘肇为将,麾下稍忤意,即挝杀之。故汉祖起义之初,弘肇统兵先行,所过秋毫无犯,两京帖然,未尝非其严刑之效"。另一个是后汉隐帝刘承祐时,"李守贞等反,京师多流言,(史)弘肇督兵巡察,罪无大小皆死。有白昼仰观天者,亦腰斩于市。凡民抵罪,(史)弘肇但以三指示吏,吏即腰斩。又为断舌、决口、斮筋、折足之刑。于是无赖之辈望风逃匿,路有遗物,人不敢取,亦未尝非靖乱之法。"

一方面,在当时情形之下,这种"滥"与"酷"虽然是矫枉过正,但对于维护社会秩序、遏制犯罪行为,的确起到一定的效果。另一方面,正如赵翼在书中所说,"然不问罪之轻重,理之

《资治通鉴》中的政治谋略
（两晋—五代）

是非，但云有犯，即处极刑。枉滥之家，莫敢上诉。军吏因之为奸，嫁祸胁人，不可胜数"，对国家的法制是一种破坏。而五代时期的法制，正是在这种矛盾的环境和心态中发展，在"滥"的现实中，寻求"治"的发展之路。

首先，这种法律适用上的"滥"与"酷"，无疑是五代法制现实的反映，具体表现在通过制度化的形式，将这种现实在法律上加以确认，特别是那些与朝廷利益相关的行为，如涉及朝廷经济利益的盐、酒等。五代时期，盐、酒等都属于朝廷专卖的商品，严禁私人生产和销售，违者处以严刑。而在这方面最具时代特点的，就是"犯牛皮"的行为。

牛皮是制作兵甲的主要材料。五代时期战争频繁，对牛皮的需求大增。因此，官府严厉禁止民间交易和使用牛皮，违者处以极刑。正如《资治通鉴》中所说："兵兴以来，禁民私买卖牛皮，悉令输官受直。唐明宗之世，有司只偿以盐；晋天福中，并盐不给。"后汉刘知远在河东时，"大聚甲兵，禁牛皮，不得私贸易，及民间盗用之。如有牛死，即时官纳其皮"。后汉建立后，又颁布了"牛皮法"，犯牛皮一寸即处死。后周对犯牛皮的处罚虽有所减轻，但依然要给予惩处：犯一张，本犯人徒三年，刺配重处色役，本管节级所由杖九十；两张以上，本人处死，本管节级所由徒二年半，刺配重处色役。后虽然废除了"牛皮法"，"所有牛马驴骡皮筋骨，今后官中更不禁断，并许私家共使买卖"，但依然规定"不得将出化外敌疆。仍仰关津界首，仔细觉察，捕捉所犯人，必加深罪"。

法律的规定虽然十分严厉，但在具体适用时，对司法官吏也有明确的要求，违反法律规定滥刑的，也要承担相应的法律责任。后汉乾祐三年（950），潞州长子县百姓崔彦、陈宝选等八人将牛皮拿到后汉高祖庙蒙鼓，节度判官史在德引"牛皮法"，断

第四部　五代纷争
06　五代法制的"滥"与"治"（中）

八人死罪。节度使刘重进认为：崔彦等人用牛皮蒙鼓，事先曾于本镇申明，与故犯不同，因而改处杖刑。但史在德固争不已，并上言朝廷。大理寺判史在德失入人罪，枢密使杨邠则认为大理寺所断不允，于是命左庶子张仁璟重审。张仁璟认为，大理寺是按律文定罪的，而凡断罪应以最后敕为定，编敕中有"官典鞫狱枉滥，元推官典并当诛罚"的规定，因此判史在德故入八人罪，依敕当处极刑。结果，史在德被处决杖弃市。

平心而论，史在德被处死刑，的确有些冤；但这一案件的处理，也从一个侧面反映了当时的法律虽然酷滥，但在适用法律的过程中，并不都是那么的随意。

其次，朝廷及一些大臣面对这种现实，在法律适用方面始终没有放弃依法办事的努力，既考虑法律适用的合法性，也考虑法律适用的合理性。在这方面，围绕"推勘致死"的讨论，不失为一个典型的事例。

五代法律在刑讯方面沿用了唐朝《开成格》的规定："应盗贼须得本赃，然后科罪，如有推勘因而致死者，以故杀论。"后唐长兴二年（931），大理寺正剧可久建议对这一规定加以完善。根据剧可久的建议，中书门下对"推勘致死"行为的处理作了修改和完善：推勘时滥用刑讯致人死亡的，如果是有"情故"的，如挟私报复之类，以故杀论；若无情故的，比照故杀减一等论处。这样，按照主观故意区分情节，细化了责任。后晋天福六年（941），根据刑部员外郎李象的建议，对"推勘致死"的责任进一步作了区分：若违法拷掠，以致其死，虽然没有情故，也要按故杀论罪；若虽不依法拷掠，即非托故挟情，以致其死，而无情故者，减故杀一等；若本无情的，又依法拷掠，即便导致死亡后果，也属邂逅勿论之义，不追究其责任。这样，区分"推勘致死"的不同情形，明确了相应的责任，强调了刑讯过程中的"合法性"问题，这对刑讯的滥用无疑具有一定的抑制作用。

此外，在法律适用过程中，强调对法律的遵守，即便是君主也不能例外。在《国老谈苑》中，就记载了这样一个案例：周世宗柴荣在后汉当将军时，曾专门去拜访京畿的一位县令。但县令当时在同朋友一起赌博，正在兴头上，无暇接待柴荣。柴荣对此耿耿于怀。后来柴荣做了皇帝，县令则因接受部下财物数百匹被抓。宰相范质将此案上奏。柴荣说："亲民之官，赃状狼籍，法当处死。"但按照后周《显德刑统》的规定：诸监临之官，受所监临财物的，最高刑为流二千里。因此，范质对柴荣说："受所监临财物，有罪止赃虽多，法不至死。"柴荣听他这么说，不禁大怒，说道："法者，自古帝王之所制，本以防奸，朕立法杀赃吏，非酷刑也。"可范质也不示弱，说："陛下杀之即可，若付有司，臣不敢署敕。"柴荣无奈，最终还是听从了范质的建议，依法免去了县令的死罪。

07

五代法制的"滥"与"治"(下)

　　五代时期的法制,不论是其"滥",还是其"治",都具有鲜明的时代特色,反映了那个时代法制的基本特点。需要指出的是,我们今天研究五代的法制,更重要的是从其历史影响力的角度去看待。一个不容否认的事实是:北宋的法制,正是在五代的基础之上发展完善的;可以说,五代时期的法制对北宋时期的法制建设产生了直接的影响;五代时期法制的"创新"成果,基本上都被北宋的法制所继承。除了我们在前面已经谈到过的"刑统"这一法典编纂形式外,北宋的刑罚制度和司法制度,无不体现了这种继承性。

　　首先,就刑罚制度而言,北宋虽然全盘沿袭了隋唐以来的"五刑"制度,但在刑罚的执行方面,最大的"创新"就是折杖法、刺配和凌迟刑,而这三种刑罚执行方式都是对五代刑罚的继承。

　　折杖法是将五刑中的笞、杖、徒、流四种刑罚,统一折算成杖刑来执行的制度。五代时期适用折杖法的原因,一方面是由于朝廷直接管辖的版图狭小，事实上限制了流刑的执行；另一方面，五代时期大赦频繁，徒刑在实际上是很难执行完毕的。而适用了折杖法之后，从某种程度上解决了这些问题。因此，北宋建立后，在《宋刑统》中就明确将折杖法作为法定的刑罚执行方式。

刺配始于后晋天福年间，是将刺面与流配结合起来，但并不附加杖刑。而北宋在此基础上，创立了决杖、刺面、配流三刑并用的刺配法。

凌迟是活剐犯人的一种酷刑，也是五代时出现的。南宋陆游在《条对状》中说过："五季多故，以常法为不足，于是始于法外特置凌迟一条。肌肉已尽，而气息未绝；肝心联络，而视听犹存。"从这种刑罚的执行方式上来看，很可能是从当时北方的游牧民族政权契丹那里学来的。《辽史·刑法志》中也有"死刑有绞、斩、凌迟之属"的记载。宋朝的凌迟开始是作为一种特别的死刑执行方式，直到南宋的《庆元条法事类》中，才成为法定的死刑执行方式。

其次，就司法制度而言，五代时期虽然司法酷滥，但在相关的制度设计方面，也不乏积极的制度创新。其中对后世影响较大的有：

一是"移司别勘"，即犯人在复审时翻供的，即交由另一个部门审理。后唐天成三年（928），敕令规定："诸道州府凡有推鞫囚狱，案成后，逐处委观察（使）、防御（使）、团练军事判官，引所勘囚人面前录问，如有异同，即移司别勘。若见本情，其前推勘官吏，量罪科责。"其目的，是为了保证复审的公正，防止冤错案件的发生。在《宋刑统》中，也收录了这一敕令，将"移司别勘"制度化，并明确规定了"三推"制度："不问（御史）台与府、县及外州县，但通计都经三度推勘，每度推官不

第四部　五代纷争
07　五代法制的"滥"与"治"（下）

同，囚徒皆有伏款，及经三度断结，更有论诉，一切不在重推问之限。"

二是"病囚院"的设立。监狱是古代司法最为黑暗的地方，五代乱世自然也不例外。也正因为如此，五代时期一些政权对改善监狱环境与条件提出过要求："令狱吏洒扫牢狱，当令虚歇；洗涤枷械，无令蚤虱；供给水浆，无令饥渴；如有疾患，令其家人看承。囚人无主，官差医工诊候，勿致病亡。"为了从法律上保证改善监狱环境，特别是"病囚"的待遇，后唐长兴二年（931），濮州录事参军崔琮提出了设立"病囚院"的建议："诸道狱囊，恐不依法拷掠，或不胜苦，致毙，翻以病闻，请置病囚院，兼加医药。"这一建议被朝廷采纳，并下敕："诸道州府各置病囚院，或有病囚，当时差人诊候治疗，瘥后据所犯轻重决断。如敢故违，致病囚负屈身亡，本官吏并加严断。"病囚院的设置，在中国古代狱政史上具有重要意义，是狱政逐步趋向文明的表现。这一制度也被北宋所沿袭。

三是实行民事诉讼的"务限"制度。"务限"是为了防止因民事诉讼而影响农业生产，规定只在农闲时受理民事诉讼制度，一般为秋收后至来年开春前的一段时间。后周显德四年（957），敕令规定："起今后应有人论诉物业婚姻，自十一月一日后许承状，至二月三十日权停。自二月三十日以前，如有陈诉，至权停日公事未了绝者，抑本处州县亦与尽理勘逐，须见定夺了绝。其本处官吏如敢违慢，并当重责。其三月一日后，至十月三十日以前，如有婚田词讼者，州县不得与理。若是交相侵夺，情理妨害，不可停滞者，不拘此例。"这样，不因一般的民事纠纷而影响农业生产，但影响较大的案件则不受"务限"的限制，保障了百姓的诉权。因此，这一制度也被宋朝法律所沿用，一直延续到清朝。

除此之外，五代时期在司法理论方面的研究也取得了一定的成就，其代表作便是和凝父子共同撰写的《疑狱集》。和凝是后梁进士，后唐时任殿中侍御史、刑部员外郎等职；后晋时任端明殿学士、右仆射；后汉时任太子太保，封鲁国公，后周迁太子太傅。他历任五朝，在后唐时专任司法之职，《疑狱集》一书可能就是在这一时期开始撰写，最后由其子和㠓完成的。《疑狱集》一书辑录了汉至五代有关侦查、断案的事例，并对各案例逐一进行分析，对司法检验方面的经验和技巧也作了详细介绍，不仅是我国现存最早的案例汇编，而且对后来的刑事审判及其理论的发展都产生了重要影响。宋朝郑克编写的《折狱龟鉴》和桂万荣编写的《棠阴比事》都是以《疑狱集》为基础的。

08 一代名相何以成为小人典范

说起五代时期最富争议的人物,大概莫过于冯道了。他经历了后唐、后晋、后汉、后周四朝,侍奉了 10 位君主,担任宰相等高官二十余年,堪称官场上的"不倒翁"。然而,对于这样一位官场上的"奇人",后世对他的评价却是贬大于褒,甚至视其为"小人"之典范。这倒也不是空穴来风。冯道曾撰写过一部《荣枯鉴》,又称为《小人经》。用曾国藩的话说:"一部《荣枯鉴》,道尽小人之秘技,人生之荣枯。它使小人汗颜,君子惊悚,实乃二千年不二之异书也。"恐怕也正是因为如此,司马光在《资治通鉴》中对他的评价也非常差,说"(冯)道之为相,历五朝、八姓,若逆旅之视过客,朝为仇敌,暮为君臣,易面变辞,曾无愧怍,大节如此,虽有小善,庸足称乎!"

平心而论,冯道能够在四个朝代担任宰相二十余年,同他非凡的才干是分不开的。冯道"少纯厚,好学能文,不耻恶衣食,负米奉亲之外,唯以披诵吟讽为事,虽大雪拥户,凝尘满席,湛如也",天生的一个读书种子。他最初在幽州节度使刘守光麾下担任参军,后逃亡太原投奔晋王李存勖,被监军使张承业看中,

《资治通鉴》中的政治谋略
（两晋—五代）

任命他为掌书记，负责处理文案。李存勖灭后梁称帝后，冯道被任命为翰林学士、户部侍郎等。虽然身居高位，但他自奉廉俭，"遇岁俭，所得俸余，悉赈于乡里，（冯）道之所居，惟蓬茨而已，凡牧宰馈遗，斗粟匹帛，无所受焉。"天成元年（926），李嗣源被叛军拥立，即位称帝后，就打听冯道的下落，说"此人朕素谙悉，是好宰相"，并于次年任命冯道为中书侍郎、同平章事，冯道就此开启了他的宰相生涯。

冯道担任宰相后，可谓尽心尽职，"凡孤寒士子，抱才业、素知识者，皆与引用，唐末衣冠，履行浮躁者，必抑而置之。"后唐明宗李嗣源称其为"真士大夫"。在这段时间里，"天下屡稔，朝廷无事"，可以说是五代时期最为太平的一段时间，但冯道却居安思危。他与李嗣源曾有过一次著名的对话，他对李嗣源说，自己曾奉命前往中山，路过地势险要的井陉关，担心马匹失足，一路不敢懈怠，等到了平地后，不再抓牢缰绳，放心让马奔跑，结果从马上摔了下来。他说："陛下勿以清晏丰熟，便纵逸乐，兢兢业业，臣之望也。"

后唐长兴四年（933），李嗣源去世，后唐闵帝李从厚继位。次年潞王李从珂起兵反叛，攻进了洛阳，冯道率百官迎接，拥立李从珂为帝。他让中书舍人卢导赶紧起草劝进文书，被卢导拒绝。他竟然对卢导说："事当务实。"卢导指责他道："安有天子在外，人臣遽以大位劝人者邪！"

李从珂即位后不久，冯道以宰相的身份出任同州节度使。后晋天福元年（936），河东节度使石敬瑭起兵灭后唐，建立后晋，任命冯道为首相。石敬瑭对冯道极为信任和倚重，"事无巨细，悉委于（冯）道"，"当时宠遇，群臣无与为比"。后晋天福七年（942），石敬瑭病重，专门召见冯道，命幼子石重睿出拜，并让宦官将石重睿抱到冯道怀中，希望冯道能辅佐石重睿登基。但石

第四部　五代纷争
08　一代名相何以成为小人典范

敬瑭去世后，冯道却以"国家多难，宜立长君"为由，拥立石重贵为帝。石重贵加授冯道为太尉，进封燕国公。冯道虽依然为首相，却"依违两可，无所操决"，不久再次出任匡国节度使。

后晋天福十二年（947），契丹耶律德光率军攻占汴梁，后晋灭亡。冯道又改事契丹。据说耶律德光见到冯道后，曾质问他为何来朝见，冯道说："无城无兵，安敢不来。"耶律德光又嘲讽道："尔是何等老子？"冯道竟然厚颜无耻地回答："无才无德痴顽老子。"耶律德光很满意，任命冯道为太傅，并让冯道一同北还契丹。半道耶律德光去世，冯道趁机逃脱，投奔了后汉刘知远。但刘知远同冯道有过一些过节，所以表面上对他的到来非常重视，任命他为太师，实际上是闲置不用。冯道倒也乐得清闲，还专门写了一篇《长乐老自叙》，自我标榜，说自己"在孝于家，在忠于国，口无不道之言，门无不义之货。所愿者下不欺于地，中不欺于人，上不欺于天"。

后汉乾佑三年（950），郭威在邺都起兵，攻入汴梁，冯道率百官谒见郭威。郭威称帝，建立后周，又任命冯道为太师、中书令，对他极为尊重，"每进对不以名呼"。后周显德元年（954），后周太祖郭威病逝，养子柴荣继位，是为后周世宗。北汉趁机勾结契丹南侵，柴荣打算亲自率军出征，但冯道坚决反对。柴荣一怒之下，打发冯道担任郭荣的山陵使，主持修建陵墓去了。不久，冯道因病去世。

冯道历经四个朝代、10位君主，身居宰相高位二十余年，连契丹君主对他也极为欣赏，可见他的确是一位宰相之才，而且他一生基本上没有做过什么坏事。连对他评价甚低的欧阳修也称他"为人能自刻苦为俭约"，"及为大臣，尤务持重以镇物，事四姓十君，益以旧德自处。然当世之士无贤愚皆仰道为元老，而喜为之称誉"。但后世主流舆论对他却颇多批评，根本原因就是他没有"节操"。薛居正等人编纂的《旧五代史》对冯道颇多赞誉,但也不得不承认冯道"事四朝,相六帝,可得为忠乎!夫一女二夫,人之不幸,况于再三者哉!"元代诗人刘因的《冯道》一诗更是嘲讽道:"亡国降臣固位难,痴顽老子几朝官。朝梁暮晋浑闲事,更舍残骸与契丹。"

司马光在《资治通鉴》的开篇说过这样一段话:"夫才与德异,而世俗莫之能辨,通谓之贤,此其所以失人也。夫聪察强毅之谓才,正直中和之谓德。才者,德之资也;德者,才之帅也。……是故才德全尽谓之圣人,才德兼亡谓之愚人,德胜才谓之君子,才胜德谓之小人。"显然,冯道就属于"才胜德"的"小人"。对冯道的批评和抨击,也充分体现了《资治通鉴》所一贯秉持的历史观和政治道德。

09 契丹是如何夺取幽州的

若论五代时期对后世影响最大的事件,恐怕非契丹夺取幽州莫属。虽然从表面上看,是由于石敬瑭向契丹借兵这一"偶然"事件;但事实上,自契丹酋长阿保机统一各部落、建立契丹王国后,力图向南发展,首先面对的就是幽州。

当时的局势对契丹势力的发展是很有利的。中原王朝正陷入军阀割据混战中,阿保机曾同晋王李克用结盟,但不久又背叛了他,两人因此结下了仇恨。李克用临终前,交给继任者李存勖三支箭:"一矢讨刘仁恭,一矢击契丹,一矢灭朱温。"其中两件事是同幽州有关的。李存勖于后梁乾化三年(913)消灭了刘守光的大燕国,夺取了幽州。后梁贞明三年(917),阿保机亲率三十万大军南下,"声言有众百万,毡车毳幕弥漫山泽",一直打到幽州城下。李存勖命大将李嗣源等率七万人马增援,李嗣源突破契丹军队的重重阻碍,在幽州城外展开决战,以少胜多,"契丹大败,席卷其众自北上去,委弃车帐铠仗羊马满野,晋兵追之,俘斩万计"。

契丹自然不甘心失败。后梁龙德元年(921),割据成德的张文礼向契丹求援，阿保机再度率军南下，进攻幽州，未得逞，又南下攻取了涿州。晋王李存勖亲自率军抵御，同契丹大战，契丹大败，"人马无食，死者相属于道"。阿保机无奈说道："天未令我至此。"被迫退兵。

李存勖灭后梁，建立后唐后，契丹连年入侵幽州，但均未能得逞。后唐天成元年（926），李存勖被杀，李嗣源继位后，派使者将这一消息告知了契丹。阿保机狮子大开口，威胁说："若与我大河之北，吾不复南侵矣。"遭到使者的拒绝，阿保机又说："河北恐难得，得镇（州）、定（州）、幽州亦可。"同样遭到拒绝后，阿保机恼羞成怒，威胁要杀死使者，并将他扣留。不久，阿保机去世，其子耶律德光继位。

后唐天成三年（928），义武节度使王都据定州起兵反叛，重金向契丹求援。契丹发兵救援，被唐军击败，"僵尸蔽野，契丹死者过半"，逃走者也被截杀，"殆无孑遗"。契丹不甘心失败，再次派兵救援定州，又遭惨败，"时久雨水涨，契丹为唐兵所俘斩及陷溺死者，不可胜数"。契丹人马饥疲，进入幽州境内时，又遭军队和村民的截击，"其得脱归国者不过数十人。自是契丹沮气，不敢轻犯塞"。

契丹虽然强悍，但在唐军的顽强阻击下，夺取幽州的图谋始终未能得逞。然而，中原王朝内部的争斗，还是让契丹寻找到了可乘之机，最终兵不血刃，夺取了幽州。李嗣源去世后，发生内乱，养子李从珂在河东节度使石敬瑭等人的帮助下夺得帝位。李从珂即位后不久，即与石敬瑭发生了矛盾，两人最终刀兵相见。李从珂派大军征讨石敬瑭，石敬瑭则向契丹求援，并向契丹上表称臣，甚至还"请以父礼事之，约事捷之日，割卢龙一道及雁门关以北诸州与之"。他的部下大将刘知远觉得不妥，劝他说："称臣可矣，以父事之太过。厚以金帛赂之，自足致其兵，不必许以

第四部　五代纷争
09　契丹是如何夺取幽州的

土田，恐异日大为中国之患，悔之无及。"但石敬瑭不听。契丹主耶律德光大喜，亲率骑兵五万，号称三十万，大举南下。后晋天福元年（936）攻破洛阳，石敬瑭登基称帝，建立晋朝，并如约割让了幽州等十六州。而幽州割让后，河北至此无险可守。正如《资治通鉴》注文所写："雁门以北诸州，弃之犹有关隘可守"，而"割燕、蓟、顺等州，则为失地险"。

契丹垂涎已久的幽州，就这样轻易到手。契丹将幽州作为自己的"南京"。从此，契丹凭借独特的地理优势，不断威胁中原王朝。中原王朝为了夺回幽州，进行了不懈的努力。后周显德六年（959），后周世宗柴荣率军北伐，收复了瀛、莫、宁三州，就在准备攻取幽州时，不幸病倒，功败垂成。北宋建立后，宋太宗赵光义为夺回幽州，曾两次北伐，但均告失败，特别是北宋雍熙三年（986）第二次北伐，宋军被辽（契丹）军打得惨败。虽然后来北宋宣和五年（1123）宋联金攻辽，一度夺回幽州，但不久金兵大举南下，幽州再度沦陷。当然，这是后话了。

因此，幽州的失去，使得中原王朝失去了北方的屏障，从而遭受一连串的外患，一直延续了四百余年；而这一切，都是由于五代时期的内乱所造成的。为此，范文澜在其《中国通史》第三编的结尾写道："五代内乱后，四百余年，以汉族为主体的中国，一直处于被侵侮的地位，与汉族同命运的境内其他诸族，也同样受辱受害。内乱的教训，是多么深刻不可遗忘的教训！"

10
五代乱世的绝唱

五代乱世经历了近六十年的时间,长时间的军阀混战,给社会经济和人民生活造成了极大的破坏;而北方大片土地的丧失,使得中原王朝直接处于游牧民族的威胁之下。面对这一切,后周世宗柴荣(郭荣)继位后,在短短的几年时间里,对结束内乱、收复失地、统一中国作出了极大的努力,但因为他的英年早逝而功败垂成。正所谓"出师未捷身先死,长使英雄泪满襟",柴荣的武功,也成为五代乱世的绝唱。

柴荣是后周太祖郭威的养子。后周显德元年(954),郭威病重,召柴荣进京,"判内外兵马事",掌控了军队。不久,郭威去世,遗命柴荣于灵柩前继位。柴荣继位之初,面对的是一个复杂且不稳定的局面:内部,包括宰相冯道在内的一些大臣似乎并没有把他放在眼里;外部,后周的宿敌北汉虎视眈眈。因此,柴荣继位之后,就面临一场巨大的危机。

得知郭威去世的消息后,北汉主刘崇亲自率领三万大军,契丹也派出万余军队,大举南下入侵。柴荣得知后,打算亲自率军抵御,却遭到了众人的反对,说:"陛下新即位。山陵有日,人

第四部 五代纷争
10 五代乱世的绝唱

心易摇,不宜轻动,宜命将御之。"但柴荣认为:"(刘)崇幸我大丧,轻朕年少新立,有吞天下之心,此必自来,朕不可不往。"此时,一贯唯唯诺诺、唯命是从的冯道也出来坚决阻止。柴荣对他说:"昔唐太宗定天下,未尝不自行,朕何敢偷安!"没想到冯道竟然当面反驳说:"未审陛下能为唐太宗否?"柴荣只得说:"以吾兵力之强,破刘崇如山压卵耳!"冯道又追问道:"未审陛下能为山否?"面对冯道的咄咄逼人,柴荣虽然非常不满,但还是决定率军亲征。

柴荣在泽州(今晋城)高平一带同北汉和契丹联军遭遇,由侍卫马步都虞侯、武信节度使李重进为左军,马军都指挥使、宁江节度使樊爱能和步军都指挥使、清淮节度使何徽为右军,柴荣自己亲临战阵指挥。北汉主刘崇见柴荣兵少,趁势发动攻击。刚一交战,右军的樊爱能、何徽就率骑兵不战而逃,步兵千余人则解甲投降。柴荣见形势危急,亲自督率军队杀入战阵,后周军队士气大振,一鼓作气向北汉军队发起攻击。北汉骁将张元徽被杀,北汉军大败,"僵尸满山谷,委弃御物及辎重、器械、杂畜不可胜纪。"北汉主刘崇"被褐戴笠,乘契丹所赠黄骝,帅百余骑由雕窠岭遁归","昼夜北走,所至,得食未举箸,或传周兵至,辄苍黄而去。北汉主衰老力惫,仗于马上,昼夜驰骤,殆不能支,仅得入晋阳"。

高平一战,大败北汉,稳定了外部局势;但在如何处理临阵脱逃的樊爱能与何徽等人上,柴荣却犹豫不决。禁军统帅张永德对柴荣说:"(樊)爱能等素无大功,悉冒节钺,望敌先逃,死未塞责。且陛下方欲削平四海,苟军法不立,虽有熊罴之士,百万之众,安得而用之!"于是,柴荣对樊爱能、何徽说:"汝曹皆累朝宿将,非不能战。今望风奔遁者,无他,正欲以朕为奇货,卖与刘崇耳!"于是,柴荣下令将他们连同部下将校七十余人全部处斩，极大震慑了那些骄兵悍将，树立了柴荣在军中的绝对权威。

高平之战的胜利，稳定了内外局势，柴荣开始整顿朝政，安定社会秩序，发展生产，同时，着手实施收复失地、统一中国的大业。他采纳了大臣王朴《平边策》中提出的"先易后难"的主张，率先开始了对南唐的战争。

南唐是在原淮南一带的吴国的基础上建立的，地域广大，曾灭了十国中的闽国和楚国。为了牵制中原王朝，南唐的君主李璟同契丹结好。因此，柴荣要北伐收复失地，就必须先解决南唐的威胁。显德三年（956），柴荣下诏亲征淮南，开始了对南唐的战争。经过两年多时间的战斗，南唐战败，将长江以北的大片土地全部割让给后周，并去帝号，自称江南国主，臣服于后周。

据说柴荣继位之后，同大臣王朴曾有过一番对话。王朴推算他可以做30年君主，柴荣说："寡人当以十年开拓天下，十年养百姓，十年致太平足矣。"因此，在平定了淮南，解除了后顾之忧之后，柴荣便集中力量准备北伐。后周显德六年（959），柴荣亲率大军出师北伐契丹，42天时间里连取三关三州，共十七县，收复了燕南之地。就在他准备乘胜直取幽州时，不幸病倒，被迫班师回朝，不久因病去世，北伐乃至统一大业因此功败垂成。

柴荣虽然英年早逝，只做了五年零六个月的君主，但后世的史学家对他给予了很高的评价。薛居正在《旧五代史》中称他"神武雄略，乃一代之英主也"；司马光在《资治通鉴》中对五代时的两个"英武"的君主——后唐庄宗李存勖和后周世宗柴荣进行过比较，称"若周世宗，可谓明矣！……其宏规大度，岂得与庄宗同日语哉！"后人曾多次作过假设，如果天假以年，柴荣也许能够实现收复北方失地、实现统一中国的大业。然而，历史不能假设，也无法重来。柴荣虽然壮志未酬，但宋太祖赵匡胤和宋太宗赵光义在他奠定的基础之上，最终扫平群雄，建立了繁荣的北宋王朝。

后　记

　　大约五年前，应时任《解放日报》理论评论部副主任的王多兄之邀，在"文史"版开设了""《资治通鉴》精读"专栏。文章发表后，得到了不错的反响。一些文章被各类报刊转载，还有的被作为高中生的课外阅读材料，甚至成为考试内容。不少文章在"上海观察"网站上的点击量达到"10万+"，最多的有四五十万的点击量。当时据说有高校规定点击量达到"10万+"的文章可以拿来参评教授，为此还被不少朋友调侃，但这也给了我继续写下去的动力。同时，在一些朋友和同事的建议下，我开始着手将这些文章汇编整理成书。本书中的一些内容，就曾在"《资治通鉴》精读"专栏和"上海观察"的"上观学习"栏目上发表过，因此，本书也可以说是王多兄同我长期合作的成果之一。

　　承蒙老朋友、北京大学出版社圣大燕园编辑部主任王业龙先生的帮助，本书得以在北大出版社出版；责任编辑孙维玲、刘秀芹女士对本书进行了精心的编辑，相关编校人员也做了大量工作，对此深表感谢！

　　承蒙《法治日报》（原《法制日报》）"法学院"专刊主编蒋

> 《资治通鉴》中的政治谋略
> （两晋—五代）

安杰女士抬爱，我几年前开始在专刊上撰写法制史方面的文章，本书中的一些内容也曾在专刊上发表，借此也对蒋安杰主编表示感谢！

本书是研究和介绍《资治通鉴》的著作，其中未注明的引文大多数都是引自《资治通鉴》一书，也有一些引自《二十四史》中的相关传记。对这些引文之所以不作翻译，主要还是考虑到：一则这些内容大体上还是可以理解的，二则引用原文似乎更能说明问题。本书依据的《资治通鉴》和《二十四史》都是中华书局的版本，读者可进一步参阅。

另外需要说明的是，本书是《解码〈资治通鉴〉：权力谋略与政治智慧（战国—三国）》（暂名）一书的姊妹篇，由于某些原因（并非内容问题），"妹妹"比"姐姐"先出生了。希望本书的出版，能尽快催生她的"姐姐"。

殷啸虎

2021年暮春于沪上寓所